HISTÓRIA SOCIAL
DOS DIREITOS HUMANOS

HISTÓRIA SOCIAL
DOS DIREITOS HUMANOS

José Damião de Lima Trindade

Dedico este livro para

Ligia e Hermano, meus filhos
Caetano e Cecília, meus netos

Sumário

Uma história da esperança 11
Prelúdio em Landsberg-sobre-o-Lech 13
Viagem ao passado ocidental 15
    Barões, bispos, servos da gleba 18
    A Peste Negra 21
    Novos atores entram em cena 24
Tempestade no horizonte visível 28
Os pensadores da revolução 36
A burguesia toma o poder 43
A Declaração de 1789 e a Constituição de 1791 51
O terror "de esquerda" e a Constituição de 1793 58
O terror "de direita" e a Constituição de 1795 66
    A revolta dos iguais 70
    A revolução define seu caráter 72
Restauração política e Revolução Industrial: direitos humanos em crise 75
    A locomotiva do capitalismo 77
    Burgueses e proletários 81
    Produção social, apropriação individual 82
A Revolução Americana 85
Pensadores da nova ordem 97
A bandeira muda de mãos 107
    Antigos sonhos de reforma social 110
    Socialistas utópicos no capitalismo triunfante 113
O perigo operário 118
    A crítica de Karl Marx 123
Direitos sociais: a prática transforma a teoria 128
    8 de março: mulheres em luta 135
    Comuna de Paris, 1871: o povo no poder 138

Chicago, 1º de maio de sangue 139
O caso Dreyfus 141

México, Rússia, Alemanha: grandes esperanças 144

Esperanças adiadas 157
Rússia: a revolução perde-se pelo caminho 157
Os alemães leem Mein Kampf 159
Semeadura em solo fértil 167
A colheita 172
A liberdade morre na Espanha 174
Segunda crise mundial dos direitos humanos 177

Cobaias humanas 181
Sífilis, gonorréia e câncer 181
Exposição à radiação atômica 183
Japão: a infame Unidade 731 185

O rei que cortava dedos 189
Um império colonial para a pequena Bélgica 190
Dedos cortados, mãos, cabeças 193
Patrice Lumumba tinha um sonho 196

O holocausto armênio 200
Sonhos de libertação nacional 202
A "solução final" 204

A tortura sem fim 209
Os torturadores e seus afazeres 210
A doutrina francesa de tortura 214
A escola norte-americana de torturadores 217
Os torcionários brasileiros ficaram em paz 218
A autoanistia política dos ditadores 221
Impunidade para sempre no Brasil? 225

Um rumor sem rumo claro 229
Retrato pintado em cores 231
Nova escolha? 235
O socialismo que não deu certo 244

Direitos econômico-sociais: impasses e recuos 249
Do desemprego disseminado ao capitalismo de plataformas 253

O declínio das garantias individuais 257
    O império se vinga 258
    Campos de concentração e prisões secretas 260
    Tribunais militares de exceção..263
    Refugiados: repelidos ou confinados à distância 264
    Um novo senso comum anti-humanista 266

Caminhando sob nevoeiro 269
    Estamos degradando o nosso habitat...269
    O aquecimento global da Terra 272
    A sobrevivência humana neste pequeno planeta 276
    Para além do capital 280

A N E X O 283
Recomendações da Comissão Nacional da Verdade ao Estado brasileiro 285
Bibliografia.. 289

Uma história da esperança

Frei Betto

História social dos direitos humanos é uma obra imprescindível para quem busca conhecer os caminhos e os descaminhos do esforço do ser humano pela conquista de sua dignidade e liberdade. José Damião de Lima Trindade revela, aqui, profunda erudição, sem, no entanto, ceder ao academicismo, propiciando a todos nós uma leitura didática, mas sem formalismos, e repleta de informações obtidas em cuidadosa pesquisa. O autor, evitando dogmatismos e apologéticas, nos conduz às lutas históricas, da Revolução Francesa ao banho de sangue em Chicago, em 1º de maio de 1886, analisando com propriedade e argúcia as contradições inerentes aos processos libertários.

Seu olhar crítico ajuda-nos a compreender melhor os processos sociais que pretenderam emancipar o ser humano, seja proclamando a superioridade de uma raça sobre a outra, seja instaurando, ao MENOS na teoria, a igualdade universal.

Nestas páginas, encontrei uma das mais lúcidas e pertinentes análises da queda do Muro de Berlim e do fracasso do socialismo no Leste Europeu, que guarda ainda a vantagem de não cair no triunfalismo mercadológico do neoliberalismo e da globocolonização.

Este livro é tão bem escrito que merece o qualificativo de breve enciclopédia da utopia e da esperança. José Damião de Lima Trindade produz uma verdadeira obra de garimpagem dos direitos humanos, desvelando suas camadas "arqueológicas", ou seja, os embates e combates que, ao longo da modernidade, contribuíram para que hoje ao menos se erga a evidência contraditória entre os nossos propósitos teóricos, plenos de humanismo, e a nossa prática ainda distante dos ideais que professamos, como demonstra a hedionda contemporaneidade da fome, da miséria, das guerras e da exclusão social que atinge a maioria dos seis bilhões de habitantes do planeta. Para nós, cristãos, o paradigma dos direitos humanos são os preceitos e valores evangélicos, centrados no direito de vida para todos, dom maior de Deus. A radical opção de Jesus pelos mais pobres, sem discriminar aleijados, cegos, enfermos e dementes, a ponto de identificar-se com eles (Mateus 25), sinaliza a injustiça imperante em toda a sociedade que, de alguma forma, instaura desigualdades, discriminações e exclusões.

Nesse sentido, a mesa eucarística, na qual todos têm igual acesso à comida e à bebida, é de fato sinal e convite a uma ordem social em que o "pão nosso" seja expressão do mistério maior do Pai Nosso, origem e fim de nossa vocação à fraternura.

Prelúdio em Landsberg-sobre-o-Lech

Intensos olhos escuros, magro, em pé no centro do cômodo exíguo, tinha a aparência algo mais velha do que se poderia esperar dos seus trinta e cinco anos. Sua atenção estivera momentaneamente desviada pelo gorjeio de um tentilhão que se detivera ante a janela guarnecida de grades. Continuou falando, agora de modo pausado e firme, sem o ardor de há pouco, como se estivesse a certificar-se de que nenhuma palavra se perderia: "Os direitos humanos estão acima dos direitos do Estado".

O acompanhante, curvado sobre a pequena mesa ao lado do catre, continuou escrevendo o que ouvia em letra fina e nervosa, a pena metálica quase a machucar o papel. Já dava mostras de algum desconforto, não só pelo esforço da anotação por horas acumuladas, como também porque, não obstante agosto mantivesse seu desfile de dias gloriosos e cálidos, com aquele vasto céu de azul-profundo, uma brisa prematuramente fria estendia-se persistente ao anunciar-se da noite. Talvez o outono europeu se antecipasse.

"Não pode haver autoridade pública que se justifique pelo simples fato de ser autoridade, pois, nesse caso, toda tirania neste mundo seria inatacável e sagrada", prosseguiu Adolf, quase retomando o entusiasmo. "Como os homens, primeiro, criam as leis, pensam, depois, que estas estão acima dos direitos humanos."

O acompanhante anotou rapidamente e, mesmo sentado, girou o corpo de um lado a outro, como a desentorpecer músculos dorsais. Resmungou que sentia a nuca congestionada pela demorada imobilidade, talvez fosse o caso de retomar na manhã seguinte. Adolf quedou-se em silêncio por breve instante, então assentiu com a cabeça. É certo que estava disposto a ir mais longe, mas ordenou a seu escriba que registrasse apenas uma última frase: "O mundo não foi feito para os povos covardes".

Aliviado, o moço deu por terminada sua tarefa do dia, recolheu as folhas de papel, colecionou-as cuidadosamente na pasta de couro opaco e despediu-se com polidez.

Adolf Hitler estava satisfeito com o andamento de seu trabalho. Estava prestes a completar o terceiro capítulo de *Mein Kampf*, livro que se dispusera a escrever desde que, em 1º de abril daquele ano de 1924, fora recolhido ao presídio militar da simpática cidadezinha de Landsberg-sobre-o-Lech, na Baviera, por força de sentença do tribunal de Munique que o condenara pela tentativa de tomar o poder de assalto em novembro do ano anterior. No prefácio do livro, escrevera que "neste mundo, as grandes causas devem seu desenvolvimento não aos grandes escritores, mas aos grandes oradores". Todavia, estando temporariamente impedido de fazer discursos, decidira aproveitar seus dias de cativeiro para sistematizar sua doutrina, no interesse de "sua defesa regular e contínua".

Não poderia imaginar naquela época quanto sucesso alcançaria em breve. Como também jamais conceberia que, vinte e dois anos depois, alguns dos mais devotos seguidores de seu livro seriam condenados pelo Tribunal Militar Internacional de Nuremberg a cumprir pena exatamente naquele presídio da então bucólica Landsberg-sobre-o-Lech.

Viagem ao passado ocidental

Desde que os revolucionários franceses, a partir de 1789, passaram a proclamar aos quatro ventos sua Declaração dos Direitos do Homem e do Cidadão, a ideia de "direitos humanos", malgrado contramarchas, só ganhou respeitabilidade, a ponto de hoje desfrutar de quase unanimidade mundial – o que, com certeza, nada nos informa quanto ao modo como, em cada canto deste vasto mundo, essa teoria faz seu salto para a prática, ou mesmo o que significa, na prática, esse salto. Talvez não tenha havido opressor nos últimos duzentos anos, ao menos no Ocidente, que não tivesse, em algum momento, lançado mão da *linguagem* dos direitos humanos. Hitler foi apenas mais um a adotar esse procedimento.

Os jovens tenentes franceses que, durante a guerra de libertação nacional da Argélia, torturavam guerrilheiros presos para extrair-lhes informações eram os mesmos que pouco antes haviam cantado as estrofes "contra a tirania" de *A Marselhesa*. Os Estados Unidos da América, país que ensina seus estudantes a repetirem de memória passagens libertárias de sua Declaração da Independência, não hesitaram em apoiar ou instalar ditaduras ao redor do mundo desde meados do século XX – envolveram-se diretamente em golpes de Estado. Sua Escola das Américas[1], centro de formação de militares estrangeiros (antes localizado no canal do Panamá,

---

1. Em janeiro de 2001, alterou sua denominação para Instituto do Hemisfério Ocidental para a Cooperação em Segurança.

atualmente em Fort Benning, Geórgia), utilizou até 1992, nas aulas para os oficiais latino-americanos, manuais que ensinavam técnicas de tortura em interrogatórios de prisioneiros políticos – e os direitos humanos já tinham sido transformados havia décadas em estandarte da política externa desse país. O Ato Institucional nº 5, pelo qual, em 13 de dezembro de 1968, os militares brasileiros radicalizaram sua ditadura, foi o documento jurídico mais infame da história do Brasil – entretanto, em suas primeiras linhas, reportava-se, cinicamente, a uma "autêntica ordem democrática, baseada na liberdade, no respeito à dignidade da pessoa humana". O Estado de Israel, que faz questão de apresentar-se como paladino dos direitos humanos – até em honra às vítimas do Holocausto –, ingressou no século XXI com um sombrio sinal distintivo: talvez seja o único país do mundo onde práticas de tortura para extrair informações de prisioneiros políticos contam com o aval do Poder Judiciário, desde que sejam torturas "módicas".

Por que tem sido tão fácil *falar* em direitos humanos, por que essa expressão se tornou assim maleável, tão complacente e moldável, a ponto de a vermos pronunciada, sem rubor, pelos mais inesperados personagens? O que ela significa exatamente? Ou melhor, ela ainda conserva um significado? Ou seu uso indiferente por canalhas e anjos estaria exatamente a indicar que teria perdido o sentido que teve algum dia?

Não há outro modo de empreender essa investigação, com certa segurança, senão viajando ao momento em que essa história teve início e, a partir de lá, vir acompanhando suas evoluções, com vigilante senso crítico – para não se apaixonar pelos fatos ou por seus protagonistas nem romper com eles antes de a narrativa completar-se.

Por onde, então, começar uma história dos direitos humanos? Isso depende do ponto de vista que se adote. Se for uma história filosófica, teremos que recuar a algumas de suas remotas fontes na Antiguidade clássica, no mínimo até ao estoicismo grego, lá pelos séculos II ou III antes de Cristo, e a Cícero e Diógenes, na antiga Roma. Se for uma história religiosa, é possível encetar a caminhada, pelo menos no Ocidente, a partir do Sermão da Montanha – há até indicações nesse rumo no Antigo Testamento. Se for uma história política, já podemos iniciar com algumas das noções embutidas na *Magna Charta Libertatum*, que o rei inglês João Sem Terra foi obrigado a acatar em 1215. Ou podemos optar por uma história social – melhor dizendo, por um método de estudo que procure compreender como, e por quais motivos reais ou dissimulados, as diversas forças sociais interferiram, em cada momento, no sentido de impulsionar, retardar ou, de algum modo, modificar o desenvolvimento e a efetividade prática dos "direitos humanos" nas sociedades.

Este último modo de abordagem pode tornar-se muito rico e interessante, pois, ao conduzir às conexões entre as leis e as condições histórico-sociais concretas que induziram ao seu surgimento, termina também por integrar, ao menos, aquelas referências mais indispensáveis – econômicas, políticas, filosóficas, religiosas etc. – que estiveram na gênese dessas condições. Ademais, proporciona a vantagem adicional de já situar o ponto de partida de nossa investigação no século XVIII ou, no máximo, em certos antecedentes da Idade Média – o que convém à concisão e permite transitar de modo menos árduo da noção moderna para a noção contemporânea dos direitos humanos.

Essa escolha metodológica nos remete, desde logo, a uma questão à primeira vista intrigante. Trata-se do seguinte: se o espírito geral e as aspirações que compõem o conjunto de noções do que hoje chamamos de direitos humanos são muito antigos, por que durante milênios produziram efeitos sociais tão escassos, só exercendo influência fragmentária ou transitória na vida real e cotidiana da maioria dos humanos? Por que essas noções só começaram a vingar precisamente no final do século XVIII, necessariamente em alguns países do hemisfério ocidental, na forma e conteúdo específicos que assumiram?

O senso comum tem uma explicação à mão: antes daquela época, a humanidade "não estava preparada" para aquelas belas ideias. Como assim? Parece claro que os oprimidos, os explorados e humilhados de todos os tempos sempre estiveram "preparados" para obter liberdade, igualdade, respeito – quase nunca deixaram de aspirar a isso ou de lutar por isso. Uma outra parte da humanidade – os que foram, são ou pensam que poderão vir a ser beneficiários da exploração, opressão ou intolerância que exercem – é que parece estar sempre "despreparada" para aceitar que aquela maioria tenha acesso a tudo isso.

Outra resposta, do mesmo senso comum, poderia ser: faltavam aqueles "grandes homens", com "grandes ideias", que só no século XVIII surgiram para "inspirar" ou "conduzir" as pessoas. Esse argumento também não resiste à verificação. Em quase todas as épocas, em quase todos os países, quando se reuniram as condições históricas adequadas, surgiram os filósofos, os líderes, os antecipadores, os profetas e os dirigentes necessários a seu tempo, além de umas outras tantas "grandes mentes" que sonharam, planejaram ou tentaram colocar em prática utopias impossíveis ou historicamente prematuras. Não resta dúvida de que as ideias inovadoras, usualmente sintetizadas de modo mais apurado pelos intelectuais com base no patrimônio cultural da humanidade e na vivência social concreta desses pensadores, são muito importantes, ainda mais se oferecerem saídas mais ou menos adequadas a inquietações sociais que a sua época já suscitou ou está em vias de suscitar.

Mas não basta a simples existência de ideias transformadoras para que o mundo se transforme. É necessário, como se sabe, que as ideias conquistem um grande número de seguidores dispostos a colocá-las em prática, mesmo correndo riscos, o que só acontecerá se eles se convencerem, mesmo de modo algo intuitivo, de que essas ideias vão na mesma direção, tornam mais clara ou organizam a luta que já travam por seus interesses, suas necessidades ou aspirações coletivas. Depois, será preciso ainda que estejamos diante de condições sociais e históricas que favoreçam, ou não impossibilitem, a mudança pretendida e que, além disso, os interessados consigam desenvolver os meios apropriados para vencer a resistência, sempre feroz, dos que se opõem à transformação. É muito difícil combinarem-se todas essas condições. E, no entanto, elas estavam reunidas, de modo mais ou menos acentuado, em alguns países europeus no final do século XVIII, particularmente na França.

O que pretendiam e por quais causas lutavam aqueles franceses que, em nome dos direitos humanos, fizeram uma revolução tão sangrenta? Contra o que lutavam? A resposta pode começar pela última das perguntas: lutavam contra o feudalismo e o absolutismo monárquico, ou o que restava deles. Para a compreensão dos primórdios da história social dos direitos humanos, será útil trazer à memória seus traços mais gerais.

Barões, bispos, servos da gleba

O feudalismo foi um modo de organização da sociedade e da produção social que dominou, durante um período imenso da história, toda a Europa (não é o caso de discutir aqui os modos de existência assumidos pelo feudalismo na Ásia). Sua primeira característica a que convém chamar a atenção é que se baseava numa rígida estratificação social fundada no princípio do privilégio de nascimento. Daí derivavam amarras sobre todas as atividades e sobre toda a vida das pessoas. Na fase áurea do feudalismo essas amarras eram muito fortes e decorriam do próprio modo como a economia da sociedade estava organizada. Como a terra era praticamente a única fonte de sobrevivência e riqueza, e conservada como bem "fora do comércio", seu controle por nobres e membros da alta hierarquia da Igreja garantia-lhes um imenso domínio político, jurídico e ideológico sobre a população.

O "feudo", domínio territorial de um "senhor" – geralmente barão ou bispo –, consistia quase sempre em uma pequena aldeia de camponeses e suas áreas circundantes, às vezes incrivelmente vastas: "O senhor de terras característico das áreas de servidão era assim um nobre proprietário e cultivador ou um explorador de enormes fazendas. A vastidão desses latifúndios era espantosa: Catarina, a Grande, deu entre 40 mil e 50 mil servos aos seus favoritos; os Radziwill, da Polônia, tinham fazendas tão grandes quanto metade da Irlanda; Potocki possuía três milhões de acres na Ucrânia; os Esterhazy, húngaros (patronos de Haydn), possuíam em certa época sete milhões de acres. Eram comuns as fazendas de várias centenas de milhares de acres. Embora muitas vezes descuidadas, primitivas e improdutivas, elas forneciam rendimentos principescos. O grande nobre espanhol podia, conforme observou um visitante francês sobre as desoladas fazendas Medina Sidonia, 'reinar como um leão na selva e espantar com seu urro tudo o que dele se aproximasse', mas nunca estava sem dinheiro, mesmo pelos padrões dos milordes britânicos"[2].

Os pastos e florestas dos feudos eram de uso comum, mas as terras aráveis estavam divididas entre aquelas cujos produtos e rendimentos pertenciam ao senhor (geralmente um terço do total) e as restantes, que os senhores permitiam aos camponeses usar para sua sobrevivência. Em contrapartida, os camponeses e seus familiares eram forçados à "corveia" (trabalho gratuito) durante dois ou três dias da semana nas terras do senhor, deviam pagar impostos ao rei, dízimos à Igreja, uma infinidade de taxas em moeda ou em produtos de suas colheitas particulares, prestar serviços domésticos na casa ou no castelo do senhor e nas igrejas, lutar nas guerras quando convocados pelo senhor... Não bastasse tudo isso, tinham ainda de curvar-se a uma série de obrigações, proibições e atitudes de vassalagem – em algumas regiões, até infames, como submeter-se ao *jus primae noctis*, também conhecido como direito de "pernada", pelo qual o senhor da terra podia exigir relações sexuais de toda jovem aldeã de seu feudo na noite em que ela se casasse. Se a terra mudasse de senhor, o camponês era transferido junto com ela (era "servo da gleba"), como as áreas de cultivo, bois, carroções e outros bens móveis, imóveis ou semoventes. Sua condição social diferia da dos antigos

---

2. Eric J. Hobsbawm. *A era das revoluções – 1789/1848*, 9 ed. São Paulo: Paz e Terra, 1996, pp. 31-32.

escravos em dois aspectos principais: não podia ser vendido separado da terra (exceto na Rússia e em partes da Polônia) e tinha direito a uma espécie de usufruto oneroso à fração de solo arável que o senhor lhe concedia (direito nem sempre respeitado, quando convinha ao titular do feudo...).

Uma economia assim organizada conseguia produzir muito poucos excedentes para a troca externa ao feudo, limitando-se praticamente à subsistência. Dos mercadores das cidades, comprava-se sal, artefatos de ferro e pouca coisa mais. A mobilidade social estava perto de ser nula. Nas más colheitas, fomes horrorosas alastravam-se – menos, é claro, entre a nobreza e o alto clero, que estocavam grãos e, em tese, deveriam prestar assistência cristã aos famintos, inválidos, viúvas e órfãos.

O feudalismo era um mundo rural: milhares de aldeias dispersas pelos feudos, pequenas cidades nas províncias, raras cidades maiores, todas vivendo à sombra dos senhores feudais. Mesmo no final do século XVIII, na Europa só havia duas cidades que, pelos padrões atuais, poderiam ser chamadas de grandes: "Londres, com cerca de um milhão de habitantes, e Paris, com cerca de meio milhão – e umas 20 outras com uma população de 100 mil ou mais, duas na França, duas na Alemanha, talvez quatro na Espanha, talvez cinco na Itália (o Mediterrâneo era tradicionalmente o berço das cidades), duas na Rússia e apenas uma em Portugal, na Polônia, na Holanda, na Áustria, na Irlanda, na Escócia e na Turquia europeia"[3]. Os mestres artesãos urbanos, em suas oficinas domésticas, com um ou dois aprendizes, ou dois ou três empregados (geralmente ex-aprendizes que não conseguiram se estabelecer), estavam rigidamente organizados em "corporações de ofícios" que regulamentavam tudo, em minúcias, desde o modo de produzir cada artigo, seu preço, até a interdição do exercício da profissão aos não autorizados.

A onipresente ideologia religiosa condenava a usura como pecaminosa, o lucro como imoral, a ambição de enriquecer como certeza de danação infernal. As Sagradas Escrituras, bradavam os padres, não deixavam dúvida quanto a isso. "Que adianta ao homem ganhar o mundo inteiro, mas perder a sua alma?" (Mateus, 16,26). "Se quer ser perfeito, venda tudo o que tem, dê o dinheiro aos pobres, e terá um tesouro no céu" (Mateus, 19,21). "E digo ainda: é mais fácil um camelo entrar pelo buraco de uma agulha do que um rico entrar no Reino de Deus" (Mateus, 19,24).

---

3. *Idem*, p. 27.

Vejam o exemplo de um julgamento ocorrido em Boston, em 1639: "está havendo um julgamento; um tal de Robert Keayne (...) é acusado de crime hediondo, teve mais de seis *pence* de lucro sobre um xelim, ganho esse considerado ultrajante. A corte debate se deve excomungá-lo pelo pecado cometido, mas, em vista de seu passado sem manchas, finalmente se abranda e lhe dá a liberdade com uma multa de duzentas libras"[4].

Mas esse é um retrato estático e esquemático da economia feudal clássica, útil para efeito de contraste, pois no ventre do feudalismo, e apesar dele, as forças econômicas e sociais de sua futura destruição germinavam e se debatiam. Para começar, a classe dos camponeses servos, larga maioria da população, malgrado gerações de resignada imobilidade (todos os domingos, era-lhe recordado nos sermões que o poder tinha origem divina[5]), volta e meia se revoltava, às vezes aos milhares e de modo muito violento. Em algumas ocasiões, os servos arrancavam concessões importantes aos senhores, outras vezes eram massacrados. Mas na primeira onda de fome esqueciam o medo e recomeçavam tudo. Até acontecimentos inesperados podiam contribuir para reacender essas irrupções.

A Peste Negra

Em 1347, navios mercantes italianos vindos da região do mar Negro, onde costumavam comprar tecidos e peles transportados da Mongólia e da China pela Rota da Seda, trouxeram ao porto de Gênova passageiros indesejáveis nos seus porões: ratos com pulgas contaminadas por uma moléstia terrível, que logo contaminaram todos os ratos da cidade, e os das cidades dos países vizinhos. À medida que a população de roedores morria, as pulgas passaram a se alimentar do sangue das pessoas, que começaram a morrer aos milhares e, em seguida, aos milhões. Durante os quatro anos mais agudos desse primeiro surto, a Peste Negra (em suas variantes bubônica, pneumônica e septicêmica) ceifou a vida de mais de vinte milhões de pessoas em toda a Europa – cerca de um terço da população do continente –, não poupando nenhum país e quase nenhuma comunidade, do Mediterrâneo à Escandinávia, de Londres a Moscou. Matou, em números absolutos, mais seres humanos do que toda a Primeira Guerra Mundial.

---

4. Robert Heilbroner. *História do pensamento econômico*. São Paulo: Nova Cultural, 1996, p. 25.
5. "Todos se submetam às autoridades constituídas. Pois não há autoridade que não venha de Deus, e as existentes foram instituídas por Deus. Por isso, quem resistir à autoridade resiste à ordem de Deus; e os que se opõem atraem sobre si a condenação". Epístola de Paulo aos Romanos, 13.

A epidemia só se deteve nas fímbrias do oceano Ártico, onde os ratos não sobrevivem ao frio extremo, mas outros surtos tornaram a peste um flagelo periódico na Europa até o século XVIII. As "explicações" para seu desenvolvimento iam desde os movimentos dos astros até a punição divina pelos pecados da humanidade. Contudo, contraditoriamente, como são às vezes os grandes acontecimentos que se abatem sobre os povos, a Peste Negra terminou também por entrar para a História como um importante fator de impulsionamento da... liberdade.

O acentuado despovoamento[6] da Europa ocidental provocado pelas gadanhadas da peste tornou subitamente escassa a oferta de trabalhadores – e os camponeses sobreviventes descobriram que, de repente, sua força havia crescido na luta secular que travavam contra os senhores. "O senhor também sabia. Os que se haviam recusado a comutar a prestação de trabalho a que os servos estavam obrigados se mostraram mais dispostos ainda a conservar o mesmo estado de coisas. Os que haviam trocado o trabalho do servo por um pagamento em dinheiro verificaram que os salários dos trabalhadores no campo se elevavam e que os embolsos que recebiam compravam um volume de trabalho cada vez menor. O preço do trabalho alugado aumentou 50% em relação ao que fora antes da Peste Negra. Foi em vão que se emitiram proclamações ameaçando com penalidades os senhores que pagassem mais ou os trabalhadores, pastores e lavradores que exigissem mais do que os salários predominantes antes da peste. A marcha das forças econômicas não podia ser sustada pelas leis governamentais do período. Era forçoso o choque entre senhores e trabalhadores da terra. Estes haviam experimentado as vantagens da liberdade e isso lhes despertara o apetite para mais. No passado, o ódio provocado pela opressão esmagadora resultara em violentas revoltas de servos. Mas eram apenas explosões locais, facilmente dominadas, apesar de sua fúria. As revoltas dos camponeses do século XIV foram diferentes. A escassez de mão de obra dera aos trabalhadores agrícolas uma posição forte, despertando neles um sentimento de poder. Numa série de levantes em toda a Europa ocidental, os camponeses utilizaram esse poder numa tentativa

6. "Florença, a cidade que Boccaccio menciona, perdeu 100.000 habitantes; Londres cerca de 200 por dia, e Paris, 800 por dia. Na França, Inglaterra, Países Baixos e Alemanha, entre um terço e metade da população foi dizimada!...Tão grande foi a mortandade que uma nota de desespero pouco comum se insinua nos escritos de um monge irlandês da época: 'A fim de que meus escritos não pereçam juntamente com o autor, e este trabalho não seja destruído... deixo meu pergaminho para ser continuado, caso algum dos membros da raça de Adão possa sobreviver à morte e queira continuar o trabalho por mim iniciado'." (Leo Huberman. *História da riqueza do homem*. 21 ed. Rio de Janeiro: LTC, p. 49.)

de conquistar pela força as concessões que não podiam obter – ou conservar – de outro modo."[7]

Além disso, a peste, ao atingir indistintamente nobres, padres e plebeus, enfraqueceu no povo comum a crença, ou o temor, da infalibilidade dos sacerdotes, ou de que eles e os nobres estivessem sob proteção divina.

A insurreição da *jacquerie* – denominação derivada de Jacques Bonhomme (Jacques Simplório), como, zombeteiramente, os nobres chamavam os camponeses – exemplifica muito bem o furor e o caráter massivo com que se processavam as rebeliões populares daquele período. Após um choque sangrento entre camponeses e cavaleiros nobres numa aldeia do norte da França, a *jacquerie* estalou espontaneamente em 28 de maio de 1358 e, como uma tempestade, expandiu-se por uma região enorme, convertendo-se em revolução contra o domínio dos senhores feudais. Os artesãos das aldeias, os trabalhadores das pequenas cidades e os pobres em geral logo aderiram a esse movimento. Durante quinze ardentes dias, multidões incendiaram castelos, matando seus moradores – parecia que todos os nobres terminariam sendo executados. Refeitos da surpresa inicial, os senhores feudais se articularam, foram à revanche e impuseram terrível derrota aos camponeses mal armados. Os sobreviventes foram caçados como feras, enforcados em árvores à vista de todos, esquartejados, queimados vivos. Os nobres massacraram mais de vinte mil pessoas. Capturado à traição, o líder dos revoltosos, Guilherme Caillet, foi amarrado e, antes de ser morto, recebeu uma grande argola de ferro em brasa na cabeça, à moda de coroa, enquanto os nobres, em algazarra, gritavam: "Viva o rei camponês!".

A grande Revolta dos Camponeses na Inglaterra, em 1381, foi igualmente dramática: rebelados contra um novo imposto opressivo e exigindo o fim da servidão à terra, dez mil camponeses armados de foices, machados e espadas marcharam até os muros de Londres. Levavam à frente, como espantalhos macabros, estacas onde haviam espetado algumas cabeças decepadas de proprietários odiados por sua opressão. Também terminaram sendo violentamente reprimidos.

Não eram só os camponeses que se rebelavam. Ainda que com menor frequência, começaram a eclodir revoltas populares em cidades, como a ocorrida em Florença em julho de 1378. Indignados por suas más condições de vida, trabalhadores têxteis diaristas (os *ciompi*) e pequenos artesãos tomaram de assalto o palácio do governo local, puseram seus ocupantes a

---

7. *Idem*, pp. 49-50.

correr e saquearam casas de ricaços. Foi a luta do chamado *povo magro* (os assalariados e pobres em geral) contra o *povo gordo* (nobres, banqueiros, juristas, assessores do governo, empresários – os ricos em geral). Vitorioso num primeiro momento, o *povo magro* obrigou o governo de Florença a aceitar no seu Conselho representantes das recém criadas corporações de ofício dos trabalhadores diaristas e dos pequenos artesãos. Mas o *povo gordo*, que, embora derrotado, continuava de posse dos seus bens, vingou-se fechando suas oficinas, seus bancos, o comércio, tudo. Desempregados e famintos, os trabalhadores começaram nova rebelião – mas, dessa vez, ficaram isolados: os pequenos artesãos já estavam cooptados aos ricos em troca de algumas vantagens políticas. Resultado: massacre dos trabalhadores. Essa "Revolta dos Ciompi" talvez tenha sido a primeira insurreição operária de que se tem notícia.

Essa sequência de convulsões iniciadas na segunda metade do século XIV, renovada periodicamente em consequência de guerras intermináveis entre as cabeças coroadas da Europa, que desgraçavam a vida da classe camponesa, e ondas de fome que tornavam manifesta e intolerável a situação de privilégios da nobreza e do alto clero, abriu a época dos grandes abalos sociais que, ao longo dos próximos quatrocentos anos, terminariam por deitar por terra o edifício do feudalismo europeu. A sociedade europeia não era mais a mesma de antes, os reis, nobres e padres não conseguiam mais exercer seu domínio.

Entenda-se bem: a grande Peste Negra, é claro, não determinou o declínio do feudalismo, sequer o iniciou. Mas suas drásticas consequências demográficas imediatas acabaram, surpreendentemente, propiciando condições sociais que favoreceram o recrudescimento das lutas dos servos contra os senhores feudais – estas, sim, no longo prazo, decisivas.

Novos atores entram em cena

Além dos camponeses periodicamente rebelados, uma outra força social há tempos vinha, lentamente, ganhando fôlego. Essa força, como a história iria demonstrar, não estava para brincadeiras: a burguesia.

"Burgueses", inicialmente, era a denominação genérica dos habitantes dos "burgos", pequenas cidades que surgiam nos cruzamentos de rotas comerciais, ou ao longo dessas rotas, às vezes fortificadas para proteger as caravanas contra os bandos de salteadores que proliferavam nas estradas naquele tempo. De modo esperável, à medida que iam crescendo passaram a aglomerar toda sorte de pessoas "livres", isto é, que não estavam mais submetidas às glebas dos barões e bispos, porque haviam comprado essa liberdade, ou porque haviam fugido de seus senhores rurais, ou ainda porque vinham de famílias que sempre haviam se dedicado exclusivamente a atividades artesanais ou mercantis; ou eram funcionários administrativos, advogados ou outros profissionais que não residiam há muito tempo nos feudos; ou ainda uma massa disforme de adultos sem ocupação definida ou constante e crianças que buscavam sobreviver como aprendizes nas corporações de ofícios, serviçais diversos ou, simplesmente, mendigos.

Com o tempo, aos poucos, uma parte desses citadinos conseguiu acumular algum capital nas práticas do comércio, da usura (apesar da condenação da Igreja aos empréstimos com juros) e da exploração de força de trabalho alheia (ainda em pequena escala), empreitando a produção de artefatos de uso corrente, artigos de luxo para consumo da nobreza ou equipamentos para as guerras intermitentes, vindo a constituir uma pequena elite economicamente independente que, por não se ocupar de trabalhos braçais e ostentar um padrão de vida superior, se discernia da massa dos habitantes dos burgos e das cidades maiores. Nos séculos XV e XVI, essa classe burguesa em sentido estrito já era muito ativa e influente na maioria das cidades da Europa ocidental. Emprestava dinheiro a reis, a mercadores, a senhores feudais em dificuldades, fornecia assessores competentes para a administração do Estado monárquico e estava envolvida em todos os negócios florescentes da época, como bancos, construção naval, abertura de manufaturas e exploração dos "novos mundos" incorporados pelas grandes descobertas marítimas.

Aos poucos, essa ascendente classe social foi desenvolvendo a compreensão de que representava o progresso, o futuro, e de que isso poderia, eventualmente, impor-lhe duras responsabilidades, simbolizadas no episódio heroico e trágico dos burgueses de Calais, ocorrido em 1347. Corria a Guerra dos Cem anos, entre a França e a Inglaterra, e o porto francês de Calais, no canal da Mancha, estava imobilizado sob cerco militar inglês havia mais de um ano. Acabaram os alimentos, e a fome comparecera àquela localidade derrotada. O rei inglês Eduardo III propôs liberar Calais, com a condição de que seis dos cidadãos mais ricos e ilustres da cidade se entregassem ao exército inglês para serem executados em nome dos compatriotas sitiados. Seis voluntários burgueses apresentaram-se ao comando militar inglês, com um mínimo de vestimentas e cordas de enforcados pendentes dos pescoços. A rainha da Inglaterra, grávida, apiedou-se e acabou poupando as vidas dos seis mártires.

Em 1889, o célebre escultor francês Auguste Rodin entregou para a cidade a sua impressionante escultura Os Burgueses de Calais: os seis homens poderosos, mas vencidos e frágeis, com o desespero estampado em seus rostos, caminham para o destino infausto imposto pela grandeza do seu gesto.

Entre os séculos XVII e XVIII, a burguesia já estava bastante diversificada em vários estratos, desde os mestres artesãos que expandiram suas oficinas contratando muitos empregados e montando manufaturas, até grandes (para a época) industriais e banqueiros, e constituía o que podia ser chamado de uma classe "média" – no sentido de setor intermediário entre a aristocracia e a grande massa do povo.

Decididamente, a sociedade feudal não combinava com as possibilidades que os burgueses viam diante de si. Os laços senhoriais e a ideologia que os legitimavam eram camisas de força para expansão do mercado, crescimento do trabalho assalariado, florescimento da produção de mercadorias – enfim, para o maior enriquecimento desses empreendedores plebeus das cidades. Essa nova classe social tinha, pois, boas razões para ver com interesse as reivindicações dos camponeses, porque também sentia, a seu modo, as amarras do feudalismo – embora, por conveniência de seus negócios, adotasse sempre a cautelosa posição de manter-se à distância dessas agitações sociais (mais tarde, a mesma conveniência dos negócios a induziria a mudar de atitude).

Esse conjunto de contradições internas ao modo de produção feudal foi seu elemento dinâmico de transformação. Os camponeses continuaram se rebelando, o comércio seguiu se desenvolvendo, as cidades crescendo, conquistando autonomia e se diversificando socialmente, a burguesia se fortalecendo, a nobreza e o clero perdendo terreno (ao menos no plano econômico). "A velha organização feudal rompeu-se sob a pressão de forças econômicas que não podiam ser controladas. Em meados do século XV, na maior parte da Europa ocidental, os arrendamentos pagos em dinheiro haviam substituído o trabalho servil e, além disso, muitos camponeses haviam conquistado a emancipação completa. (...) O trabalhador agrícola passou a ser algo mais do que um burro de carga. Podia levantar a cabeça com um ar de dignidade. (...) Transações que haviam sido raras na sociedade feudal tornaram-se habituais. Em lugares onde a terra, até então, só era cedida ou adquirida à base de serviços mútuos, surgiu uma nova concepção de propriedade agrária. Grande número de camponeses teve liberdade de se movimentar e vender ou legar a terra, embora tivessem que pagar certa importância para isso. (...) O fato de que a terra fosse assim comprada, vendida e trocada livremente, como qualquer outra mercadoria, determinou o fim do antigo mundo feudal. Forças atuando no sentido de modificar a situação varriam toda a Europa ocidental, dando-lhe uma face nova."[8]

As navegações intercontinentais, a descoberta do Novo Mundo, os avanços da mecânica, do conhecimento científico e da tecnologia, o crescimento da população e da demanda, a Reforma, o Renascimento, o triunfo do absolutismo etc. – todo o "clima" medieval seguiu transformando-se incessantemente, em compasso com as mudanças econômicas que se processavam e que minavam as bases de existência do modo de produção feudal e do correspondente modo de se organizar a sociedade. "Dos 22 milhões de camponeses existentes na França em 1700, havia apenas um milhão de servos, no sentido antigo."[9] Um novo e revolucionário modo de produção, de organização social e de domínio do mundo, das coisas e das pessoas forcejava seu próprio parto. Ficou conhecido com o nome de "capitalismo".

---

8. *Idem*, pp. 51-52.
9. *Idem*, p. 147

Tempestade no horizonte visível

Entre tornar-se dominante na esfera das relações econômicas e assumir efetivamente o domínio político da sociedade, pode haver, às vezes, uma distância muito grande. Contudo, a autonomia da política em relação à economia real de um país pode existir – mas até certo ponto, e certamente não a ponto de constituir-se por muito tempo obstáculo ao livre desenvolvimento daquelas relações econômicas já triunfantes.

Mas era essa a situação em que ainda se encontrava a maioria dos países da Europa no final do século XVIII, com exceção da Inglaterra e da Holanda. As relações capitalistas fervilhavam por quase toda parte do continente, a burguesia exalava otimismo quanto a seu futuro, a ideologia do progresso contínuo era sua música. Contudo, por mais obsoletos que parecessem em face da economia existente, muitos (não mais todos) dos laços políticos, jurídicos, culturais e ideológicos do velho feudalismo persistiam como fator de atraso. Reis, nobres e padres teimavam em ver-se ainda como há quinhentos, mil anos. Resistiam tenazmente ao desaparecimento da velha estrutura política feudal – marcada, repitamos, pela estratificação social baseada no privilégio de nascimento.

Embora pudessem ser encontradas na Europa continental setecentista diferenças decorrentes de desenvolvimentos e tradições próprias de cada país, podemos tomar o exemplo, razoavelmente representativo, da França às vésperas da Revolução de 1789. Persistia ainda um divisor de águas histórico em sua população, separando os servos (como vimos, em redução contínua) das pessoas livres. Estas últimas, por sua vez, continuavam divididas, de modo geral, em três estamentos sociais chamados, à época, de "estados": primeiro estado (clero), segundo estado (nobreza) e terceiro estado (plebeus livres em geral). "Pode-se simbolizar esta estrutura política por uma pirâmide. Cada uma das ordens (clero, nobreza, terceiro estado) é a expressão de uma função no seio da sociedade. O clero é encarregado do culto e das atividades que lhe estão ligadas no espírito da época (ensino, saúde, assistência etc.); à nobreza incumbe a obrigação de administração e de defesa do grupo social; o terceiro estado ocupar-se-á da vida econômica da sociedade. O que é preciso notar é que cada uma destas categorias políticas é regida por regras de direito específicas. O clero tem suas próprias jurisdições, tal como a nobreza; o imposto não é devido nem pelo clero, nem pela nobreza, enquanto é pesadamente cobrado sobre os rendimentos do terceiro estado."[10]

Atenção para o "detalhe": "... o terceiro estado ocupar-se-á da vida econômica da sociedade...". Mas quem era exatamente o terceiro estado? Resposta: excetuados nobres e padres, era quase toda a população livre, isto é, os camponeses, o pequeno e incipiente proletariado urbano, os artesãos, os lojistas, os professores, os advogados, os funcionários públicos, todos os profissionais e produtores de todos os ramos, os mercadores, enfim, todos os que trabalhavam, produziam ou dirigiam a economia, aí incluída a burguesia propriamente dita. O primeiro e o segundo estados eram parasitários, mas detinham todo o poder político e aferravam-se aos resquícios de seus privilégios econômicos.

"Certamente a servidão havia desaparecido dos domínios reais desde o edito de 1779, e só aparecendo como uma sobrevivência anacrônica. Preocupados, porém, diante da erosão monetária gerada pela inflação, em obter um rendimento melhor de seus recursos fundiários, para continuar a manter seu 'status', numerosos proprietários nobres mandaram efetuar, entre 1780 e 1789, a revisão de seus registros no tombo, pois este contém a enumeração das declarações dos particulares referentes a cada senhoria e indica as terras que haviam sido concedidas pelo senhor e os direitos a ela vinculados. As cartas patentes de 20 de agosto de 1786 põem a revisão na conta... dos devedores. Os especialistas em direito feudal, contratados para essas revisões, se empenhavam ainda mais porque o proprietário lhes concedia, às vezes, até a metade do ganho adicional propiciado por seu

---

10. Michel Miaille. *Introdução crítica ao direito*. 2 ed. Lisboa: Editorial Estampa, 1994, p. 264.

trabalho. (...) Toda contestação ia aos tribunais, cuja jurisprudência era favorável aos senhores. Os direitos feudais (seria melhor dizer 'senhoriais') eram diversos – o censo, taxa em dinheiro, leve por ter sido fixado há muito tempo; a jugada, paga em espécie, representava muitas vezes um terço da safra de cereais; os serviços pessoais ou reais; os *lods* em produtos..."[11]

Compreende-se por que os senhores se dispunham a pagar honorários tão pesados a esses advogados especialistas em direito feudal, com a esperança de reviver privilégios: "As 400 mil pessoas aproximadamente que, entre os 23 milhões de franceses, formavam a nobreza (...) estavam bastante seguras. Elas gozavam de consideráveis privilégios, inclusive de isenção de vários impostos (não de tantos quanto o clero, mais bem organizado), e do direito de receber tributos feudais. (...) Economicamente, as preocupações dos nobres não eram absolutamente desprezíveis. Guerreiros, e não profissionais ou empresários por nascimento e tradição – os nobres eram até mesmo formalmente impedidos de exercer um ofício ou profissão –, eles dependiam das rendas de suas propriedades ou, se pertencessem à minoria privilegiada de grandes nobres ou cortesãos, de casamentos milionários, pensões, presentes e sinecuras da corte. Mas os gastos que exigia o status de nobre eram grandes e cada vez maiores, e suas rendas caíam – já que eram raramente administradores inteligentes de suas fortunas, se é que de alguma forma conseguiam administrá-las. A inflação tendia a reduzir o valor de rendas fixas, como aluguéis"[12].

No que se refere aos impostos e taxas, a camada superior do terceiro estado, rica e com relações úteis no governo, descobria os caminhos para escapar ao seu pagamento, o que não acontecia com o restante da população, particularmente nas áreas rurais. Alexis de Tocqueville, o pensador liberal francês do século XIX, faz a seguinte descrição das consequências das antigas taxas e dos serviços feudais, muitas dos quais persistiam mesmo em relação aos camponeses já libertos da servidão à gleba: "Imagine o leitor um camponês francês do século XVIII... apaixonadamente enamorado pela terra, a ponto de gastar todas as suas economias para adquiri-la. (...) Para completar essa compra, ele tem primeiro de pagar um imposto. (...) Finalmente a terra é dele; seu coração está nela enterrado, com as sementes que semeia. Mas novamente seus vizinhos o chamam do arado, obrigam-no a trabalhar para eles sem pagamento. Tenta defender sua

---

11. Jean Tulard. *História da Revolução Francesa*. São Paulo: Paz e Terra, 1990, p. 36.
12. Eric Hobsbawm, *op. cit.*, pp. 74-75.

nascente plantação contra as manobras dos senhores da terra; estes novamente o impedem. Quando ele cruza o rio, esperam-no para cobrar uma taxa. Encontra-os no mercado, onde lhe vendem o direito de vender seus produtos; e quando, de volta para casa, ele deseja usar o restante do trigo para sua própria alimentação... não pode tocá-lo enquanto não o tiver moído no moinho e cozido no forno dos mesmos senhores de terras. Uma parte da renda de sua pequena propriedade é gasta em pagar taxas a esses senhores... Tudo o que fizer, encontra sempre esses vizinhos em seu caminho... e quando estes desaparecem, surgem outros com as negras vestes da Igreja, para levar o lucro líquido das colheitas... A destruição de parte das instituições da Idade Média tornou cem vezes mais odiosa a parte que ainda sobrevivia"[13].

Contudo, deve ser anotado que a estrutura político-social tradicional e anacrônica já se havia tornado, no final do século XVIII, bastante complexa. A dialética dos interesses sociais contraditórios não era mais tão simples quanto parecera havia séculos.

No primeiro estado, havia diferenças sociais evidentes entre o alto clero enobrecido (bispos, abades, cônegos), senhor de imensas porções de terras, e o baixo clero, que muitas vezes vivia pobremente e em contato íntimo com os camponeses das aldeias. Nessa época, todos os bispos já se haviam tornado nobres e as propriedades fundiárias do clero ainda englobavam provavelmente uma décima parte do reino[14].

No segundo estado já se podiam divisar ao menos três camadas: a restrita nobreza cortesã, beneficiária de pensões e outras benesses reais, muito favorecida pela intimidade com os negócios da monarquia; os senhores feudais tradicionais, que dependiam de rendimentos fundiários e ainda detinham, provavelmente, uma quinta parte do reino[15]; e até burgueses enobrecidos, a chamada nobreza de toga. "Outro tipo de nobreza se justapôs à nobreza de espada, à velha, ou supostamente tal, nobreza. O rei pode enobrecer e sempre recompensou dessa forma os seus servidores; nos séculos XVI e XVII, tendo adquirido o costume, para obter dinheiro, de vender as funções públicas – sobretudo as judiciais, mas também as financeiras, militares, administrativas e municipais – ocorreu-lhe a ideia de enobrecer alguns desses cargos ou 'offices', para elevar seu preço. A no-

---

13. Alexis de Tocqueville. *Cambridge Modern History*. v. VII, p. 72.
14. Georges Lefebvre. *1789 – O surgimento da Revolução Francesa*. São Paulo: Paz e Terra, 1989, pp. 37 e 43.
15. *Idem*, p. 38.

breza hereditária passou a ser outorgada a membros dos tribunais judiciais parisienses – Parlamento, Tribunal de Contas, Tribunal de Ajudas, Grande Conselho, Magistratura, Tribunal da Moeda – e a membros de alguns tribunais de província; nos outros, a nobreza concedida a título pessoal tornava-se transmissível após certo tempo de exercício da função: era a nobreza de toga."[16]

No terceiro estado, a situação era ainda mais diversificada: já se configurava uma alta burguesia, formada por banqueiros, industriais, grandes comerciantes, fornecedores do exército etc., partidária de mudanças moderadas e que dava mostras de contentar-se com uma monarquia constitucional à moda inglesa; uma pequena burguesia urbana já muito numerosa (viria a se tornar a principal base do radicalismo revolucionário) que abrangia artesãos independentes, advogados, médicos, alfaiates, barbeiros, pequenos lojistas etc.; uma pequena burguesia rural, constituída pela fração crescente de camponeses com terras, livres da servidão à gleba, mas ainda oprimidos pela sobrevivência de taxas senhoriais e outras obrigações remanescentes do feudalismo; uma massa heterogênea, ainda minoritária, mas em expansão, de trabalhadores assalariados da cidade; e um proletariado rural de diaristas (debulhadores, vinhateiros, semeadores, tosquiadores etc.) vivendo no limite da miséria, que já representa, pelo menos, 40% da população que vive nos campos[17]. E havia ainda uma multidão de desempregados, mendigos, andarilhos, monges itinerantes, pessoas sem ocupação definida ou que exercem atividades cambiantes ou sazonais.

De modo geral, podia-se observar, com o desenvolvimento do capitalismo, um deslocamento progressivo (nem sempre muito claro, mas no século XVIII já preponderante) da antiga estratificação social por ordens e estamentos, baseada no privilégio de nascimento, para uma diferenciação em que contava mais a inserção de classe, isto é, a posição efetivamente ocupada pelas pessoas na economia: burgueses (enobrecidos ou plebeus), proprietários de terras (bispos, barões e até alguns burgueses), o proletariado incipiente (rural e urbano), a multifacetada pequena burguesia, e assim por diante. É claro que, desde há muito, existiam as classes sociais, e elas lutavam entre si por interesses contraditórios, luta decisiva para o declínio econômico-social do feudalismo.

---

16. *Idem*, pp. 39-40.
17. Jean Tulard, *op. cit.*, p. 35.

Mas seus contornos e, acima de tudo, sua consciência social eram "nublados" pela divisão tradicional e antes muito estática, baseada no nascimento. Portanto, a elevação das relações sociais capitalistas de produção à posição de categoria dominante nas relações humanas estava, por assim dizer, clarificando a dinâmica social num sentido novo, sobrepondo-se progressivamente ao *status* nobiliárquico, clerical, plebeu livre ou plebeu servil.

Essa tensa conformação estrutural da sociedade francesa portava ainda um fator adicional de agravamento: a persistência anacrônica do absolutismo monárquico. Entre os séculos XV e XVII, quando os reis europeus foram bem-sucedidos na luta contra a antiga dispersão do poder entre os senhores feudais, a burguesia deu-lhes apoio, pois isso representava certo alívio dos laços senhoriais sobre suas atividades econômicas nas cidades e no comércio entre as regiões de cada país. Vários desses soberanos chamados de absolutistas – porque concentraram poderes políticos absolutos em suas mãos – se notabilizaram como "déspotas esclarecidos", sensíveis às renovações que estavam em curso, estimulando a economia e as artes. Foi o caso, entre outros, de José II (Áustria), Frederico II (Prússia), Catarina II (Rússia), marquês de Pombal (Portugal) etc. Mas, na segunda metade do século XVIII, essa utilidade inicial do absolutismo se esvaíra para a burguesia, pois, sendo já uma classe muito forte, ele passou a significar apenas sua eterna marginalização do poder político. Na França, a absorção de poderes absolutos pela figura do rei havia atingido seu ápice no início do século XVIII, durante o reinado do "rei sol", Luís XIV (a ele se atribuía a frase reveladora, "*L'État c'est moi*"). Desde então, o grosso da aristocracia (excetuado apenas o pequeno círculo da nobreza cortesã) foi esvaziado de funções políticas e era mantido afastado das decisões importantes do Estado. Mas nunca renunciou à luta para recuperar sua antiga influência nos negócios públicos: "A feudalidade foi justificada pela conquista, pois os nobres eram saídos dos conquistadores germânicos, constituídos, pelo direito das armas, senhores dos galo-romanos reduzidos à servidão. A aristocracia é anterior à monarquia, uma vez que os reis, originalmente, eram eleitos. Abeberando-se nesse arsenal ideológico (...), a aristocracia, tanto a da espada quanto a togada, conduziu, durante todo o curso do século XVIII, o assalto contra a autoridade real"[18]. Embora a monarquia representasse a garantia dos privilégios sociais da nobreza, estava havia muito tempo estabelecido entre ambas um contencioso cheio de riscos: até ideias liberais começavam a ter aceitação entre alguns nobres.

18. Albert Soboul. *A Revolução Francesa*. 7 ed. Rio de Janeiro: Bertrand Brasil, 1989, p. 13

Assim, a França de Luís XVI era "... sob vários aspectos, a mais típica das velhas e aristocráticas monarquias absolutas da Europa. Em outras palavras, o conflito entre a estrutura oficial e os interesses estabelecidos do velho regime e as novas forças sociais ascendentes era mais agudo na França do que em outras partes"[19]. Esse quadro logo seria piorado dramaticamente por uma séria crise econômica e política, que lançaria as massas populares numa atividade contestatória sem precedentes e possibilitaria o florescimento dos porta-vozes revolucionários da burguesia – que, então, passaria a falar em nome de todo o terceiro estado. O abade liberal Emmanuel de Sieyès, membro de uma loja maçônica e impulsionador do movimento constitucionalista, desferiu, meses antes do início da grande tempestade, seu célebre panfleto revolucionário *Que é o Terceiro Estado?*, em que pregava abertamente a ruptura:

"O que é o Terceiro Estado? Tudo. O que tem sido ele, até agora, na ordem política? Nada. (...) O que é preciso para que uma nação subsista e prospere? Trabalhos particulares e funções públicas. (...) Os trabalhos (particulares) que sustentam a sociedade... sobre quem recaem? Sobre o Terceiro Estado. As funções públicas (...) seria supérfluo percorrê-las detalhadamente para mostrar que o Terceiro Estado integra os dezenove vigésimos dela, com a diferença de que se ocupa de tudo o que é verdadeiramente penoso, de todos os cuidados que a ordem privilegiada recusa. Somente os postos lucrativos e honoríficos são ocupados pelos membros da ordem privilegiada. (...) A pretensa utilidade de ordens privilegiadas para o serviço público não passa de uma quimera; pois tudo o que há de difícil nesse serviço é desempenhado pelo Terceiro Estado. Sem os privilegiados, os cargos superiores seriam infinitamente melhor preenchidos. (...) Se se suprimissem as ordens privilegiadas, isso não diminuiria em nada a nação; pelo contrário, lhe acrescentaria. Assim, o que é o Terceiro Estado? Tudo, mas um tudo entravado e oprimido. O que seria ele sem as ordens de privilégios? Tudo, mas um tudo livre e florescente. Nada pode funcionar sem ele, as coisas iriam infinitamente melhor sem os outros. (...) O Terceiro Estado abrange, pois, tudo o que pertence à nação. E tudo o que não é Terceiro Estado não pode ser olhado como da nação. (...) Não há, no total, 200 mil privilegiados das duas primeiras ordens. Comparem este número com o de 25 a 26 milhões de almas (...). Mas é difícil convencer as pessoas que só enxergam seus próprios interesses. (...) A nobreza deixou de ser esta

---

19. Eric J. Hobsbawm, *op. cit.*, p. 73.

monstruosa realidade feudal que podia oprimir impunemente; hoje ela não passa de uma sombra que, em vão, tenta assustar toda a nação. (...) É tempo de tomar um partido e dizer, com toda força, o que é verdadeiro e justo. (...) Então é por espírito de igualdade que se pronunciou contra o Terceiro Estado a exclusão mais desonrosa de todos os postos, de todos os lugares melhores? (...) As leis que, pelo menos, deveriam estar livres de parcialidade também se mostram cúmplices dos privilegiados. Para quem parecem ter sido feitas? Para os privilegiados. Contra quem? Contra o povo. (...) Só há uma forma de acabar com as diferenças que se produzem com respeito à Constituição. Não é aos notáveis que se deve recorrer, é à própria nação. Se precisamos de Constituição, devemos fazê-la. Só a nação tem direito de fazê-la. (...) Então, é o Terceiro Estado que deve fazer os maiores esforços e dar os primeiros passos para a restauração nacional. (...) As circunstâncias não permitem que se seja covarde. Trata-se de avançar ou de recuar. (...) Vão dizer que o Terceiro Estado sozinho não pode formar os Estados Gerais. Ainda bem! Ele comporá uma Assembleia Nacional. (...) Os representantes do Terceiro Estado terão, incontestavelmente, a procuração dos 25 ou 26 milhões de indivíduos que compõem a nação, excetuando-se cerca de 200 mil nobres ou padres. Isso já basta para que tenham o título de Assembleia Nacional. Vão deliberar, pois, sem nenhuma dificuldade, pela nação inteira (...)."[20]

O grau de ousadia, próprio de uma vanguarda tomando posição para a ofensiva, era indicativo de que aqueles que estavam prestes a dirigir a demolição revolucionária do *ancien régime* estavam seguros de já contarem com um "grande número de seguidores dispostos a levar suas ideias à prática...".

Que ideias eram essas?

---

20. Emmanuel Joseph Sieyès. *In: Que é o terceiro estado?* (A constituinte burguesa). 2 ed. Rio de Janeiro: Liber Juris, 1988, pp. 63-69, 89-93, 103-104, 113, 132-133 e 135.

Os pensadores da revolução

Eram ideias às vezes contraditórias entre si, como costumam ser os grandes movimentos de ideias, mas quase sempre muito subversivas para a época, isto é, muito apropriadas aos que ansiavam por transformações jurídico-políticas correspondentes às transformações econômicas e sociais que já iam em fase avançada.

Antes de mais nada, o europeu culto do século XVIII – nobre ou burguês – estava imerso num clima intelectual de franco triunfo do racionalismo. Isso não é de estranhar, se considerarmos o bem-sucedido ataque que, no mínimo havia uns duzentos anos, vinha sendo feito de forma cada vez mais atrevida à visão de mundo com que a religião (o pensamento mágico em geral) legitimava o feudalismo. Copérnico causou sacrossanto estupor ao concluir que a Terra não era o centro do Universo, mas apenas um pequeno planeta, entre outros, que orbitava em torno do Sol. Para os dias de hoje, isso parece uma obviedade trivial, mas no começo do século XVI representou uma colisão com mais de mil anos de crença geocêntrica, segundo a qual o homem, por ter sido criado à imagem e semelhança de Deus, ocupava o centro do mundo. Galileu Galilei, além de comprovar o heliocentrismo com seu telescópio, lançou as bases do método científico, fundado em observação sistemática e demonstração experimental, e não em dogmas. A circunavegação do globo por Fernão de Magalhães liquidou de vez o mito da Terra plana. Newton revolucionou a física e a matemática. Descartes desenvolveu o método lógico, como na matemática, para a busca da verdade. Até a Igreja foi abalada estruturalmente pelas fraturas protestantes, que defendiam a comunicação direta do fiel com Deus, desmascaravam a degeneração do alto clero e legitimavam o lucro como bom e moral.

Com tantos antecedentes, o século XVIII tinha todos os motivos para ver na razão a potência finalmente capaz de entender a natureza e a sociedade, explicar a própria religião, libertar o homem dos seus terrores seculares, desvendar todos os mistérios, reformar tudo. Os filósofos do Iluminismo fizeram uma audaciosa construção intelectual nesse norte: Locke, Voltaire, Montesquieu, Diderot, Condorcet, Rousseau – só para mencionar algumas das grandes mentes que, malgrado tantas diferenças e divergências entre si, desconstruíram metodicamente as estruturas da visão social de mundo do feudalismo. A Razão humana, sua ilimitada capacidade de desvendar, de iluminar os fenômenos (daí Iluminismo), poderia moldar o mundo em bases novas, tudo poderia ser revisto e reformado por seu filtro. A realidade circundante dava-lhes essas certezas, tudo, de fato, se revolucionava, por obra da inteligência e da engenhosidade. A invenção do tear mecânico e da máquina a vapor, as numerosas aplicações práticas das descobertas científicas, o alargamento das fronteiras do conhecimento (e da geografia), a expansão da produtividade, do controle técnico sobre a natureza, a emergência do espírito de aventura, a rápida expansão das trocas transcontinentais – nada mais permanecia imóvel, ao contrário das desoladoras certezas "eternas" e estáticas da Idade Média. "Pois, de fato, o 'Iluminismo', a convicção no progresso do conhecimento humano, na racionalidade, na riqueza e no controle sobre a natureza – de que estava profundamente imbuído o século XVIII – derivou sua força primordialmente do evidente progresso da produção, do comércio e da racionalidade econômica e científica que se acreditava estar associada a ambos."[21]

Houve um núcleo dinâmico de ideias, no terreno da filosofia, de que a burguesia se serviu – seletivamente, como se verá – com notável eficiência para seus propósitos revolucionários na França, devido às consequências políticas imediatas que dele poderia extrair: o jusnaturalismo, particularmente o jusnaturalismo de base racional.

A suposição da existência de um direito aproximadamente equiparado à noção de Justiça, em forte conexão com a moral e, portanto, mais perfeito do que o direito produzido pelas sociedades humanas, era muito antiga entre os pensadores, deitando raízes em filósofos da Grécia antiga.

---

21. Eric J. Hobsbawm, *op. cit.*, p. 36.

Sua gênese helênica foi primordialmente laica, na medida em que esse direito superior decorreria da própria natureza, ou da observação do equilíbrio a ela inerente, e não dos deuses, embora também se encontrem na Grécia clássica referências a um direito natural que emanava de deuses. Na Idade Média, ao retomar Aristóteles, São Tomás de Aquino buscou atualizar para o pensamento cristão a ideia desse direito natural (*jus naturae*), esforçando-se para demonstrar sua compatibilidade com a fé, uma vez que a natureza seria obra da criação divina. Mas logo o direito natural seria dessacralizado pelo Iluminismo, substituindo-se progressivamente a natureza em geral (isto é, o mundo físico ou social externo) pela ideia de natureza humana e, especificamente, pela razão humana, fonte interior do conhecimento. O direito, portanto, poderia ser descoberto/produzido pelo espírito humano, desde que se procedesse à sua investigação com os rigores do raciocínio, configurando-se então como expressão moral de possibilidades inalienáveis, universais e eternas do ser humano (os direitos naturais humanos). Essa razão triunfante busca a liberdade, estado primordial do homem; a natureza mostra que os homens nascem iguais, por isso todo privilégio é antinatural; as pessoas podem estabelecer as cláusulas do contrato que institui a sociedade; o indivíduo, portador de direitos imanentes (porque naturais), deve ser protegido do poder absoluto pela repartição do poder; a intolerância religiosa, abolida; o Estado, governado de acordo com a vontade geral, por isso as leis devem ser as mesmas para todos – e por aí vai. "Com Rousseau, cuja influência foi enorme, a filosofia se radicalizou. Montesquieu continuava ligado às prerrogativas dos parlamentares, tendo sido um deles; Voltaire era um burguês abastado, indiferente à miséria popular. Rousseau vai mais longe, atacando a própria sociedade. Tudo o que o homem tem de bom vem da natureza; todo o mal, da sociedade que o alienou e corrompeu. Mesmo não se podendo voltar ao estado de natureza, ao menos é possível dela se aproximar. Uma boa constituição será, portanto, a que garantir, na medida do possível, a liberdade e a igualdade primitivas."[22]

É preciso ler essa brevíssima notícia histórica com cautelas adequadas, as elaborações concernentes ao direito natural foram complexas, múltiplas, contraditórias, muitas vezes contemporâneas entre si – a ponto de constituir empreitada de resultado incerto a tentativa de reuni-las numa só "escola filosófica". Montesquieu, por exemplo, indica que as leis não

---

22. Jean Tulard, *op. cit.*, p. 24.

surgem da mera vontade humana, mas decorrem de condições sociais, políticas, climáticas etc. – em suma, de um direito natural mais próximo do sentido que lhe atribuía Aristóteles, ao passo que Rousseau se distancia dessa noção, enfatizando a natureza especificamente humana e o acordo entre os indivíduos (o contrato social) que funda a sociedade. Para nossa investigação, importa mais fixar o papel social que o jusnaturalismo do século XVIII efetivamente desempenhou, os reflexos que suscitou concretamente na práxis social.

Nesse sentido, é fácil perceber por que essa construção intelectual de um direito natural de base racional, prevalecente entre os grandes pensadores do Século das Luzes, foi socialmente apropriada com muita facilidade pela burguesia revolucionária como arma ideológica de combate. Bastava extrair daí consequências políticas muito lógicas, de uso imediato: a razão recusa-se a continuar acatando que mais de 20 milhões de franceses prossigam governados por uma minoria que nada produz e que mantém uma vida de privilégios unicamente pelo privilégio de nascimento. Se a ideia de privilégio não pode ser acolhida pela razão, há que se construir uma sociedade constituída por indivíduos livres e iguais, cidadãos (não súditos), todos sujeitos de direitos, submetidos a leis comuns para todos, clamando a nação a soberania para si, não mais para um monarca detentor de poder absoluto. Por isso, "... se o Terceiro Estado é tudo na sociedade...", a razão rechaça, naturalmente, que ele continue sendo "nada" na política e no poder.

"A teoria do direito natural inverte, pois, completamente, a 'pirâmide feudal'. Em lugar de relações verticais (hierarquizadas) instaurar-se-ão relações horizontais (comunidade nascida do contrato social). Deixará de haver ordens correspondendo a funções separadas e desiguais em direitos, não haverá senão homens livres e iguais, quer dizer, cidadãos. Deixará de haver rei no cume da pirâmide para governar os homens, mas a expressão da sua vontade geral, isto é, a lei."[23] A burguesia, e particularmente a burguesia francesa, finalmente encontrava um poderoso arsenal ideológico para refutar a visão social de mundo do passado.

Se na filosofia estava acontecendo esse turbilhão, uma nova e correlata esfera do conhecimento também reivindicava à época o status de ciência, a economia política, que dava nascimento teórico ao liberalismo econômico. Na França, os chamados economistas fisiocratas (François

---

23. Michel Miaille. *Introdução crítica ao direito*. 2 ed. Lisboa: Editorial Estampa, 1994, p. 265.

Quesnay, o marquês de Mirabeau, o ministro Turgot etc.) defendiam, entre outras coisas, que só a terra cria realmente valor e que há uma circulação natural de renda na sociedade, correspondendo tudo isso a uma ordem natural, regida por leis imutáveis, como as da física (daí fisiocratas). Assim, não teriam cabimento intervenções na economia: "Por isso, defenderam a mais ampla liberdade econômica (contra as barreiras feudais, ainda imperantes na época...) e lançaram a célebre máxima do liberalismo, *laissez faire, laissez passer*. E propuseram a supressão de todas as taxas, com sua substituição por um imposto único incidindo sobre a propriedade, já que esta seria a única fonte de riqueza e os proprietários apenas se apropriariam da renda da terra sem contribuir para o aumento do produto líquido, enquanto os agricultores, os comerciantes e os artesãos deveriam ficar aliviados da carga tributária para que se facilitasse a circulação da renda. Para manter essa ordem natural, o Estado deveria assumir o papel exclusivo de guardião da propriedade e garantidor da liberdade econômica"[24].

Logo em seguida, na Inglaterra, Adam Smith (1723-1790) superava intelectualmente os fisiocratas na fundamentação do liberalismo e publicava, em março de 1776, *A riqueza das nações: Investigação sobre sua natureza e suas causas*, que em pouco tempo se tornaria a "bíblia" econômica da burguesia – só na França, antes da Revolução de 1789, houve pelo menos três edições desse livro, e outras quatro foram publicadas durante o período revolucionário[25], o que não deixa de ser extraordinário para uma época de poucos leitores. Até o início do século XX, esse foi um dos livros que a burguesia mais se empenhou em divulgar no planeta.

Segundo essa obra paradigmática, os indivíduos só buscam mesmo seus próprios interesses, competem incessantemente para isso, o que pode parecer mau; mas, se essa competição não for artificialmente cerceada pelo Estado ou pela intromissão ignorante dos homens, terminará, mediante a divisão social do trabalho, gerando uma ordem social natural que aumentará rapidamente a riqueza das nações e o bem-estar dos indivíduos competidores. A produção sob o regime de livre empresa privada, com a consequente acumulação de capital, é o caminho para atingir esse

---

24. Paulo Sandroni (consult.). *Dicionário de economia*. São Paulo: Nova Cultural, 1985, p. 173.
25. Eric J. Hobsbawm. *Ecos da Marselhesa*. 9 ed. São Paulo: Schwarcz, 1996, p. 27. Hobsbawm ainda registra na página 38 que o próprio abade Sieyès era "um paladino de Adam Smith". Também José Ribas Vieira, no estudo de prefácio à edição brasileira já mencionada de *Que é o terceiro estado?*, anota (página 38) a influência do pensamento econômico de Adam Smith sobre o abade Sieyès.

fim. A classe dos capitalistas, proprietária dos meios sociais de produção, é necessária e benéfica a todos, mesmo aos trabalhadores, que se alugam aos capitalistas para fazer funcionarem aqueles meios. É certo que disso tudo resultará uma sociedade de grande desigualdade econômica, mas isso não é motivo para escândalo porque, ainda assim, propiciará melhorias das condições de existência dos mais pobres, não sendo incompatível com a igualdade natural dos homens. Ademais, isso não será também injusto, pois, embora o trabalho humano seja a verdadeira origem de toda riqueza, as relações serão baseadas na livre troca de equivalentes no mercado: o salário que o capitalista paga equivale ao trabalho que o operário lhe presta. Portanto, deixar livre a mão invisível do mercado é o meio mais sábio para que a economia naturalmente se regule a si mesma e todos possam chegar à felicidade individual[26].

Essas demandas do liberalismo econômico colidem de frente com o pensamento mercantilista dos governos europeus da época – caracterizado pelo intervencionismo estatal, protecionismo diante do comércio exterior e ênfase no aumento de reservas de metais preciosos –, que impedia a livre circulação de mercadorias e a livre competição no mercado internacional. Esse pensamento havia sido útil a uma fase muito inicial do desenvolvimento do capitalismo, mas agora a burguesia (ao menos sua camada mais alta) passava a percebê-lo como obstáculo à expansão que buscava.

Esse vasto conjunto de ideias (certamente mais vasto do que o aqui exemplificado) acabou propiciando fundamentos teóricos e elevando a um patamar de sofisticação intelectual a ideologia intuitiva, "contábil" e prática da burguesia, abrindo caminho para essa classe apresentar-se perante a sociedade como portadora legítima de interesses universais. "Sem dúvida, abaixo da filosofia do século XVIII, o interesse da burguesia revela-se facilmente, pois ela deveria tirar as maiores vantagens do novo regime. Mas ela acreditava sinceramente trabalhar pelo bem da humanidade. E mais, estava persuadida de preparar a chegada de uma nova era da justiça e do direito."[27]

Essa classe necessitava de transformações sociais e se atribuía o papel transformador. "O progresso das Luzes solapava os fundamentos ideológicos da ordem estabelecida, ao mesmo tempo que se afirmava a consciência

---

26. Adam Smith. *A riqueza das nações*. São Paulo: Nova Cultural, 1996; Paulo Sandroni, *op. cit.*; Robert Heilbroner. *História do pensamento econômico*. São Paulo: Nova Cultural, 1996, pp. 43-72; e Eric J. Hobsbawm, *op. cit.*, p. 259.

27. Georges Lefebvre, *op. cit.*, p. 71.

de classe da burguesia. Sua boa consciência: classe em ascensão, acreditando no progresso, tinha a convicção de representar o interesse geral e de assumir o encargo da nação; classe progressiva, exercia uma triunfante atração sobre as massas populares, como sobre os setores dissidentes da aristocracia. Contudo, a ambição burguesa, apoiada pela realidade social e econômica, se chocava com o espírito aristocrático das leis e das instituições."[28]

Com bandeiras assim flamejantes, uma palavra – que frequentaria o vocabulário humano nos séculos seguintes – começou a passar, com insistência crescente, pela cabeça dos burgueses. Era esta a palavra: revolução!

---

28. Albert Soboul, *op. cit.*, p. 9.

A burguesia toma o poder

A França dos anos 80 do século XVIII entrava em plano inclinado de desagregação. Uma diversidade de fatores complicava a situação nacional: crise fiscal, crise política, crise econômica e social – tudo ao mesmo tempo.

O país mal terminou de lamber suas feridas pela derrota humilhante na Guerra dos Sete Anos (1756-1763), quando perdeu para a Inglaterra a maioria das suas possessões no Caribe, e já se envolveu, por razões de política internacional do Estado, na guerra de independência americana, contra a mesma e velha rival. Teve de deslocar, durante anos a fio e a preços de guerra, tropas e suprimentos para o outro lado do oceano – financiados por pesados empréstimos contraídos pelo Tesouro Nacional. O descontrole dos gastos, as guerras de conquista, a inflação, as edificações suntuosas e o esbanjamento ostentatório da Corte (motivo de grande impopularidade da monarquia) eram antigos e mantinham o país, desde o reinado de Luís XIV, numa situação de crescente endividamento; mas o brutal aumento da dívida pública, após e em consequência da guerra americana, precipitou uma crise fiscal sem precedentes. Em 1788, 50% dos recursos do Tesouro destinavam-se ao pagamento de juros da dívida pública.

Não havia mais de onde tirar dinheiro, a menos que os que não pagavam impostos passassem a fazê-lo. A igualdade fiscal e outras reformas já haviam sido tentadas antes pelo rei, mas, evidentemente, foram repudiadas com firmeza pela nobreza e pelo clero. O parlamento aristocrático de Paris (suprimido por Luís XV, mas imprudentemente restabelecido por Luís

XVI) recusou-se a registrar, em março de 1776, os editos do rei que visavam abolir as corporações de ofícios e a corveia real e instituir um imposto territorial a ser cobrado de todos os proprietários, pequenos ou grandes. Eis o indignado protesto desse órgão de privilegiados: "Todo sistema que, sob uma aparência de humanidade e benevolência, tendesse, numa monarquia bem ordenada, a estabelecer entre os homens uma igualdade de deveres e a destruir as distinções necessárias, levaria em breve à desordem, sequela inevitável da igualdade absoluta, e acarretaria a derrocada da sociedade... Quais não seriam então os perigos de um projeto produzido por um sistema inadmissível de igualdade, o primeiro efeito do qual é confundir todas as Ordens do Estado ao lhes impor o jugo uniforme do imposto territorial! (...) O serviço individual do clero é desempenhar todas as funções relativas à instrução, ao culto religioso e ajudar a aliviar o sofrimento dos infelizes por meio de esmolas. O nobre dedica seu sangue à defesa do Estado e assiste com seus conselhos ao soberano. A última classe da nação, que não pode prestar ao Estado serviços tão elevados, cumpre seu dever para com ele através dos tributos, da indústria e dos trabalhos braçais"[29].

Todavia, estando o reino à beira da bancarrota, Luís XVI imaginou poder dessa vez fazer passar a igualdade fiscal, negociando com a aristocracia: convocou, no início de 1787, um "Conselho de Notáveis", composto de 144 membros escolhidos a dedo. Nada obteve. Procurou conter despesas, introduzir algumas reformas, contratar novos empréstimos, sem qualquer sucesso. A resistência aristocrática ao absolutismo percebeu o momento de fraqueza da monarquia e tomou a ofensiva, impondo condições, exigindo partilhar o poder. O rei adotou medidas repressivas contra nobres insubordinados, a reação foi grande, teve de recuar. Tentou restabelecer sua autoridade expedindo "cartas régias"[30], sofreu nova desmoralização, viu-se forçado a revogá-las: agora, a própria aristocracia começava a bradar por seus "direitos individuais e naturais" (vê-se que essa linguagem se havia imposto...) contra o autoritarismo absolutista.

A crise institucional tornou-se objeto de acalorados debates públicos: embora a causa imediata da revolta dos nobres fosse sua recusa em abrir mão de privilégios fiscais e econômicos, a luta política contra o absolutismo colocou, por um breve momento, o terceiro estado em frente

---

29. Jean Tulard, *op. cit.*, pp. 28-29.

30. As "cartas régias" (*lettres de cachet*) eram ordens expedidas diretamente pelo rei para autorizar cobranças ou determinar a prisão sumária de pessoas.

comum com a aristocracia. Começaram a surgir tumultos populares. Isolado no Palácio de Versalhes, com os cofres do Tesouro vazios, Luís XVI terminou, em agosto de 1788, por submeter-se à exigência da "rebelião dos nobres": convocar para o ano seguinte a assembleia dos "Estados Gerais" para encontrar saídas para as dificuldades do país. Uma decisão que lamentaria para sempre – assim como os nobres.

Os Estados Gerais eram a antiga assembleia que reunia representantes das três "ordens" em que se dividia a população livre do país e haviam tido num passado remoto poderes legais sobre diversas questões do Estado – por exemplo, impostos. Mas, à medida que o absolutismo monárquico foi ganhando terreno, nunca mais foram convocados: sua última reunião havia acontecido 174 anos antes, em 1614. Seu chamamento em 1788 foi, portanto, sinal evidente do enfraquecimento do absolutismo.

Ao lado da crise fiscal, estopim da crise de governabilidade, uma grave crise econômico-social se abatia sobre o país. Invernos rigorosos e verões especialmente chuvosos ocasionaram péssimas safras em 1788 e 1789, fazendo os preços dos gêneros agrícolas e de seus subprodutos dispararem, especialmente o do pão, fundamental na alimentação do povo. Açambarcadores e especuladores tiraram partido do salto da inflação. Além disso, a superioridade inglesa na concorrência pela oferta de produtos têxteis também estancou a atividade desse ramo das manufaturas francesas, gerando prejuízos e desemprego. Multidões de miseráveis perambulavam pelas cidades e pela zona rural, buscando sobrevivência na mendicância ou extravasando seu ódio aos privilegiados mediante saques e atentados contra senhores rurais, ou dedicando-se simplesmente à delinquência. Até a média burguesia ressentia-se amargamente da deterioração de seus meios de vida, especialmente porque, já havia algum tempo, nobres que vinham perdendo rendas, ou que se encontravam mesmo em vias de empobrecimento, valeram-se de seus privilégios "de sangue" e conseguiram impor ao rei o retorno da exclusividade aristocrática sobre os cargos públicos mais vantajosos. A quase totalidade dos plebeus foi expulsa dos graus mais cobiçados da hierarquia da administração. No exército isso era causa de grande descontentamento, pois, desde um edito real de 1781, o acesso às patentes de oficial ficou restrito exclusivamente aos nobres "de espada" e, assim mesmo, se possuíssem "três graus de nobreza". Assim, começaram a brotar, principalmente dos estratos intermediários do terceiro estado, ardorosos agitadores políticos imbuídos de ideias iluministas. "Como as portas se fecham, nasce a ideia de derrubá-

-las. A partir do momento em que a nobreza pretende tornar-se uma casta e reservar os cargos públicos ao privilégio de nascimento, o único recurso é suprimir o privilégio do sangue para dar 'lugar ao mérito'. É claro que o amor-próprio não estava ausente da jogada, e qualquer fidalguinho pouco importante, que simplesmente marcasse as distâncias, fazia renascer as feridas. Entre burgueses de diversos tipos forjou-se um vínculo que nada pôde romper, um ódio comum à aristocracia."[31]

Reuniões febris nos cafés parisienses, nos ativos "clubes" políticos (não existiam partidos) e na grande e semissecreta maçonaria (racionalista e anticlerical) passaram a irradiar efervescente propaganda das consignas de igualdade e liberdade ao povo. O anúncio da convocação da assembleia dos Estados Gerais deu-lhes um norte político, pois perceberam – com mais razão do que podiam imaginar – que estaria aí uma oportunidade para fazerem valer muitos de seus pontos de vista.

Mas esse anúncio também desfez rapidamente aquela fugaz aliança política entre a aristocracia e o terceiro estado contra o absolutismo. Os aristocratas pretendiam que essa assembleia, a partir de maio de 1789, conservasse a mesma forma de há quase duzentos anos passados, mesmo número de representantes para as três "ordens" (em vez de proporcional ao peso de cada ordem na população) e votação por ordem durante as sessões (e não por cabeça).

O terceiro estado, que compunha seguramente mais de 90% da população[32], percebeu que isso o deixaria em completa minoria e passou a reivindicar o contrário, representação proporcional e voto por cabeça. Entre dois fogos, Luís XVI arbitrou pelo que imaginou ser um "meio-termo", aceitou apenas duplicar a representação do terceiro estado e nada decidiu sobre o voto por ordem ou por cabeça. A animosidade do terceiro estado contra a nobreza e o clero reabriu-se.

As eleições dos representantes das ordens realizaram-se entre fevereiro e março de 1789, em clima de grande tensão, panfletos exaltados circulando (o de Sieyès foi lançado em janeiro), chegando a ocorrer conflitos armados entre burgueses e nobres. Os regulamentos eleitorais eram complicados, com procedimentos variáveis entre cidade e campo, e mesmo de região para região, o que distorcia ainda mais a representação. No terceiro estado, de modo geral, só podiam votar homens de mais de 25 anos e,

---

31. Georges Lefebvre, *op. cit.*, p. 69.

32. Há imprecisão de cifras entre os historiadores, as estatísticas eram precárias na França setecentista. Números disponíveis indicam que os nobres e seus familiares somavam, no máximo, 2,5% de uma população entre 23 e 25 milhões de habitantes, e o conjunto do clero não devia chegar a 2%.

em Paris, que também fossem contribuintes de importância razoável (voto censitário) – o que excluía os mais pobres.

Foram eleitos entre 1.118 e 1.196 deputados (a inexatidão dos registros não permite certeza dos números), sendo quase 300 do clero, aproximadamente o mesmo número da nobreza e pouco menos de 600 do terceiro estado. Entre os eleitos da nobreza, uma minoria tinha ideias liberais. Entre os do clero, predominavam párocos (baixo clero). E, no terceiro estado, praticamente todos eram burgueses[33] – nenhum camponês ou operário –, com visível predomínio de advogados e outros profissionais do direito[34], além de uns poucos nobres e padres desprezados por suas ordens de origem, como o próprio abade Sieyès[35].

Quando os Estados Gerais começaram a se reunir, em 4 de maio de 1789, a crise social já havia se intensificado dramaticamente, devido ao crescimento do desemprego, à alta dos preços e ao aumento da fome das massas populares. Pequenos aglomerados de pessoas surgiam espontaneamente nas praças de Paris quase todos os dias, cresciam em poucas horas, os protestos tornavam-se inflamados, logo a polícia aparecia, começava o tumulto. Alastraram-se por todo o país agitações camponesas, pilhagens de celeiros, ataques a castelos e a igrejas, saques de lojas nas cidades, greves por reivindicações salariais em Paris. O historiador Taine registrou mais de quatrocentas revoltas entre abril e julho de 1789[36]. O povo comum parecia ter perdido todo o medo das autoridades.

Os deputados eleitos aos Estados Gerais ocuparam-se, entre 4 de maio e meados de junho, com verificações procedimentais, reunindo-se em Versalhes separadamente por ordens, como havia sido em 1614. Mas a maioria dos deputados burgueses, empolgados pelo clima radicalizado do país e cada vez mais incitados pela população que assistia às suas sessões, passou a reivindicar que os deputados das três ordens se fundissem numa só plenária, votando por cabeça, constituindo uma única Assembleia Nacional soberana sem distinções entre ordens. Era uma proposta de claro rompimento com a legalidade, que garantiria maioria ao terceiro estado e afrontava ao rei.

A tensão aumentou, surgiram boatos insistentes de intervenção militar a mando de Luís XVI. Nesse clima de exaltação, os deputados do terceiro

---

33. Jean Tulard, *op. cit.*, pp. 44-45, e Georges Lefebvre, *op. cit.*, p. 84.
34. Albert Soboul, *op. cit.*, p. 41.
35. Georges Lefebvre, *op. cit.*, p. 84.
36. Citado por Jean Tulard, *op. cit.*, p. 44.

estado proclamaram solenemente, em 20 de junho, o célebre "Juramento de Jeu de Paume"[37], de não se separarem jamais e de se reunirem sempre que as circunstâncias o exigirem, até que a Constituição do reino fosse estabelecida... Muitos deputados do baixo clero, e até alguns dos nobres liberais, aderiram abertamente às propostas dos burgueses. Em 23 de junho, o rei reuniu-se com os três estados, acenou com concessões (liberdade de imprensa, liberdade individual etc.), mas ordenou que as sessões fossem por ordens, sob ameaça de dissolução do terceiro estado. Saiu do salão acompanhado dos deputados da nobreza e de parte do clero. Os deputados remanescentes – grande maioria – continuaram reunidos (Mirabeau: "Só sairemos pela força das baionetas!") e essa assembleia decretou a imunidade de seus membros.

O rei ordenou o uso da força para expulsá-los. Mas, a essa altura, uma grande massa popular já havia ocupado sem resistência o pátio do palácio; a própria guarnição de Versalhes não era confiável. Diante do impasse, os nobres liberais promoveram uma conciliação, e o rei foi obrigado a voltar atrás.

A burguesia saiu vitoriosa em sua aberta ruptura com a legalidade monárquica e, em 27 de junho, os três estados já se reuniam unificados. Era o fim do absolutismo. Em 7 de julho, os Estados Gerais adotaram o nome de Assembleia Nacional Constituinte e, no dia 11, já era apresentada uma primeira versão do que em breve viria a ser uma Declaração dos Direitos do Homem e do Cidadão.

Vencidos pela burguesia, mas não conformados, o rei e a maioria da nobreza começaram a articular o contra-ataque, constituíram um novo ministério "de confrontação" e ordenaram o deslocamento de tropas (18 mil soldados[38]) para a região de Paris, com o claro propósito de desfechar um golpe e dissolver a Assembleia Nacional Constituinte. Porém, a situação já estava fora de controle. A sedição popular se generalizava: uma massa crescente de desempregados e famintos, pequenos lojistas, artesãos, operários e profissionais liberais realizava comícios inflamados, provocava choques com a guarda, pilhagens e incêndios, deserções na tropa e expulsão de autoridades. Liderada por burgueses e pequenos burgueses radicais, a massa popular entrou em processo intensivo de organização em todos os bairros, lojas de armas foram esvaziadas, grupos de civis armados e guardas amotinados passaram a controlar os portões de Paris, armaram barricadas, ocuparam prédios públicos e circulavam em patrulhas.

---

37. Sala do "jogo de péla" do Hôtel des Menus, onde se reuniram naquele dia os deputados burgueses.
38. Georges Lefebvre, *op. cit.*, p. 105.

No dia 13 de julho, um comitê popular formou-se em Paris e criou uma milícia civil burguesa. Para armar essa milícia, uma multidão atacou na manhã do dia 14 o arsenal do Hôtel des Invalides (Palácio dos Inválidos) e apoderou-se de pelo menos trinta mil fuzis[39], distribuídos imediatamente aos insurretos. No mesmo dia, cercaram a fortaleza-prisão da Bastilha, odiado símbolo do absolutismo, em busca de mais armas. Seu diretor aceitou dialogar com uma delegação do povo, prometeu só disparar se a Bastilha fosse atacada, mas, quando a delegação se retirava, os canhões da fortaleza abriram fogo. Os revolucionários passaram ao assalto: apoiados por soldados desertores que trouxeram canhões, arrombaram os portões da fortaleza, renderam a guarnição defensora, executaram o diretor da Bastilha, libertaram os poucos presos que lá estavam.

A insurreição tomou conta da capital. Iniciaram-se execuções sumárias. O comitê, agora chamado de "Comuna de Paris", transformou-se no novo poder municipal e a milícia civil organizou-se como Guarda Nacional. O rei viu-se forçado a recuar mais uma vez, suspendendo o nunca concluído deslocamento de tropas, tendo agora de acatar o poder popular surgido sob o signo da nova bandeira tricolor, que unia o branco da monarquia ao vermelho e azul da cidade de Paris.

Rapidamente, acontecimentos semelhantes alastraram-se por toda a França. Primeiro, nas cidades, que reproduziram em graus variados a insurreição da capital, expulsaram as autoridades e instalaram nas administrações delegados do terceiro estado. E logo também nas áreas rurais, onde milhões de camponeses (com terra ou assalariados), temendo a reação do "complô aristocrático" e dos inúmeros agrupamentos de bandidos (supunha-se estarem a serviço da reação senhorial), intensificaram furiosamente a ação revolucionária. Dezenas de castelos foram incendiados em poucos dias, seus senhores colocados para correr, as cercas das fazendas derrubadas, as terras ocupadas pelos camponeses, os registros de propriedade queimados.

Assim, o que havia começado como uma "rebelião" dos nobres em 1788 prosseguiu como revolução jurídica da burguesia nos Estados Gerais, explodiu na insurreição popular armada em Paris, ganhou quase toda a França com

---

39. Essa cifra sofre variações mínimas nos relatos. Tulard (*op. cit.*, p. 57) indica 30 mil fuzis e Lefebvre (*op. cit.*, p. 127) refere-se a 32 mil. Seja como for, é bastante: moravam em Paris cerca de 500 mil pessoas em 1789. Atualizando essa proporção para, digamos, uma cidade de 10 milhões de habitantes no século XXI, isso equivaleria a 600 mil fuzis. Não se trata, evidentemente, de isolar e superestimar o fato. Mas, considerando uma população mobilizada e enfurecida com os governantes, pode-se avaliar o quanto essa apreensão de armas significou de impulso prático para a Revolução.

as revoltas municipais e selou a morte do *ancien régime* com o levante de milhões de camponeses nas áreas rurais do país. Nos primeiros dias de agosto já era claro que a revolução – ou, ao menos, sua primeira fase – havia triunfado. Palavras como pátria, cidadão e povo subitamente se valorizaram. Mais que tudo, valorizou-se a palavra Revolução – assim mesmo, em maiúsculas.

Mais de trezentos mil franceses – nobres, padres, altos burocratas do Estado, até alguns burgueses comprometidos com a monarquia – iniciaram uma torrente migratória para países vizinhos. O rei tentou recolher-se cautelosamente ao Palácio de Versalhes. Seu recolhimento duraria pouco. Como a carestia continuasse a galope, vinte mil pessoas, principalmente mulheres famintas, marcharam em 5 de outubro daquele ano, de Paris para Versalhes, forçando alguns deputados a as acompanharem, para pedir pão ao rei. A tradição oral cunhou que Maria Antonieta, rainha austríaca daquela França aturdida, teria respondido à multidão: "Não há pão? Que comam brioches". Ao raiar do dia 6 de outubro, o cordão de manifestantes, já muito exaltado, invadiu o palácio, chocou-se com os guarda-costas (vários foram mortos) e arrombou a entrada dos aposentos da rainha, que se refugiou nos aposentos do rei. Discursando do balcão dourado daquele palácio deslumbrante erguido por antecessores poderosos, Luís XVI esforçou-se para acalmar os manifestantes, assentindo aos apelos da multidão para que se transferisse para Paris, para "cuidar" do seu povo. Na mesma tarde, em charretes transportando todo o trigo e farinha estocados no palácio e cercados pela multidão, o rei e a família real mudaram-se para Paris – como se sabe, para sempre...

Em meio a esse inesperado terremoto social, a Assembleia Nacional Constituinte, inspirada – e pressionada – por ele, deixou de lado todas as cautelas e vacilações. Na noite de 4 para 5 de agosto, adotou resoluções abrangentes que deitavam por terra, ao menos no plano jurídico (na realidade social a transformação seria mais demorada e complicada), quase tudo o que restava do feudalismo e dos privilégios do clero e da nobreza. Os próprios deputados dessas duas ordens, subitamente "convertidos" à causa da Revolução – agora chamada de "sagrada" –, participaram dessa memorável noite de generosidades, em que não faltaram lágrimas, renúncias "espontâneas" a privilégios centenários, discursos comovidos e palavras grandiosas de amor à "pátria" e ao "povo". Não demorou para que o próprio rei recebesse o título de "Restaurador da Liberdade Francesa"... O quanto essa noite teve de "espontânea" ou foi precipitada pela revolução popular é até hoje objeto de controvérsias acadêmicas. Mas, depois dela, não havia mais como voltar atrás.

A Declaração de 1789 e a Constituição de 1791

Nessa atmosfera exaltada, venceu entre os deputados o ponto de vista de que, antes da redação de uma constituição, deveria ser proclamada uma Declaração dos Direitos do Homem e do Cidadão. Além de relacionar os princípios que deveriam nortear o texto constitucional, ela seria o manifesto revolucionário da nova França. Com base num novo projeto (vários anteriores foram desprezados) cujos principais redatores foram Mirabeau e Sieyès, a declaração começou a ser votada em 20 de agosto e foi aprovada no dia 26 desse mês, com dezessete artigos. É considerada o atestado de óbito do Antigo Regime.

"Os homens nascem e são livres e iguais em direitos" (artigo 1º) e "a finalidade de toda associação política é a conservação dos direitos naturais e imprescindíveis do homem" (artigo 2º). Quais são esses direitos? São quatro: "a liberdade, a propriedade, a segurança e a resistência à opressão" (artigo 2º). A soberania foi atribuída, no artigo 3º, à "Nação" (fórmula unificadora) e não ao povo (expressão rejeitada, pelo que podia conter de reconhecimento das diferenças sociais). A liberdade (artigo 4º: "poder fazer tudo aquilo que não prejudique a outrem") só pode ser limitada pela lei, que deve proibir as "ações prejudiciais à sociedade" (artigo 5º). A lei "deve ser a mesma para todos" (artigo 6º). Não haverá acusação ou prisão "senão nos casos determinados pela lei e de acordo com as formas por esta prescrita", devendo então o cidadão submeter-se, "senão torna-se culpado de resistência" (artigo 7º). Os princípios da necessária anterioridade da lei em face do delito e da presunção de inocência dos acusados foram estabelecidos nos artigos 8º e 9º. A liberdade de opinião, até mesmo religiosa, foi enunciada no artigo 10 e a de expressão no artigo 11. A necessidade de uma "força pública" para garantia dos direitos do homem e do cidadão foi incluída no artigo 12. O artigo 13 instituía a igualdade fiscal. Os artigos 14 e 15 estabeleciam o direito de fiscalização dos cidadãos sobre a arrecadação e os gastos públicos. O artigo 16 enunciava a necessidade de garantia dos direitos e de "separação dos poderes". Por fim, o artigo 17 reiterava que "a propriedade é um direito inviolável e sagrado, ninguém dela pode ser privado, a não ser quando a necessidade pública legalmente comprovada o exigir evidentemente e sob a condição de justa e prévia indenização".[40]

É óbvia a inspiração jusnaturalista. Bobbio apontou que "... o núcleo doutrinário da Declaração está contido nos três artigos iniciais: o primeiro refere-se à condição natural dos indivíduos que precede a formação da sociedade civil; o segundo, à finalidade da sociedade política, que vem depois (se não cronologicamente, pelo menos axiologicamente) do estado de natureza; o terceiro, ao princípio de legitimidade do poder que cabe à Nação"[41].

Mas, como se pode ver, os quatro "direitos naturais" enunciados no artigo 2º (liberdade, propriedade, segurança e resistência à opressão) são contemplados desigualmente na Declaração. A liberdade recebeu sete artigos, o 4º e o 5º definem seus contornos gerais, o 7º, o 8º e o 9º tratam da liberdade individual, o artigo 10 refere-se à liberdade de opinião e o 11, à liberdade de expressão. A propriedade só é abordada no artigo 17, mas se beneficia de um tratamento enfaticamente protecionista e privatista – note-se que é o único direito qualificado como "inviolável e sagrado". A segurança só é contemplada no artigo 12, e de modo visivelmente menos relevante. Quanto ao direito de resistência à opressão, a Declaração nada lhe dedicou, a não ser a menção inicial.

Há uma ausência memorável: a igualdade não figurou entre os direitos "naturais e imprescindíveis"[42] proclamados no artigo 2º, muito menos foi elevada ao patamar de "sagrada e inviolável", como fizeram com a propriedade. Além disso, quando mencionada depois, foi com um certo sentido: os homens são iguais – mas "em direitos" (artigo 1º), perante a lei (artigo 6º) e perante o fisco (artigo 13). Assim, a igualdade de que cuida a Declaração é

---

40. Síntese e excertos do texto integral da Declaração francesa com base na tradução de Jorge Miranda. *In: Textos históricos do direito constitucional*. Lisboa: Imprensa Nacional-Casa da Moeda, 1990, pp. 57-59.
41. Norberto Bobbio. *A era dos direitos*. Rio de Janeiro: Campus, 1992, p. 93.
42. Ou: "imprescritíveis", conforme a tradução que consta das obras mencionadas de Lefebvre e Bobbio.

a igualdade civil (fim da distinção jurídica baseada no status de nascimento). Nenhum propósito de estendê-la ao terreno social, ou de condenar a desigualdade econômica real que aumentava a olhos vistos no país. "O indivíduo era uma abstração. O homem era considerado sem levar em conta a sua inserção em grupos, na família ou na vida econômica. Surgia, assim, o cidadão como um ente desvinculado da realidade da vida. Estabelecia-se igualdade abstrata entre os homens, visto que deles se despojavam as circunstâncias que marcam suas diferenças no plano social e vital. Por isso, o Estado teria de abster-se. Apenas deveria vigiar, ser simples gendarme."[43]

Na redação inicial, Sieyès pretendera mesmo discernir que a igualdade a ser garantida era "de direitos" e não "de recursos"[44]. Mas, certamente por configurar distinção excessivamente reveladora, os constituintes preferiram não acolhê-la – o que, ironicamente, iria facilitar nas décadas seguintes que a noção de igualdade fosse retomada pelo movimento operário num sentido radical, socialista. Também "não é temerário supor que, se a Assembleia descartou a menção da 'satisfação geral' como objetivo da associação política, é porque quis impedir que se invocasse a igualdade para exigir a melhora do destino dos deserdados da fortuna, e que se transformasse a igualdade jurídica ou civil em igualdade social"[45].

Houve outros silêncios eloquentes de várias das dimensões da igualdade evitadas pelos constituintes: o sufrágio universal sequer foi mencionado, a igualdade entre sexos não chegou a ser cogitada (o "homem" do título da Declaração era mesmo só o do gênero masculino), o colonialismo francês (ou europeu em geral) não foi criticado, a escravidão não foi vituperada (e era uma realidade dramática naquele tempo), o direito ao trabalho foi esquecido etc.

Assim, tão importantes quanto as ideias que a Declaração contém são as ideias que ela não contém – e que, a julgar pela acumulação filosófica já existente no final do século XVIII, a "Razão" esperaria que fossem acolhidas nesse texto. Os deputados constituintes reproduziram no início da Declaração, de modo abstrato, princípios do jusnaturalismo que gozavam de grande prestígio (liberdade, igualdade), mas, em seguida, ao "traduzirem-nos" nos demais artigos, promoveram uma seleção cuidadosa de temas, sentidos e ênfases – seleção guiada, evidentemente, pelo filtro de seus interesses e conveniências de classe. Por mais que tivessem bebido nas fontes

---

43. José Afonso da Silva. *Curso de direito constitucional positivo*. 3 ed. São Paulo: Revista dos Tribunais, 1985, pp. 265-266.
44. Georges Lefebvre, *op. cit.*, pp. 177-178.
45. *Idem*, p. 182.

filosóficas iluministas dos "direitos naturais e universais", seria excessivo esperar que esses burgueses legisladores se mostrassem dispostos, de *motu proprio*, a pavimentar uma estrada jurídica que apontasse para alguma espécie mais real de igualdade social. "As contradições que marcaram sua obra explicam o realismo dos Constituintes, que pouco se embaraçavam com princípios quando se tratava de defender seus interesses de classe."[46]

Mais precisamente, é "à liberdade que a burguesia mais se atém.Exige, em primeiro lugar, a liberdade econômica, embora não se lhe faça a menor menção na Declaração dos Direitos de 1789: sem dúvida, porque a liberdade econômica estava implícita aos olhos da burguesia, mas também porque as massas populares permaneciam profundamente apegadas ao antigo sistema de produção que, pela regulamentação e pela taxação, garantia, em certa medida, suas condições de existência. O *'laissez-faire, laissez-passer'* constituía, desde 1789, de forma ponderável, o fundamento das novas instituições. A liberdade da propriedade derivou da abolição da feudalidade. A liberdade de cultura (agrícola) consagrou o triunfo do individualismo agrário, ainda que o Código Rural de 27 de setembro de 1791 tenha mantido, não sem contradição, o terreno de pastagem livre e o direito de percurso, se baseados num título ou num costume. A liberdade de produção foi generalizada pela supressão dos monopólios e das corporações, a lei de Alíarde, de 2 de março de 1791, suprimiu as corporações, jurandas e mestrados, mas também as manufaturas privilegiadas. A liberdade do comércio interno foi acompanhada da unificação do mercado nacional pela abolição das aduanas internas e dos pedágios, pelo recuo das barreiras que incorporou as províncias de estrangeiro efetivo, enquanto a abolição dos privilégios das companhias comerciais liberava o comércio externo. (...) O indivíduo livre o é também de criar e de produzir, de procurar o lucro e de o desfrutar à sua maneira. De fato, o liberalismo fundado na abstração de um individualismo social igualitário beneficiava os mais fortes: a lei Le Chapelier constitui, até 1864, para o direito de greve, e até 1884, para o direito sindical, uma das peças mestras do capitalismo da livre concorrência"[47].

Os constituintes deram-se por bem servidos gravando na Declaração de 1789 uma certa noção de liberdade que estava em voga entre os revolucionários liberais, que não precisava ir além do significado de garantia formal contra o Estado: "Isso se explica no fato de que a burguesia que de-

---

46. Albert Soboul, *op. cit.*, p. 48.
47. *Idem*, pp. 44-45.

sencadeara a revolução liberal estava oprimida apenas politicamente, não economicamente. Daí porque as liberdades da burguesia liberal se caracterizavam como 'liberdades-resistência' ou como meio de limitar o poder que, então, era absoluto"[48].

Portanto, a Declaração era "um manifesto contra a sociedade hierárquica de privilégios nobres, mas não um manifesto a favor de uma sociedade democrática e igualitária. (...) Os homens eram iguais perante a lei e as profissões estavam igualmente abertas ao talento; mas, se a corrida começasse sem *handicaps*, era igualmente entendido como fato consumado que os corredores não terminariam juntos. E a assembleia representativa que ela vislumbrava como o órgão fundamental de governo não era necessariamente uma assembleia democraticamente eleita, nem o regime nela implícito pretendia eliminar os reis. Uma monarquia constitucional baseada em uma oligarquia possuidora de terras era mais adequada à maioria dos liberais burgueses do que a república democrática, que poderia ter parecido uma expressão mais lógica de suas aspirações teóricas, embora alguns também advogassem esta causa. Mas, no geral, o burguês liberal clássico de 1789 (e o liberal de 1789-1848) não era um democrata, mas sim um devoto do constitucionalismo, um Estado secular com liberdades civis e garantias para a empresa privada e um governo de contribuintes e proprietários"[49].

Isso começaria a ficar claro logo em seguida, nos debates para a redação da Constituição, quando os mesmos deputados que haviam escrito a Declaração explicitaram sua rejeição à igualdade política, ao decidirem que o direito de voto seria "censitário", contra a "esquerda" jacobina (com destaque para o ardoroso deputado Robespierre), que se batia pelo direito de voto universal. "Já em julho de 1789, Sieyès distinguia os cidadãos ativos, que desfrutariam dos direitos políticos completos, e os cidadãos passivos, que só teriam direitos naturais e civis. Em 29 de setembro, o comitê de constituição aceitava a distinção e pedia o pagamento de um imposto direto igual a pelo menos o valor de três dias de trabalho para obter a qualificação de cidadão ativo. (...) Foram igualmente excluídos do direito de voto os criados assalariados e os devedores insolventes. Para elegibilidade às assembleias locais, admitiu-se o pagamento de um imposto de dez dias de trabalho; para elegibilidade à Assembleia Nacional, a taxa foi fixada em marcos de prata, mas também se exigia a posse de uma propriedade fundiária. O marco de prata foi finalmente abolido em 27 de

---

48. José Afonso da Silva, *op. cit.*, p. 265.
49. Eric J. Hobsbawm, *op. cit.*, p. 77.

agosto de 1791, como resultado de uma violenta campanha dos jornais democráticos contra a 'aristocracia dos ricos'. (...) Nessa data, a França contava 4.298.360 cidadãos ativos, em 24 milhões de habitantes."[50]

Mesmo "... a igualdade civil recebeu, no entanto, uma singular deturpação pela manutenção da escravidão nas colônias: sua abolição teria lesado os interesses dos grandes plantadores cujo grupo de pressão era particularmente influente na Assembleia"[51]. Em 15 de maio de 1791, a Assembleia Constituinte decidia que "... o corpo legislativo nunca deliberará sobre o estado político das pessoas de cor que não forem nascidas de pai e mãe livres".[52] Só em fevereiro de 1794 a França foi levada a abolir a escravatura no Haiti – depois que uma bem-sucedida insurreição de escravos tomou o poder nessa ilha. Era preciso evitar que os insurretos vitoriosos se aliassem à Inglaterra...

A Assembleia Constituinte também tornou o porte de armas um privilégio burguês, "somente os cidadãos ativos (...), únicos de posse dos direitos políticos, participaram da Guarda Nacional"[53].

Além disso, a fome e o desemprego aumentavam e crescia a percepção de que os deputados derivavam para uma solução de conciliação com a aristocracia e a monarquia: por um decreto de 15 de março de 1790, boa parte dos direitos feudais foi considerada resgatável, em vez de abolida. Por outro decreto, de 3 de maio desse ano, foi fixada a taxa de resgate em "vinte vezes a renda anual para os direitos em dinheiro, vinte e cinco para os direitos *in natura* (...). O resgate era estritamente individual; o camponês devia saldar os rendimentos em atraso desde trinta anos (...) e beneficiava unicamente aos proprietários, que o fizeram recair sobre os foreiros, meeiros e arrendatários"[54]. A conciliação prosseguiu com a preservação da monarquia sob forma constitucional, como na Inglaterra. Assim, foi emergindo a desconfiança popular em relação à Assembleia Constituinte.

Após uma breve pausa no final de 1789, as greves e protestos ressurgiram. A resposta dos deputados não poderia ser mais esclarecedora de suas convicções a respeito dos trabalhadores: "A Assembleia Constituinte votou então a lei de 14 de junho de 1791, cujo relator foi Le Chapelier, que proibiu, sob pena de multa e prisão, que todos os operários autônomos ou assalariados se dissessem presidentes ou síndicos, tomassem decisões

---

50. Jean Tulard, *op. cit.*, pp. 83-84.
51. Albert Soboul, *op. cit.*, p. 46.
52. Jean Tulard, *op. cit.*, p. 112.
53. Albert Soboul, *op. cit.*, p. 35.
54. *Idem*, p. 43.

na qualidade de autoridades, mantivessem registros, se associassem com vistas a recusar trabalho ou a só desempenhá-los por determinadas tarifas. Qualquer ajuntamento de artesãos, operários assalariados, autônomos ou jornaleiros seria dispersado pela força"[55]. A lei "Le Chapelier" teria vida longa, quase cem anos: só foi revogada em 1887, após duradoura resistência dos trabalhadores franceses. A repressão violenta também começou logo a agir. Em 17 de julho de 1791 a Guarda Nacional, sob o comando do general liberal La Fayette (herói da guerra de independência americana), disparou contra uma manifestação no Champ-de-Mars que exigia a convocação de um novo poder constituinte, "registraram-se, pelo menos, cinquenta mortos"[56].

Com esse perfil, a primeira Constituição produzida pela Revolução, com 210 artigos, foi aprovada pela Assembleia Nacional Constituinte em 3 de setembro de 1791, sem ser submetida a qualquer ratificação popular. Foram então promovidas eleições para o novo parlamento nacional, chamado de Assembleia Legislativa, com mandato de dois anos, sob aquelas regras restritivas do voto censitário. Em consequência disso, o corpo eleito foi ainda menos diversificado do que o das eleições dos Estados Gerais: agora, "... a esmagadora maioria dos deputados era de origem burguesa, predominavam os proprietários e advogados, mas também havia 28 padres constitucionais, 28 médicos e eruditos. (...) Eram notáveis que já haviam disputado um mandato local ou funções judiciárias"[57].

---

55. Jean Tulard, *op. cit.*, p. 365.
56. *Idem*, p. 106.
57. *Idem*, p. 108.

O terror "de esquerda" e a Constituição de 1793

Talvez a decisão de maiores consequências adotada pela Assembleia Legislativa foi iniciar a guerra contra a Áustria, em abril de 1792, numa tentativa de libertar-se do círculo de ferro que as monarquias europeias haviam erguido contra a França revolucionária. Iniciou-se, então, o período de mais de vinte anos de guerras quase ininterruptas entre a França e as monarquias feudais de toda a Europa. Mal preparada, a guerra começou com humilhantes derrotas iniciais e abriu passagem para a invasão do país pela coligação Áustria-Prússia, pondo em risco a sobrevivência da Revolução. Essa intervenção estrangeira tinha certamente suas próprias razões: "Era cada vez mais evidente para os nobres e governantes por direito divino de outros países que a restauração do poder de Luís XVI não era meramente um ato de solidariedade de classe, mas uma proteção importante contra a difusão de ideias perturbadoras vindas da França"[58].

A evidência de entendimentos mal ocultados entre o rei e as potências invasoras – e o perigo real de restauração do Antigo Regime – acendeu um ardoroso sentimento de patriotismo rebelde no povo parisiense, fortaleceu a demanda de imediata substituição da monarquia por uma república e abriu caminho para o retorno de uma vigorosa ação de massas no cenário político francês.

Rapidamente, expandiu-se e radicalizou-se a intervenção política dos *sans-culotte* – literalmente, os que não vestiam *culottes* (calções bufantes com

---

58. Eric J. Hobsbawm, *op. cit.*, p. 83.

meias altas, usados pelos ricos). Eles eram um movimento de matriz popular, mas socialmente heterogêneo, formado principalmente por artesãos, pequenos lojistas e profissionais de classe média. Arrastavam consigo os trabalhadores assalariados (que, na época, ainda não dispunham de perspectiva política independente). Unificava-os o ódio comum à nobreza e aos burgueses ricos e açambarcadores. O ideal social dos *sans-culotte* enraizava-se na defesa da pequena propriedade artesanal e comercial, no patriotismo e no exercício da soberania popular. Desconfiavam da democracia dita representativa, devido à facilidade de ser manipulada pelos ricos, e exigiam o controle dos mandatos eletivos, sua revogabilidade pelos eleitores e a aceleração das transformações revolucionárias.

Em julho de 1792, quase todas as 48 *sections* (assembleias distritais) de Paris foram tomadas pelos *sans-culotte*. Os sublevados rapidamente constituíram um comitê central para coordenar a ação entre as *sections*. Em 12 de agosto essa irrupção popular criou uma outra Comuna em Paris, que se lançou novamente à insurreição armada, assumiu o poder na capital e forçou a Assembleia Legislativa a precipitar a abolição da monarquia (setembro) e a prisão do rei, exigindo, ainda, o fim da discriminação entre cidadãos "ativos" e "passivos" e a convocação de uma nova assembleia constituinte. No mesmo semestre foi eleita e empossada a Convenção Nacional, agora num processo de sufrágio que, pela primeira vez, foi amplo, quase universal. O ímpeto revolucionário acelerava-se. Estavam rompidas as possibilidades de conciliação – o rei foi até mesmo guilhotinado em 21 de janeiro de 1793 por decisão da Convenção Nacional.

Essa "segunda Revolução Francesa" conseguiu mobilizar poderosamente as energias populares, fez inverter o curso da guerra, propiciou uma incrível sequência de vitórias à França contra seu cordão de inimigos externos e empurrou para fora do país os exércitos invasores.

Mas, ao mesmo tempo, as contradições sociais radicalizavam-se dramaticamente. Em especial, acirrava-se a feroz oposição da hierarquia católica contra todas as mudanças deflagradas em 1789. Mesmo nunca tendo sido ateia, a postura laica e liberal da Revolução jogou desde o início a Igreja Católica contra ela. Para não perder a posição de religião estatal e a proeminência política e econômica que isso lhe assegurava, a Igreja Católica opôs-se à liberdade religiosa proclamada na Declaração dos Direitos do Homem de agosto de 1789 – o papa chegou a condenar como "ímpia" essa Declaração. A posição da Igreja radicalizou-se após estas quatro outras medidas adotadas pela Assembleia Constituinte: a) nacionalização (novembro de 1789) e posterior venda pública da maioria dos imensos bens do clero, numa tentativa de resolver o enorme déficit público; b) abolição, em nome da liberdade individual, dos votos de clausura que as congregações monásticas impunham a seus membros (janeiro de 1790); c) instituição de uma regulamentação civil para o clero secular (julho de 1790) que, embora mantendo a primazia espiritual do papa, lhe retirava a jurisdição sobre a Igreja na França ao dispor que bispos e párocos passariam a ser eleitos pelos fiéis; d) determinação (novembro de 1790) para que bispos e padres fizessem um juramento público de fidelidade à nação e às leis do país.

Pelas proclamações pontifícias ("breves") de 11 de março e de 13 de abril de 1791, o papa condenou solenemente os princípios da Revolução. Sobreveio um cisma na Igreja francesa entre padres *juramentados* e *não juramentados* (ou refratários). Os *não juramentados*, que se tornaram maioria, passaram à militância contrarrevolucionária. E os revolucionários lançaram-se a uma campanha de descristianização, substituição de nomes cristãos por nomes laicos, culto à Razão, fechamento de igrejas *não juramentadas* etc. Houve ocasiões em que essa campanha degenerou em vandalismo contra objetos religiosos, igrejas, bispos – o que, evidentemente, só facilitou o proselitismo reacionário dos padres *não juramentados*, que acabaram conseguindo arregimentar para o campo da contrarrevolução fração ponderável dos camponeses que se sentiam feridos em suas crenças religiosas[59].

O bloco social aristocrático-clerical, que passou a ser apoiado pelo setor moderado da burguesia (monarquistas constitucionais) e pela parcela camponesa sob hegemonia católica conservadora, lançou-se em 1793 numa feroz guerra civil contra o governo de Paris em imensas regiões do interior (principalmente Vendeia, Bretanha, Poitou, Anjou), promovendo massacres de revolucionários – que responderam na mesma moeda.

Não tardou também para que se ampliassem por quase toda a Europa as alianças militares estrangeiras contra a França: o país voltou a ser invadido, agora por todos os lados, ficando em situação de cerco completo e iminente aniquilamento. A economia de livre empresa sem controle, instituída desde 1789, entrou em turbulência inflacionária e os preços dos alimentos dispararam novamente. "Em junho de 1793, sessenta dos oitenta departamentos franceses estavam em revolta contra Paris; os exércitos dos príncipes alemães estavam invadindo a França pelo norte e pelo leste; os britânicos atacavam pelo sul e pelo oeste, o país achava-se desamparado e falido."[60] Nesse panorama, a Convenção Nacional – composta por cerca

---

59. Albert Soboul, *op. cit.*, pp. 46-48; e Jean Tulard, *op. cit.*, pp. 96-100, 170, 213 e 222.
60. Eric J. Hobsbawm, *op. cit.*, p. 86.

de novecentos deputados majoritariamente burgueses e repleta de cisões internas – curvou-se aos clamores que vinham da aliança entre jacobinos e *sans-culotte* e constituiu, em abril de 1793, um governo revolucionário de guerra, dirigido por um Comitê de Salvação Pública. O agravamento dos conflitos políticos – na Convenção e na sociedade – fez subir depressa a temperatura: em 2 de junho de 1793, uma multidão de *sans-culotte* e soldados invadiu a Convenção, expulsou e prendeu os vinte e nove deputados que compunham o núcleo principal dos moderados girondinos, partidários, antes de tudo, de um legalismo garantidor da liberdade econômica. O movimento popular empurrava a Revolução para a frente, exigindo a intensificação da *levée en masse* (mobilização geral para a guerra) e o esmagamento implacável dos inimigos internos e externos da Revolução.

A partir daí, logo pontificou no Comitê de Salvação Pública o advogado Robespierre, rousseauniano ardoroso, conhecido como "o Incorruptível". Em setembro de 1793, iniciavam-se os onze meses conhecidos como período do Terror: direcionamento estatal da economia para o esforço de guerra, controle compulsório de preços, salários e lucros, confisco de grãos para alimentar as tropas, incentivo à participação intensa das massas em todos os momentos, execução na guilhotina de milhares de nobres e de opositores em geral. Repressão, não só aos inimigos declarados da Revolução, como também a todas as dissidências internas a ela, incluindo divergentes jacobinos e *sans-culotte*, à "direita" e à "esquerda".

Aliás, esses termos – esquerda, direita – já haviam começado a ser empregados em 1789, nos debates da Assembleia Nacional Constituinte, quando os deputados favoráveis à manutenção do poder absoluto do rei de vetar leis se sentaram à direita do presidente da sessão e os partidários da limitação desse poder pela vontade popular, à esquerda. Essa toponímica política democrática inicial logo evoluiu para designar os que queriam moderar o processo revolucionário, ou mesmo dá-lo por encerrado ("direita"), e os que entendiam ser inevitável sua ampliação ou seu aceleramento, sob pena de retorno do Antigo Regime ("esquerda"). Nas sucessivas fases do processo, alguns personagens e correntes revolucionárias transitaram de posição. Por exemplo: os girondinos, que expressavam principalmente os interesses da alta burguesia comercial, formaram inicialmente à esquerda, mas, ultrapassados pela ascensão do movimento dos *sans-culotte*, se deslocaram para a direita. Os jacobinos (Robespierre, Marat, Saint-Just etc.), que constituíam o maior de todos os clubes políticos e eram rousseaunianos ardorosos, apoiavam-se principalmente na média burguesia, em aliança com as classes populares, e mantiveram-se quase sempre à esquerda, embora tivessem sofrido dissidências (à direita e à esquerda). Danton, que antes da Revolução fora advogado do Conselho do Rei, converteu-se durante algum tempo em jacobino exaltado (inspirou, até mesmo, a criação do Tribunal Revolucionário do período do Terror), mas se inclinou em 1794 para a direita, foi acusado de corrupção e terminou condenado à guilhotina. Surgiram, ainda, correntes minoritárias que – para o contexto – eram da "extrema esquerda": baseadas principalmente na *sans-culotterie* radical e portando reivindicações democrático-populares (Hébert, Jacques Roux) ou antecipadoras do socialismo moderno (Gracchus Babeuf), aliaram-se várias vezes aos jacobinos contra a direita – o que não impediu os jacobinos de também massacrá-los quando tentaram andar com as próprias pernas. Por fim, durante o período de radicalização revolucionária ("Terror"), houve um setor de deputados alcunhado de Marais (Pântano), que, como a designação indica, preferiu esquivar-se em posições discretas e pouco definidas (Boissy d'Anglas, o abade Sieyès etc.) e que terminou depois por unir-se com a direita para derrotar a "república jacobina" em julho de 1794 e articular o golpe de Estado de Napoleão Bonaparte em 1799. Esses exemplos, é claro, não esgotam o complicado e cambiante leque de tendências que se foram formando, fundindo ou dissolvendo durante os tormentosos anos da Revolução[61].

Enfim, a ditadura revolucionária jacobina de salvação nacional definia-se como a expressão extrema, num momento extremo, da necessidade de unidade completa do país, a fogo e ferro, com ou sem lei, para salvar a pátria sob cerco e a Revolução sob ameaça. Robespierre: "Não se pode querer uma revolução sem revolução". Desse ponto de vista, deu certo: em menos de um ano, não só a guerra civil estava sendo revertida em favor dos revolucionários, como todos os exércitos estrangeiros haviam sido escorraçados. Mais ainda: o que inicialmente fora guerra de autodefesa já se transformara em guerra de ocupação e anexação de territórios de países vizinhos, com base numa doutrina político-militar recém-inventada pela burguesia que pregava a necessidade de estender as fronteiras da França até certos limites geográficos "naturais".

Sob pressão dos *sans-culotte* e jacobinos radicais, a Convenção Nacional redigiu a segunda Constituição produzida pela Revolução, democrática e

---

61. Muito em breve, com o surgimento do movimento operário na Europa no início do século XIX, seriam adicionadas a esses significados anteriores do vocábulo "esquerda" as demandas de igualdade social, distribuição de renda, de riqueza e de poder, extinção da divisão social em classes etc. – bandeiras que, obviamente, seriam tomadas e tratadas como anátemas pela burguesia no poder.

socialmente muito avançada para a época. Aprovada por um referendo popular em julho de 1793, o que também era inédito, foi chamada de "Constituição do Ano I", porque a Convenção Nacional, no equivocado esforço de descristianização contra o clero de direita, havia repudiado o calendário cristão. A Convenção adotou um novo calendário, em que o "ano I" da Revolução começava em 22 de setembro de 1792, o "ano II" em 22 de setembro de 1793, e assim por diante. Os meses, contados também a partir de setembro, receberam nomes ligados à natureza: vindimário (mês das vindimas), brumário (mês de neblinas), frimário (mês de geadas), nivoso (de neves), pluvioso (de chuvas), ventoso (de ventos), germinal (germinação das sementes), floreal (mês das flores), pradial (mês das pradarias), messidor (mês das colheitas), termidor (mês do calor) e frutidor (mês das frutas).

Essa Constituição estava dividida em duas partes, uma "Declaração dos Direitos do Homem e do Cidadão", de 35 artigos, seguida de um "Ato Constitucional", com mais 124 artigos. Além de todos os direitos, deveres e liberdades previstos na Declaração de agosto de 1789, a nova Declaração introdutória dessa Constituição iniciava-se com a afirmação solene, já no artigo 1º, de que "o fim da sociedade é a felicidade comum", e colocava a igualdade (artigo 2º) entre os direitos naturais imprescritíveis – no mesmo nível da propriedade, liberdade e segurança. Mantinha a igualdade civil da Declaração de 1789 e bania a distinção política entre cidadãos "ativos" e "passivos" que fora gravada em três artigos do título III, capítulo I, da Constituição de 1791. No artigo 18, proibia a compra e venda de seres humanos e abolia a servidão doméstica (mantida na Constituição anterior, título III, capítulo I). Instituía, no artigo 21, a assistência social como "dívida sagrada" e reconhecia o direito ao trabalho. Erigia a instrução pública (artigo 22) a direito de todos os cidadãos. Indicava (artigo 23) que os direitos de cada um deviam ser operantes, assegurados pela ação de todos. O último artigo dessa Declaração introdutória era flamejante: "Sempre que o Governo viola os direitos do povo, a insurreição constitui, para o povo e para cada porção do povo, o mais sagrado dos direitos e o mais indispensável dos deveres". Na segunda parte dessa Constituição – o Ato Constitucional – vários artigos (2º, 7º e 8º) consagravam o princípio da soberania popular (na Constituição de 1791, artigos 1º e 2º do título III, a soberania pertencia à Nação). No artigo 4º, o Ato Constitucional acabava com o requisito de pagamento de uma importância em dinheiro para adquirir a condição de cidadão (previsto no título III, capítulo I, da outra Constituição). O princípio do sufrágio universal decorria do espírito que perpassava vários artigos (4º, 7º, 8º, 11, 32 e 37), e o princípio da elegibilidade universal estava consagrado no artigo 28. A imunidade criminal dos parlamentares por opiniões expressadas dentro do corpo legislativo estava assegurada no artigo 43. O Ato combinava a democracia representativa (artigos 8º e 9º) com formas amplas de democracia direta: de acordo com os artigos 57 a 60, todas as leis deveriam ser aprovadas provisoriamente pelo parlamento e remetidas a todas as comunas da República, só passando a vigorar se não fossem contestadas pelas assembleias primárias de eleitores. A República era organizada de modo parlamentarista (artigo 65). Todos os juízes e administradores eram eleitos (artigos 79 e 80). A publicidade era assegurada no último artigo: "A declaração dos direitos e o Ato Constitucional ficam gravados em tábuas no interior do Corpo Legislativo e nas praças públicas"[62].

Nunca antes existira uma constituição democrática e socialmente avançada como essa revolucionária Constituição do Ano I.

Contudo, nunca foi aplicada. Tanto no que diz respeito ao exercício da democracia quanto no que se refere às aspirações sociais dos trabalhadores e das mulheres, o abismo entre textos jurídicos pomposos e sua efetividade prática dá o tom. A Convenção Nacional, sob hegemonia jacobina, decidiu em 10 de outubro desse ano que a nova Constituição ficaria suspensa enquanto durasse a guerra (iria durar mais de vinte anos!). Num discurso de 1794, Robespierre bradava: "É preciso organizar o despotismo da liberdade para esmagar o despotismo dos reis"[63].

Assim, aqueles avanços de natureza democrática e os acenos rumo a uma justiça social distributiva, pela primeira vez colocados numa Constituição pela pressão popular, se tornaram letra morta antes mesmo que essa pressão refluísse pelo cansaço do esforço de guerra. Quando os operários parisienses, desesperados pela fome, reiniciaram em 1793 protestos desorganizados contra a carestia, os líderes *enragés* (raivosos, furiosos...) que os defenderam foram acusados pelo próprio Robespierre de "agentes do fanatismo, do crime e da perfídia". O principal deles, Jacques Roux, ex-padre e membro da comuna formada em Paris em 1789, denunciava em 25 de junho de 1793: "A igualdade não passa de um vão fantasma quando o enriquecido pelo monopólio exerce o direito de vida e morte sobre seu semelhante"[64]. Roux foi preso em 5 de setembro e encaminhado ao Tribunal Revolucionário, meio seguro de remetê-lo à guilhotina. Preferiu o suicídio em 10 de fevereiro de 1794. Como o mal-estar social só se agravasse, logo surgiu outro líder em

---

62. Síntese e excertos das constituições francesas de 1791 e 1793 com base na tradução de Jorge Miranda, *op. cit.*, pp. 61-91.
63. Jean Tulard, *op. cit.*, p. 196.
64. Albert Soboul, *op. cit.*, p. 57.

defesa dos esfomeados: Hébert, jornalista e suplente da Comuna de Paris, que juntou um grupo militante em torno de si e foi acusado de ser demagogo. No início de 1794, quando a miséria gerou novos tumultos em Paris, Hébert e seus amigos foram presos e guilhotinados.

A repressão também se abateu sobre o incipiente e frágil movimento feminista. A Revolução, em momento algum, mostrou inclinação de estender às mulheres direitos iguais aos dos homens. Já em janeiro de 1789, quando lançou seu panfleto revolucionário *Que é o terceiro estado?*, o abade Sieyès deixou isso claro: "Não pode haver em gênero algum uma liberdade ou um direito sem limites. Em todos os países, a lei fixou caracteres preciosos, sem os quais não se pode ser nem eleitor, nem elegível. (...) E as mulheres estão, em toda parte, por bem ou por mal, impedidas de receber essas procurações"[65]. Assim, quando Claire Lacombe, atriz da Comédie Française, líder popular e organizadora da Sociedade das Mulheres Revolucionárias, tentou exigir isso, teve o mesmo destino de todos os que eram considerados inimigos da Revolução[66].

Os jacobinos, malgrado seu radicalismo operacional e sua bem-sucedida política de alianças com as classes populares, nunca deixaram de ser revolucionários burgueses: "Partidários do liberalismo econômico, aceitaram a regulamentação e a taxação como uma medida de guerra e como uma concessão às reivindicações populares"[67]. Aliaram-se aos *sans-culotte* – e à massa de proletários que eles arrastavam atrás de si – no combate comum à direita da Convenção. Contudo, no início de 1794, sua ditadura de salvação nacional já havia conseguido quebrar a energia popular e esvaziar a dinâmica democracia direta das *sections* parisienses. "Mas o que o governo ganhava em força coativa perdia em apoio confiante; sua base social encolhia-se perigosamente."[68]

---

65. Emmanuel Joseph Sieyès, *op. cit.*, p. 82.
66. Jean Tulard, *op. cit.*, pp. 207-215.
67. Albert Soboul, *op. cit.*, p. 68.
68. *Idem*, p. 73.

O terror "de direita" e a Constituição de 1795

Tão logo os perigos que ameaçavam a França foram esconju- rados pelas vitórias em campo de batalha e o movimento dos *sans-culotte* perdeu fôlego, formou-se uma nova maioria de direita entre os deputados da Convenção Nacional. No dia 27 de julho de 1794 (9 de termidor do ano II, pelo novo calendário) os jacobinos foram derrubados do poder. Terminava o terror "de esquerda", começava o terror "de direita". Robespierre, ao ser preso, recebeu um tiro que lhe estilhaçou o maxilar. No dia seguinte, ele e mais 22 jacobinos foram guilhotinados. Mais um dia e outros 71 robespierristas acabaram do mesmo jeito. O banho de sangue iniciado por essa reação termidoriana colocou a definitiva pá de cal nas esperanças de democracia e justiça social que a Revolução pudesse ter suscitado. A partir daí, a correlação de forças se definia: "A Revolução seria burguesa e nada faria pelos operários"[69].

O terror de direita (chamado, eufemisticamente, de "branco") alastrou-se por toda a França, com massacres de jacobinos e *sans-culotte* em Lyon, Nîmes, Montélimar, Tarascon e Avignon[70]. Em dezembro de 1794, a Convenção Nacional reintegrou os girondinos. O controle de preços foi extinto, o liberalismo econômico retornou por completo e, com ele, o abastecimento desorganizou-se e a inflação disparou. "Miséria crescente: o índice

---

69. Jean Tulard, *op. cit.*, p. 211.
70. *Idem*, p. 246.

do custo de vida em Paris, com base 100 em 1790, passou de 580 em janeiro de 1795 a 720 em março e a 900 em abril."[71] Em 1º de abril de 1795 (12 de germinal do ano III) uma multidão esfomeada, desarmada e sem chefes, invadiu a sala de sessões da Convenção implorando "pão e Constituição". A repressão foi exemplar: prisões, deportações para a Guiana, guilhotina, expurgo na Guarda Nacional. Mas a fome continuava gerando desespero. Em 20 de maio de 1795 (1º de pradial), outra multidão, principalmente mulheres, invadiu de novo a Convenção e um deputado foi morto na confusão. A maioria dos deputados fugiu, só permaneceram os montanheses[72], que votaram alguns decretos em atendimento às reivindicações dos manifestantes. Algumas horas depois, retomada a Convenção pela tropa governista, esses decretos foram anulados, e os montanheses acusados de cumplicidade com os "desordeiros". No dia 23 de maio, 20 mil soldados cercaram o *faubourg* (bairro popular do subúrbio de Paris) de Saint-Antoine, que capitulou. Dessa vez, repressão ainda mais feroz, até mesmo com a condenação à morte pelo Tribunal Revolucionário de seis deputados montanheses – todos tentaram o suicídio na prisão, mas três não morreram e foram conduzidos moribundos à guilhotina.

Ao mesmo tempo em que esmagavam o movimento popular, os burgueses termidorianos: muito conscientes do que convinha a seus interesses de classe, não pensavam numa volta ao *ancien régime*: uma expedição de monarquistas emigrados, capturada em 21 de julho de 1795 após desastrada tentativa de invasão da França, foi punida com oitocentas condenações à guilhotina[73]. Dois decretos da Convenção nessa fase de vitória termidoriana foram extraordinariamente sugestivos dos novos tempos: em 12 de junho de 1795 foi proscrito o uso da palavra "revolucionário" e em 24 de junho foi ordenada a destruição dos edifícios dos jacobinos da rua Saint--Honoré, para dar lugar a um... mercado[74].

Nessa nova atmosfera política, nem pensar mais em aplicar a Constituição de 1793. Entre 4 de julho e 17 de agosto de 1795, a Convenção Nacional discutiu e, em 22 de agosto, aprovou uma nova Constituição – a terceira após a Revolução. Tinha 377 artigos, continuava buscando legitimidade nos "direitos naturais" e cristalizava um recuo em relação aos avanços

---

71. *Idem*, p. 249.
72. Pertencentes à bancada remanescente dos jacobinos, sentavam-se na parte alta ("montanha") do anfiteatro da Convenção.
73. Jean Tulard, *op. cit.*, p. 255.
74. *Idem*, p. 251.

experimentados pelos direitos humanos na Constituição de 1793. Começava com uma declaração de direitos e deveres que, desde logo, contemplava no artigo 5º a propriedade com uma definição de sentido individualista e sem limitações, como nas constituições anteriores: "A propriedade é o direito de desfrutar e dispor de seus bens, rendas, do fruto de seu trabalho e da indústria". O artigo 8º da Declaração de deveres indicava o fundamento da sociedade: "É na manutenção das propriedades que repousam a cultura das terras, todas as produções, todo meio de trabalho e toda a ordem social". Para alguém obter a condição de cidadão, a Constituição passava a exigir o pagamento de "uma contribuição direta, territorial ou pessoal". O enunciado solene do artigo 1º da Declaração de 1789 ("Os homens nascem e permanecem livres e iguais em direitos") foi abandonado e, na Constituição de 1795, substituído (artigo 3º) por: "A igualdade consiste no fato de a lei ser igual para todos". O princípio do voto universal foi abolido e, em seu lugar, foi restabelecido (artigo 35) o sistema de voto censitário de 1791, porém dessa vez muito mais excludente socialmente: "Ninguém poderá ser eleitor se não tiver 25 anos completos e não reunir às qualidades necessárias para exercer os direitos de cidadão francês uma das condições seguintes, a saber: nas comunas de mais de 6 mil habitantes, ser proprietário ou ter o usufruto de um bem cuja renda for avaliada como igual ao valor local de duzentos dias de trabalho, ou ser o locador de uma moradia avaliada numa renda igual ao valor de 150 dias de trabalho, ou de um bem rural avaliado em duzentos dias de trabalho. Nas comunas de menos de 6 mil habitantes, ser proprietário ou ter o usufruto de um bem cuja renda for avaliada como igual ao valor local de cem dias de trabalho. E, no campo, ser proprietário ou ter o usufruto de um bem cuja renda for avaliada como igual ao valor local de 150 dias de trabalho, ou ser arrendatário ou meeiro de bens avaliados em duzentos dias de trabalho..." O Poder Legislativo adotava, "prudentemente", o sistema bicameral, como na Inglaterra e nos Estados Unidos: uma câmara baixa (o Conselho dos Quinhentos) e uma câmara alta (o Conselho dos Anciãos). Também o princípio da elegibilidade universal era restringido: "Para ser eleito ao Conselho dos Quinhentos era preciso ter trinta anos completos e ter estado domiciliado no território da República durante os dez anos precedentes à eleição. A iniciativa das leis cabia a este Conselho. (...) O Conselho dos Anciãos era composto de 250 membros. Para participar dele, era preciso ter quarenta anos, ser viúvo ou casado e ter domicílio no território da República há quinze anos. Ele aprovava ou rejeitava as propostas do Conselho dos Quinhentos. 'O Conselho dos Quinhentos, por ser composto de membros mais jovens, proporá os decretos que lhe parecerem úteis; ele será', observava Boissy d'Anglas, 'o pensamento e, por assim dizer, a imaginação da República; o Conselho dos Anciãos será sua razão'". O Poder Executivo era entregue a um diretório de cinco membros, eleitos pelos conselhos. Os direitos econômico-sociais do povo, que haviam se beneficiado de um início de acolhida na Constituição de 1793, foram inteiramente deixados de lado. A Comuna de Paris, de lembrança tão assustadora para a burguesia, deixava de existir, e o direito de insurreição, exaltado na Constituição de 1793, não voltou a ser mencionado[75].

Essa Constituição de 1795 (ano III) consagrava finalmente, no plano jurídico, a preponderância social e política da burguesia e do capital. O desprezo dos liberais pelo povo, que seria doravante marca distintiva de sua ideologia, foi sintetizado de modo memorável pelo convencional Boissy d'Anglas, relator do projeto dessa Constituição, em seu discurso preliminar de 23 de junho de 1795,

> "A igualdade civil, eis tudo o que o homem razoável pode exigir. A igualdade absoluta é uma quimera; para que pudesse existir, seria preciso que existisse igualdade total no espírito, na virtude, na força física, na educação e na fortuna de todos os homens. Em vão a sabedoria se extenuaria para criar uma constituição se a ignorância e a falta de interesse pela ordem tivessem o direito de serem aceitas entre os guardiães e administradores desse edifício. Nós devemos ser governados pelos melhores, os melhores são os mais instruídos e os mais interessados na manutenção das leis. Ora, com pouquíssimas exceções, os senhores só encontrarão homens assim entre aqueles que, possuindo uma propriedade, são ligados ao país que a contém, às leis que a protegem e que devem a essa propriedade e ao conforto que ela proporciona a educação que os tornou apropriados para discutir com sagacidade e justiça as vantagens e desvantagens das leis que determinam o destino da pátria."[76]

E Boissy d'Anglas concluiria, numa fórmula que resumia a política social dos termidorianos: "Um país governado pelos proprietários é de

---

75. Síntese e excertos da Constituição de 1795 e referências a ela conforme Jean Tulard, *op. cit.*, pp. 255-259, e Albert Soboul, *op. cit.*, pp. 83-84.
76. Jean Tulard, *op. cit.*, p. 256.

ordem social, aquele onde os não proprietários governam está em estado de natureza".

Esse paramento constitucional oligárquico foi levado, no final de setembro de 1795 (vindimário do ano IV), à consulta "popular" – menos de 1,1 milhão de eleitores numa população que já ultrapassava 25 milhões de pessoas. Formalmente, estava tudo em ordem, conforme o direito vigente. Mas isso estava longe de significar paz social. Ao contrário: os setores populares e o incipiente proletariado urbano finalmente descobriam qual era o lugar que o reino do lucro lhes reservava e, pela primeira vez, pensariam em buscar um projeto social que atendesse a seus próprios interesses de maioria oprimida.

A revolta dos iguais

Esse novo caminho começou a ser aberto por Gracchus Babeuf, um jovem estudioso de origem pobre que se tornara líder popular muito ativo desde 1789 (até mesmo sofrera duas prisões) e que amadurecera suas ideias extraindo lições dos desdobramentos sociais das várias fases da Revolução. Diferentemente da crença predominante entre jacobinos e *sans-culotte* na função redentora da pequena propriedade individual, a posição de Gracchus Babeuf evoluíra para a defesa aberta da propriedade comum ou coletiva dos meios sociais de produção.

No dia 30 de novembro de 1795 (9 de frimário do ano IV), Babeuf publicou no jornal *Le Tribun du Peuple* seu "Manifesto dos plebeus", verdadeira declaração de guerra aos termidorianos: "A democracia é a obrigação dos que têm demais de saciar os que não têm o bastante; todo o déficit que se encontra na fortuna destes últimos procede apenas do que os outros lhes roubaram. Nós definiremos a propriedade, provaremos que o território não é de ninguém, mas de todos. Provaremos que tudo aquilo que um indivíduo açambarca além do que pode alimentá-lo é um roubo social, que, portanto, é justo tomar de volta. A única maneira de fazê-lo é implantar a administração comum, extinguir a propriedade particular, vincular cada homem ao talento, à indústria que conhece, obrigá-lo a entregar o fruto de seu trabalho em espécie às lojas comuns e criar uma administração única de distribuição... Este governo cuja viabilidade a experiência demonstrou, pois é aplicado aos 1,2 milhão de homens de nossos doze exércitos (o que é possível em pequena escala é possível em grande), é o único que pode resultar em felicidade universal, em felicidade comum, objetivo da sociedade"[77]. O governo do Diretório ordenou a prisão de Babeuf e, numa operação comandada em 27 de fevereiro de 1796 por um jovem general que fazia carreira meteórica (Napoleão Bonaparte), fechou o clube político do Panthéon, que agrupava militantes jacobinos conquistados para essas novas ideias.

Babeuf escapou e, na clandestinidade, refletiu sobre as novas condições políticas em que se encontrava a França: os operários dos *faubourgs* já haviam sido desarmados pelos termidorianos desde os distúrbios de germinal e pradial; a repressão policial aos movimentos populares se tornara sufocante; portanto, não haveria mais espaço de liberdade para repetir-se uma insurreição popular à maneira antiga, isto é, com pouca organização prévia e movida quase só pela propaganda revolucionária nas grandes massas. Por isso, criou um comitê clandestino que estabeleceu laços discretos com a tropa e com os bairros operários, fez circular o célebre "Manifesto dos iguais"[78] e começou a preparar um levante em segredo. Mas seus planos foram abortados por um delator e a rebelião ficou restrita a um único acampamento do regimento de dragões. Houve centenas de prisões e deportações. Babeuf e outros companheiros foram executados em 27 de maio de 1797.

Esse movimento, que entrou para a história com o nome de "Revolta dos Iguais", foi o marco inicial de um longo processo de transformação da consciência dos trabalhadores, no sentido de passarem a exercer uma ação política independente da burguesia. Apesar de seu programa ainda refletir o pequeno grau de concentração industrial e operária do capitalismo na França do final do século XVIII, a repressão exemplar que a burguesia lhe aplicou já permitia antever como seriam tratadas dali por diante as reivindicações trabalhistas.

---

77. Esta e as demais citações relativas à Revolta dos Iguais foram extraídas da obra mencionada de Jean Tulard, pp. 278-282.
78. "Povo da França! Durante quinze séculos viveste escravo e, por conseguinte, infeliz. Há seis anos mal respiras, na expectativa da independência, da felicidade e da igualdade. A igualdade, primeira necessidade do homem e principal laço de toda associação legítima! Infeliz daquele que opuser resistência a um anseio tão forte! A Revolução Francesa é apenas o prelúdio de outra revolução muito maior, mais solene e que será a última. O povo passou por cima do corpo dos reis e dos padres coligados contra ele; fará o mesmo aos novos tiranos, aos novos tartufos políticos sentados no lugar dos antigos... Precisamos da igualdade não apenas registrada na Declaração dos Direitos do Homem e do Cidadão, a queremos no meio de nós, sob o teto de nossas casas. Sacrificamos tudo por ela, até fazemos tábula rasa para nos atermos apenas a ela. Que pereçam, se preciso for, todas as artes, desde que nos reste a igualdade real. A reforma agrária ou a partilha das terras foi o anseio instantâneo de alguns soldados sem princípios, de alguns povoados movidos pelo instinto, mais que pela razão. Queremos algo mais sublime e mais equitativo, o bem comum ou a comunidade dos bens! Não mais propriedade individual da terra, a terra não é de ninguém, os frutos são de todos... Desapareçam, finalmente, as revoltantes distinções entre ricos e pobres, grandes e pequenos, senhores e criados, governantes e governados! Povo da França, abre os olhos e o coração à plenitude da felicidade: reconhece e proclama conosco a República dos Iguais!"

A revolução define seu caráter

Apesar do esmagamento da resistência popular, o regime do Diretório criado pelos termidorianos não consolidaria uma institucionalização duradoura. Os termidorianos, sem o apoio de massas de outrora, e ainda ameaçados pelas monarquias absolutistas dos países à sua volta e pela resistência aristocrática interna, que não se dissipara por completo, passaram a depender cada vez mais do exército para impor a ordem. A turbulência política na França pós-revolucionária ainda continuaria por vários anos, mas agora as lutas se davam no seio das novas classes dominantes, ou contra reações de inspiração monarquista – cabendo, quase sempre, uma cota de repressão para as franjas de setores populares que fossem levadas de roldão em cada episódio. Seguiram-se diversos golpes (em frutidor de 1797, floreal de 1798, pradial de 1799), até tudo culminar no golpe de Estado de 10 de novembro de 1799 (18 de brumário do ano VIII), pelo qual a burguesia francesa rasgou sua própria Constituição e entregou o poder ao general Napoleão Bonaparte, para que ele impusesse a estabilidade política com base no programa econômico liberal de 1789-1791 e levasse o país à vitória em guerras por toda a Europa (até no Egito) – que, rapidamente, assumiam a natureza de expedições militares para anexação de territórios e conquista de mercados.

Começava a ditadura "cesarista" de Napoleão, primeiro em sua forma ainda remotamente republicana (regime do "Consulado", 1799-1804), deslizando depois para o regime imperial absolutista (1804-1815), mas, em ambos os casos, a serviço da edificação e expansão da ordem capitalista francesa na Europa. Bonaparte era a "pessoa adequada para concluir a revolução burguesa e começar o regime burguês"[79] – isso a história prova.

As guerras napoleônicas certamente concretizaram a vocação universal da Revolução Francesa, aniquilando a estrutura feudal remanescente por onde passavam seus exércitos e exportando as instituições e leis burguesas para esses países. O Código Napoleônico de 1804, que se tornaria modelo de estatuto jurídico do capitalismo de grande parte das nações, simboliza adequadamente isso: cerca de 80% dos seus dispositivos dizem respeito, direta ou indiretamente, à propriedade, às relações contratuais e não-contratuais dela decorrentes ou a institutos jurídicos que lhes são aparentados (títulos de crédito, sociedades anônimas ou comanditárias, posse, sucessões etc.). Mesmo após a *débâcle* final de Napoleão Bonaparte em Waterloo, em 1815, as velhas relações feudais não puderam mais retornar de modo pleno, seja na

---

79. Eric J. Hobsbawm, *op. cit.*, p. 92.

França, seja em toda a Europa ocidental.

Quanto aos direitos humanos, a Revolução Francesa e suas extensões militares por quase todo o continente já haviam esgotado o que tinha a oferecer: igualdade civil e liberdade individual – uma e outra muito relativizadas pela desigualdade social que se consolidava no capitalismo. Isso não foi pouco, se comparado com o modo de vida da sociedade feudal, mas deixava muito a desejar para a maioria da população que, como visto, sonhara mais alto. Os anseios de igualdade social ou, ao menos, de algo que se aproximasse disso foram ferozmente frustrados pelos revolucionários burgueses que, malgrado sua aliança com o campesinato e com as massas populares urbanas, sempre conservaram a hegemonia política e, por isso, imprimiram ao processo de transformações a marca dos seus interesses de classe. Aliás, cedendo às pressões dos fazendeiros, Napoleão restabeleceu em 1802 a escravidão nas colônias francesas do arquipélago das Antilhas, que havia sido abolida em fevereiro de 1794.

A própria igualdade política formal (sufrágio universal e elegibilidade universal), motivo de retumbantes discursos, nunca passou de retórica conveniente, mesmo durante o brevíssimo período (1792-1793) em que as classes populares quase conseguiram impor seus pontos de vista a esse respeito. Os direitos de votar e ser votado ficaram, de fato, restritos à elite econômica, modelo que se disseminou até o final do século XIX, seja por muitas variantes de qualificação censitária do eleitorado (isto é, baseada em censo prévio de patrimônio ou renda), seja mediante subterfúgios jurídicos aparentemente "democráticos", às vezes até engenhosos. Na Inglaterra do século XIX, por exemplo, "nenhum cidadão são e respeitador da lei era impedido, devido ao *status* pessoal, de votar. Era livre para receber remuneração, adquirir propriedade ou alugar uma casa e para gozar quaisquer direitos políticos que estivessem associados a esses feitos econômicos"[80]. Em outros casos, o direito de voto não era universal simplesmente porque uma parte enorme dessa "universalidade" continuaria por muito tempo na escravidão – situação de muitos dos países americanos (Estados Unidos, Brasil, Colômbia, Peru, ilhas do mar do Caribe etc.).

Quanto às mulheres, o balanço da Revolução Francesa iniciada em 1789 não poderia ser mais melancólico, nada lhes foi concedido. Assim como Claire Lacombe, foi em vão que outra mulher notável, Olympe de Gou-

---

80. T. H. Marshall. *Cidadania, classe social e status*. Rio de Janeiro: Zahar, 1967, p. 70.

ges, tentou reivindicar igualdade de direitos: "A lei deve ser a expressão da vontade geral; todas as cidadãs e cidadãos devem participar pessoalmente, ou por meio de seus representantes, de sua criação; ela deve ser a mesma para todos; todas as cidadãs e todos os cidadãos, sendo iguais a seus olhos, devem ter igual acesso a todas as dignidades, lugares e empregos públicos, segundo suas capacidades, e sem outra distinção além de suas virtudes e talentos"[81]. Também terminou na guilhotina.

---

81. Jean Tulard, *op. cit.*, p. 224.

Restauração política e Revolução Industrial: direitos humanos em crise

Com a derrota definitiva de Napoleão em 1815 perante os exércitos da coligação antifrancesa (principalmente Áustria, Inglaterra, Rússia e Prússia), iniciavam-se quinze opressivos anos em que foram abolidos da Europa continental quase todos os vestígios de liberdade – exceto, evidentemente, a liberdade de empreendimento e de lucro. Foi o período conhecido como "Restauração". Sob a batuta da Santa Aliança (Rússia, Áustria e Prússia), monarquias reacionárias retornaram ao poder, promoveram a caça sistemática aos militantes revolucionários, colocaram a imprensa sob censura e se esforçaram por expurgar do ambiente cultural europeu aquelas "perigosas" ideias de liberdade e igualdade. A Inglaterra, satisfeita com a derrota imposta à velha rival, ficou fora da Santa Aliança, seja porque lhe convinha cuidar de seus próprios interesses econômicos, seja porque sua burguesia liberal e sua aristocracia há muito tempo já haviam superado o absolutismo do rei e negociado um *modus vivendi* entre si. Na França, a monarquia foi restaurada em 1815, assumindo o trono Luís XVIII, irmão de Luís XVI. Mas isso não significou o retorno ao *ancien régime* anterior a 1789: as relações econômicas capitalistas já estavam perfeitamente consolidadas e, politicamente, a grande burguesia francesa (assim como a de grande parte da Europa continental) não teve maiores dificuldades para acomodar-se a um regime que não interferiu na acumulação de capital.

A expressão mais característica da resistência popular europeia durante os anos sombrios da Restauração assumiu a forma do movimento dos carbonários. Procurados pelas polícias políticas de todo o continente, os revolucionários europeus uniram-se em sociedades secretas ritualizadas e hierarquizadas internamente, à semelhança do modelo de organização da maçonaria. Essas irmandades surgiram inicialmente na Itália entre mineiros do carvão (daí, "carbonários") e rapidamente se espalharam por quase toda a Europa. Seus programas consistiam num amálgama de republicanismo jacobinista com reivindicações sociais inspiradas em Babeuf. Adotavam métodos radicais de luta contra as monarquias, mas permaneceram quase sempre isoladas do povo. Isso levou ao fracasso as várias tentativas insurrecionais de que participaram – Nápoles em 1820, Piemonte em 1821, Rússia (os "dezembristas") em 1825, Emília Romagna em 1831 –, exceto na Grécia, onde a luta pela independência contra o Império Otomano granjeou, a partir de 1821, vasto apoio popular.

Nesse ambiente de conservadorismo, os direitos humanos sofreram retrocesso generalizado, despontando contra eles uma agressiva crítica promovida pelos governos e pela Igreja Católica. "Para os governos conservadores depois de 1815 – e que governos da Europa continental não o eram? – o encorajamento dos sentimentos religiosos e das igrejas era uma parte tão indispensável da política quanto a organização da polícia e da censura: o sacerdote, o policial e o censor eram agora os três principais apoios da reação contra a revolução. (...) Além do mais, os governos genuinamente conservadores se inclinavam a desconfiar de todos os intelectuais e ideólogos, até dos que eram reacionários, pois, uma vez aceito o princípio do raciocínio em vez da obediência, o fim estaria próximo. Conforme escreveu Friedrich Gentz (secretário de Metternich) a Adam Mueller, em 1819: 'Continuo a defender esta proposição, a fim de que a imprensa não possa abusar, nada será impresso nos próximos... anos. Se este princípio viesse a ser aplicado como uma regra obrigatória, sendo as raríssimas exceções autorizadas por um Tribunal claramente superior, dentro em breve estaríamos voltando a Deus e à Verdade'."[82]

Embora sobrevivesse na Igreja Católica um pensamento – minoritário, marginal – receptivo a noções de progresso social e democracia política,

---

82. Eric J. Hobsbawm, *op. cit.*, 1996.

sua hierarquia aferrou-se pelo resto daquele século a uma posição não só de repulsa às ideias de igualdade e direitos sociais para os trabalhadores, como também convulsivamente antiliberal. Um papa – Pio IX – chegou a publicar em 1864 um inacreditável Sumário de Erros (*Syllabus errorum*), em que execrava nada menos do que oitenta "erros" dos tempos modernos – aí incluídos o ceticismo quanto à interferência de Deus sobre o mundo, o racionalismo, a insubmissão da ciência e da filosofia à supervisão da Igreja, a livre escolha de religião, a educação laica, a separação entre Igreja e Estado, o socialismo, a maçonaria... Na última denúncia, que abrangia tudo, o papa declarava que era um grave erro proclamar que "o sumo pontífice pode e deve se reconciliar com o progresso, o liberalismo e a civilização moderna"[83]. Para impedir que as ervas venenosas do pensamento moderno suscitassem debate no interior da Igreja, Pio IX convocou um concílio em que conseguiu aprovar, em 18 de julho de 1870, por 433 bispos a favor e dois contra, o dogma da infalibilidade papal em questões de fé e moral, que deve até hoje ser acatado por todos os fiéis, sob pena de excomunhão. É claro que as posturas intolerantes da Igreja só fortaleciam o anticlericalismo entre liberais e socialistas.

Essa ofensiva ideológica estatal-clerical de caráter regressivo congelou os direitos das classes populares no patamar da igualdade civil (jurídico-formal) alcançado durante a primeira fase da Revolução Francesa de 1789, sem concessões que lhes estendessem os direitos políticos quase alcançados na segunda fase daquela revolução.

Além da Restauração, abateram-se também sobre os europeus pobres novas desgraças, não mais decorrentes de resquícios feudais ou do absolutismo revivido, mas geradas pelo próprio desenvolvimento da economia capitalista, que era poderosamente impulsionada pela chamada "Revolução Industrial". Seus efeitos começavam a estender-se sobre a Europa continental no início do século XIX, embora ela já estivesse bem adiantada na Inglaterra desde as décadas finais do século anterior.

A locomotiva do capitalismo

Na Inglaterra, a outra grande potência europeia daquele tempo e inimiga histórica da França, a política já havia acertado o passo com a burguesia

---

83. John Cornwell. *O papa de Hitler – A história secreta de Pio XII*. Rio de Janeiro: Imago, 2000, p. 23; e Eric J. Hobsbawm. *A era do capital*. São Paulo: Paz e Terra, 1996, p. 157.

havia mais de um século, desde o triunfo da chamada "Revolução Gloriosa" de 1688. Essa revolução foi o coroamento de um longo processo histórico de disputas da aristocracia e da burguesia inglesas contra seus reis.

Já em 1215, em pleno feudalismo, os barões ingleses rebelados impuseram ao rei João Sem Terra a *Magna Charta Libertatum*, documento de restrições ao poder do soberano que, excetuados os servos, garantia a "todos os homens livres do reino" (nobres, grandes mercadores, eclesiásticos e burgueses das cidades) várias liberdades e garantias. A mais famosa delas, inscrita no artigo 39, foi antecessora do moderno *habeas corpus*, proibia que homens livres fossem presos, exilados ou tivessem bens confiscados, "a não ser mediante um julgamento regular por seus pares ou conforme a lei do país". A *Magna Charta* foi confirmada dezenas de vezes por outros reis nos séculos seguintes, embora, após a Guerra das Duas Rosas (1455-1485), Henrique VII tenha recuperado a autoridade real sobre aquelas classes. Outro documento histórico no mesmo sentido foi a *Petition of Right*, de 7 de junho de 1628, pela qual, em outra situação de confronto, os representantes da aristocracia, da burguesia e da Igreja requereram ao rei que não fossem baixados tributos sem autorização do Parlamento nem aplicadas penas de morte ou de mutilação sem o devido processo legal. O contencioso se reacendeu quando o rei Carlos I (1625-1649), após desentendimentos sobre religião e impostos, dissolveu o Parlamento. Em 1640, os escoceses revoltaram-se contra a anexação de seu país pela Inglaterra (ocorrida em 1603), e o mesmo rei convocou de novo o Parlamento para votar recursos necessários para sufocar a rebelião. O Parlamento recusou-se. Deflagrada a guerra civil, as forças do Parlamento, lideradas por Oliver Cromwell, venceram, proclamaram a república e executaram Carlos I em 1649. Em 1660, houve a restauração da monarquia, que tentou reaver poderes absolutos, mas a resistência da burguesia e da aristocracia conduziu ao *Habeas Corpus Amendment Act*, de 1679, pelo qual esse instituto da *common law* tornou-se lei.

As tensões com a monarquia prosseguiram até que, em 1688, a Revolução Gloriosa definiu a correlação de forças: o Parlamento, dominado por uma aliança da alta burguesia com a nobreza anglicana liberal, apoiou o príncipe Guilherme de Orange, que destronou militarmente seu sogro, o rei Jaime II. Essa união da maioria das classes dominantes no Parlamento possibilitou-lhes mobilizarem as classes populares em seu favor, sem perder o controle sobre elas – ao contrário do que quase se passaria na França –, e acarretou a substituição revolucionária do absolutismo por uma monarquia constitucional.

Foi, então, assinado o *Bill of Rights*, "Declaração de Direitos", que reiterou os direitos individuais e firmou a supremacia institucional de um Parlamento bicameral na Inglaterra. Implantou-se a liberdade de imprensa, a livre iniciativa econômica desvencilhou-se de restrições anteriores, e logo desenvolveram-se outras reformas que permitiram à acumulação privada de lucro erigir-se em meta dominante das políticas governamentais. Os resquícios do problema camponês foram "resolvidos" pelos *enclosure acts* ("decretos de cercamentos"), pelos quais as antigas terras de uso comum foram cercadas e interditadas aos camponeses, forçando seu êxodo massivo para as cidades e dando lugar ao surgimento de extensas fazendas para a produção de lã.

Formou-se assim na Inglaterra, à força e em poucas décadas, uma numerosa classe operária urbana: economicamente, "livre" de seus antigos meios de produção, e, juridicamente, "livre" para locomover-se do campo para os bairros miseráveis das cidades e lá abraçar a perspectiva de vida que lhe restava: vender sua força de trabalho a baixíssimo preço a quem quisesse empregá-la. O trabalho assalariado, sob disciplina e horário, submisso a patrões, gerentes, chefes e fiscais, antes existente em circunstâncias sazonais ou excepcionais, ou, quando permanente, reduzido a pequeno contingente da população, tornou-se o infeliz modo de vida a que se viu forçada dali por diante a desolada maioria das pessoas.

A Inglaterra já dispunha também de vasto império colonial, além de haver se tornado a maior potência comercial da época. Quando, no último quarto do século XVIII, sobreveio intenso desenvolvimento tecnológico – invenção da fiandeira e do tear mecânicos, produção de ferro com carvão de coque, fabricação de navios e locomotivas movidos a vapor etc. –, a burguesia britânica pôde tirar partido da reunião privilegiada dessas duas condições (abundância de força de trabalho "livre" e monopólio quase solitário do mercado mundial) para promover a substituição das antigas manufaturas pela indústria mecanizada moderna. O país ganhou dianteira no desenvolvimento do capitalismo e, em 1780, já iniciava o grande salto produtivo dessa Revolução Industrial que converteria a Inglaterra na principal potência econômica, militar e colonial do planeta por mais de cem anos.

Mais devagar, e com algum atraso, essas transformações tecnológicas, produtivas e sociais foram-se operando em outros países ao longo da primeira metade do século XIX. Núcleos ou zonas industriais começaram a surgir em vários pontos da Europa continental (alguns até na América do Norte), repetindo, com intensidade menor, o processo ocorrido na Inglaterra. Na última terça parte do século XIX, foram descobertas novas fontes de energia que podiam ser aplicadas à indústria e aos transportes (petróleo e eletricidade), desenvolveram-se as indústrias química e de equipamentos de aço (no lugar do ferro) e generalizou-se o emprego da ciência na produção de mercadorias. Então, a industrialização intensificou-se aceleradamente na França, Bélgica, Holanda e nos Estados Unidos e, logo a seguir, também na Alemanha, Itália e no Japão, configurando o que depois se convencionou chamar de "Segunda Revolução Industrial".

Essas transformações foram sempre acompanhadas do desenvolvimento ou consolidação de noções jurídicas novas – correspondentes a essas mudanças econômicas capitalistas –, como, por exemplo, a hoje tão familiar figura do sujeito de direitos, inerente à igualdade jurídica e indispensável para que compra e venda capitalista da força de trabalho pudessem passar a ter livre curso. "Com efeito, o sujeito de direito é sujeito de direitos virtuais, perfeitamente abstratos: animado apenas pela sua vontade, ele tem a possibilidade, a liberdade de se obrigar, designadamente de vender a sua força de trabalho a um outro sujeito de direito. Mas esse ato não é uma renúncia a existir, como se ele entrasse na escravatura; é um ato livre, que ele pode revogar em determinadas circunstâncias. Só uma 'pessoa' pode ser a sede de uma atitude dessas. A noção de sujeito de direito é, pois, absolutamente indispensável ao funcionamento do modo de produção capitalista. A troca das mercadorias, que exprime, na realidade, uma relação social – a relação do proprietário do capital com os proprietários da força de trabalho – vai ser escondida por 'relações livres e iguais', provindas aparentemente apenas da 'vontade de indivíduos independentes'. O modo de produção capitalista supõe, pois, como condição do seu funcionamento, a 'atomização', quer dizer, a representação ideológica da sociedade como um conjunto de indivíduos separados e livres. No plano jurídico, esta representação toma a forma de uma instituição: a do sujeito de direito. (...) Com efeito, se, diferentemente do escravo, o servo é um sujeito de direito, ele não é, no entanto, um sujeito de direito comparável, *a fortiori* equivalente àquele que o senhor encarna. Essa diferença é marcada pelo fato de nem as regras nem os tribunais lhes serem comuns. Plebeus e nobres pertencem a duas ordens diferentes. Que isso fique bem compreendido: a dois universos jurídicos. Em definitivo, não há medida comum entre essas duas pessoas, ou melhor, não há estatuto jurídico comum que sirva de equivalente, de medida. Não há, pois, 'sujeito de direito' abstrato que possa preencher essa função de denominador comum, de 'norma-medida'. (...) O servo não é pois livre de vender a sua força de trabalho, visto que ele está preso à terra e ligado ao senhor. Para que ele se torne assalariado, será necessário reconhecer-lhe um poder de direito abstrato de dispor da sua vontade e, para fazer isso, é necessário quebrar os vínculos feudais. (...) Fica-se, pois, com a noção de que a categoria jurídica de sujeito de direito não é uma categoria racional em si: ela surge num momento relativamente preciso da história e desenvolve-se como uma das condições da hegemonia de um novo modo de produção. (...) É preciso compreender que, ao fazer isso, o novo sistema jurídico não cria *ex nihilo* uma pessoa nova. Pela categoria de sujeito de direito, ele mostra-se como parte do sistema social global que triunfa nesse momento: o capitalismo. É preciso, pois, recusar todo ponto de vista idealista que tenderia a confundir essa categoria com aquilo que ela é suposta representar (a liberdade real dos indivíduos). É preciso tomá-la por aquilo que é: uma noção histórica."[84]

Burgueses e proletários

As consequências sociais da Revolução Industrial, como se sabe, foram sombrias. Por um lado, multiplicou enormemente a riqueza e o poderio econômico da burguesia. Por outro, desestruturou o modo tradicional de vida da população, tornando-o permanentemente instável, aprofundando dramaticamente as desigualdades sociais e fazendo tornarem-se familiares duas realidades terríveis: o desemprego e a alienação do trabalhador em relação ao seu produto.

No antigo sistema de corporações de ofícios da época do feudalismo, os artesãos, como se sabe, eram donos dos seus instrumentos e objetos de trabalho, produziam com habilidade pessoal cada artigo em sua casa-oficina, do começo ao fim, para um mercado pequeno e estável e colhiam os resultados financeiros de sua atividade. No sistema manufatureiro, que se havia desenvolvido na Europa durante a fase inicial do capitalismo (mercantilismo, mais ou menos entre os séculos XVI e XVIII), essa independência do trabalhador deu o primeiro passo em direção ao desaparecimento: os artesãos quase sempre ainda eram proprietários de seus instrumentos, mas o crescimento e a instabilidade do mercado forçaram-nos a trabalharem por encomendas de capitalistas-mercadores, de quem passaram, até mesmo, a depender para o adiantamento das matérias-primas. Havia casos em que a antiga oficina já tendia a se expandir, agregando mais empregados e começando a introduzir uma divisão de trabalho com especialização de funções entre eles. Os artesãos, embora já estivessem se tornando tarefeiros-assalariados, ainda executavam pessoalmente quase todas as tarefas necessárias à produção de um artigo, mantendo o conhecimento do conjunto de seu processo produtivo.

---

84. Michel Miaille. *Introdução crítica ao direito. Lisboa*: Editorial Estampa, 1994, pp. 118, 119 e 121.

Com a Revolução Industrial, tudo se transformou: o empresário capitalista, dono dos novos meios de produção (máquinas, instrumentos, matérias-primas e instalações), passou a agrupar no seu estabelecimento grande número de assalariados sob seu comando e a habilidade individual perdeu importância, pois a fábrica mecanizada generalizou e radicalizou a divisão do trabalho, fragmentando a produção de cada artigo em etapas sucessivas e estanques, cada uma delas exigindo quase só movimentos repetitivos do trabalhador. Completava-se, assim, a separação do trabalhador em relação a seu produto: não possuía mais os meios de produção, perdeu o domínio técnico do conjunto do processo produtivo e deixou de ser senhor dos resultados de seu trabalho.

Como a produtividade das fábricas mecanizadas é muito maior do que a das manufaturas, elas não têm necessidade de absorver toda a imensa força de trabalho que foi "liberada", seja pela expulsão dos camponeses das áreas rurais, seja pela ruína dos remanescentes urbanos do antigo artesanato individual. Em consequência disso, milhões de trabalhadores vieram a compor o que seria chamado de "exército industrial de reserva": multidões de desempregados que, nos momentos de expansão da economia, são convocados dessa "reserva" e retornam ao assalariato enquanto o "capitão" da indústria deles necessite. Como essa "reserva" humana nunca se esgotasse, ela logo passou a desempenhar a função econômica de manter baixos os salários dos que estivessem empregados.

Produção social, apropriação individual

À medida que o capitalismo caminhou para o amadurecimento, duas características do seu funcionamento foram se tornando evidentes: primeiro, uma contradição completa entre o caráter social da produção e a apropriação individual de seus resultados pelo capitalista; segundo, uma tendência à anarquia na produção.

No artesanato feudal, como vimos, tanto a produção quanto a apropriação de seus resultados estavam unidas na pessoa do artesão. No capitalismo concorrencial esses dois momentos sofreram cisão vertical: o novo modo de produção, com extremada divisão social do trabalho e meios de produção mecanizados, demanda o concurso de centenas ou de milhares de trabalhadores em cada fábrica, ou em fábricas sucessivas, agregando ainda trabalhos desenvolvidos virtualmente por toda a sociedade, desde a extração das matérias-primas até culminar na mercadoria acabada, mas a apropriação dos resultados dessa cadeia produtiva social passou a ser feita individualmente pelos proprietários dos novos meios de produção, que "redistribuem" uma parte desses resultados em forma de salários. A desigualdade, não mais pelo privilégio de nascimento, aloja-se no âmago do sistema – é inerente à sua lógica.

Por outro lado, como a única motivação produtiva é a busca do lucro, os capitalistas concentram-se continuamente nos setores mais favoráveis e concorrem entre si pelo aumento da produção enquanto perdura a demanda do mercado. Contraditoriamente, quanto mais a produção se reveste de rígida disciplina e organização no interior da fábrica, mais desorganizada socialmente ela se torna. Periodicamente, essa corrida sem planejamento social atinge o ponto de saturação e a *crise de superprodução* se instala com sua torrente de falências, expansão do desemprego e da miséria. Não que tivesse havido superprodução em relação às necessidades de toda a sociedade; a superprodução de mercadorias é relativa àquela *parcela da população com poder aquisitivo*, chamada mercado consumidor, à qual a produção capitalista se dirige. Malgrado as extraordinárias possibilidades produtivas geradas pela ciência e pela tecnologia, a atividade econômica se deterá, permanecendo ociosa – nos limites do mercado.

As crises agrícolas do feudalismo ou do mundo antigo originavam-se, via de regra, de perturbações climáticas, pestes da lavoura e do gado, ou de outras causas naturais e inelutáveis que faziam a produção de gêneros despencar. Eram crises, portanto, geradas por súbita *insuficiência de produção*, gerando escassez. Diferentemente, no capitalismo as crises não advêm de falta de capacidade produtiva, mas, bem ao contrário, de seu periódico excesso relativo – relativo ao mercado, é claro. Essas "crises cíclicas" (relacionadas a ciclos econômicos de superprodução), por mais conjunturais ou específicos que se apresentassem seus detonadores a cada vez, não puderam mais ser ignoradas pela economia política. Malgrado todo otimismo apologético liberal, sua recorrência acabou sendo reconhecida (e medida) a partir da segunda metade do século XIX pelos próprios economistas liberais[85].

---

85. Após a catastrófica crise de 1929, os países capitalistas, malgrado a resistência de liberais mais ortodoxos, adotaram mecanismos de planejamento e intervenção estatal na economia (em boa parte inspirados na social-democracia emergente e nas ideias do economista Keynes), que a muitos pareciam capazes de abolir as crises cíclicas. Conseguiram amenizá-las por certo tempo – até que a dinâmica do mercado, no último quarto do século XX, retomasse forças para libertar-se desses "embaraços".

Assim, os efeitos combinados da Restauração e da Revolução Industrial instauraram na Europa, ao longo da primeira metade do século XIX, o que pode ser chamado de uma primeira grande crise dos direitos humanos, desde que haviam sido formulados pelos filósofos racionalistas do século XVIII. Ela se configurava de duas maneiras, como estagnação e como agravamento. Era como estagnação no plano institucional, devido à resistência, tanto da reação monárquica como dos liberais, a estender os direitos políticos aos trabalhadores. E era como agravamento no plano econômico-social, pois, além da convergência dessas duas forças no propósito de manter a igualdade em estado de raquitismo jurídico-formal (recusa em ampliá-la ao campo social), a Revolução Industrial havia também piorado dramaticamente as condições de vida dos trabalhadores.

Até medidas instituídas com o propósito exterior de aliviar os tormentos dos desvalidos muitas vezes terminavam por agravá-los de outras formas: "O liberalismo econômico se propôs a solucionar o problema dos trabalhadores de sua maneira usual, brusca e impiedosa, forçando-os a encontrar trabalho a um salário vil ou a emigrar. A Nova Lei dos Pobres de 1814, um estatuto de insensibilidade incomum, deu aos trabalhadores (da Inglaterra) o auxílio-pobreza somente dentro das novas *workhouses* (onde tinham que se separar da mulher e dos filhos para desestimular o hábito sentimental e não malthusiano de procriação impensada) e retirou a garantia paroquial de uma manutenção mínima"[86]. Nessas ocasiões em que a miséria batesse à porta, nem vestígios de cidadania se preservariam: "... os indigentes abriam mão, na prática, do direito civil da liberdade pessoal devido ao internamento na casa de trabalho, e eram obrigados por lei a abrir mão de direitos políticos que possuíssem. Essa incapacidade permaneceu em existência até 1918"[87].

Claro: aos que não viam mais como sobreviver no Velho Mundo restava a alternativa de renunciar a tudo, cruzar o oceano e... recomeçar a vida na América. Pelo menos na sua grande porção norte não havia reis e, dizia-se, era a terra da liberdade.

---

86. Eric J. Hobsbawm. *A era das revoluções*. 9 ed. São Paulo: Paz e Terra, 1996, pp. 186-187.
87. T. H. Marshall, *op. cit.*, p. 72.

A Revolução Americana

Num certo sentido, ainda mais se comparado com a asfixiante Europa da época da Restauração, o novo país dos Estados Unidos da América era mesmo a terra da liberdade – ao menos para os imigrados europeus do sexo masculino e seus descendentes, mais ainda quando tivessem amealhado algumas posses, o que não exigiria sacrifícios tão imensos quanto na Europa, considerada a grande disponibilidade de terras. Os "peles-vermelhas", como se sabe, não contavam senão como um incômodo a ser removido, e para os escravos trazidos à força da África não fazia qualquer diferença se o seu proprietário fosse um liberal iluminista ou um retrógrado renitente – o chicote de ambos rasgava a pele do mesmo modo.

Embora índios e escravos constituíssem a maioria da população, não podia mesmo fazer parte das cogitações dos colonizadores levar até eles o espinhoso debate sobre direitos "naturais" do homem – isso não conviria à expansão dos negócios. A legislação das metrópoles coloniais conceituava os escravos como objetos de comércio, e isso não foi alterado com a independência americana (ou com a brasileira), o que descartava desde logo que pleiteassem quaisquer direitos. Quanto aos índios, havia muito integrava o senso comum dos conquistadores europeus a noção – muito oportuna – de que não eram propriamente "humanos", o que facilitava a organização de sucessivas expedições armadas para se apropriar de terras indígenas mediante violência ilimitada. Volta e meia, ainda surgia quem sustentasse que índios e africanos poderiam ser escravizados, mortos ou explorados à vontade porque não eram dotados de alma – ao menos, não de alma igual à dos europeus. Aliás, essa havia sido uma controvérsia importante na Igreja Católica durante os primeiros tempos da colonização americana. Em 1550, chegou a realizar-se um encontro de religiosos na cidade espanhola de Valladolid para debater se os índios tinham alma e se esta e a dos europeus eram da mesma "qualidade". Foi quando se deu a célebre polêmica entre o missionário humanista frei Bartolomeu de Las Casas, defensor de que os índios eram dotados de alma, e o padre Juan Ginés de Sepúlveda, teólogo da alta hierarquia da igreja espanhola, de sólida formação aristotélica, que negava que índios fossem filhos de Deus.

Houve uma atividade próspera que dá bem a medida dos sentimentos dos colonizadores em relação aos índios: a caça ao escalpo humano. Consistia em agarrar a vítima, circundar-lhe fortemente a cabeça com uma incisão à faca e, em seguida, de um só puxão, arrancar toda a cabeleira junto com a pele do crânio – a frio, naturalmente. Ao contrário do mito inculcado no imaginário ocidental pelos filmes de faroeste do século XX, foram os índios as principais vítimas dessa prática importada do Velho Mundo[88], pois a caça ao escalpo de peles-vermelhas experimentou notável propagação na América do Norte porque as autoridades coloniais da Inglaterra, França, Holanda e Espanha, na procura de um modo prático de esvaziar sucessivos territórios de seus primitivos ocupantes para entregá-los a colonos europeus, passaram a oferecer recompensas em dinheiro por escalpos arrancados a índios. Soldados, homens de fronteira, caçadores desocupados e aventureiros aderiram a essa prática com entusiasmo. Depois, no século XIX, os escalpos abasteciam indústrias de perucas para bonecas no nordeste dos Estados Unidos. Eram matéria-prima valorizada, pois, afinal de contas, ainda não haviam sido inventadas as fibras sintéticas e, ademais, apreciava-se nas mulheres de ascendência europeia o hábito puritano de conservarem cabelos longos. É certo que as tribos norte-americanas assimilaram dos civilizadores o costume de escalpelamento e, sempre que a oportunidade lhes favorecia, retiravam escalpos de brancos, não para o comércio, mas para uso ritual, ou como troféu de guerra ou, simplesmente, como vingança contra os invasores – o que reforçava nos europeus a certeza de estarem mesmo diante de... selvagens.

Mas, para os europeus dominantes, havia realmente, desde antes da independência, mais liberdade individual na América do Norte do que na velha

---

88. A edição virtual inglesa da *Encyclopaedia britannica* registra no verbete "*scalping*" que o historiador grego Heródoto atribuiu a prática do escalpelamento aos antigos citas e que alguns povos da Sibéria ocidental, e possivelmente também os antigos persas, escalpelavam inimigos. O verbete anota ainda que historiadores questionam a presença dessa prática entre os índios da América do Norte antes da chegada dos europeus.

Europa. Uma razão bastante antiga para isso consistia na circunstância de o feudalismo, a não ser por algumas manifestações ideológicas tardias e diluídas, nunca ter sido transplantado para lá enquanto modo de organização da sociedade e da economia, mesmo porque, além de por outros motivos históricos, a imensidão de territórios vazios (isto é, não ocupados por europeus) e a população rarefeita tornavam isso completamente desnecessário e impraticável. Mais importante ainda: a Inglaterra havia se livrado do absolutismo cem anos antes que a França e a Europa em geral (desde, pelo menos, a Revolução Gloriosa de 1688) e desenvolvido também mais cedo as noções jurídicas de liberdade individual, garantias pessoais e autonomia política local. Essas noções, com as restrições à participação que existiam na metrópole, como o voto censitário para as assembleias locais, foram estendidas aos súditos brancos das treze colônias norte-americanas.

No início do século XVIII, quando a população inglesa da costa atlântica da América do Norte já adquiria certa importância, ela não estava submetida a qualquer coisa que se assemelhasse a feudos ou a privilégios civis (pelo menos intoleráveis) decorrentes do nascimento. Mesmo com o governador e os funcionários administrativos de cada colônia sendo nomeados pelo rei, os habitantes que não fossem escravos, índios ou pessoas muito pobres já contavam com prerrogativas que os europeus continentais só muito depois iriam conquistar mediante revoluções e guerras ao som da *Marselhesa*.

A sociedade colonial tornava-se mais complexa, e fortalecia-se uma classe dominante local que se interessava cada vez mais pela vida política: "Os prósperos grandes negociantes, advogados, proprietários de terras e fazendeiros que ocupavam elevada posição na sociedade colonial vinham buscando, há muito tempo, exercer influência nas instituições políticas que se haviam estabelecido em cada colônia, tais como o conselho do governador e, especialmente, a assembleia. As assembleias eram eleitas pelos próprios colonos, pelo menos por aqueles que tinham patrimônio suficiente para votar, os quais eram comumente em número muito grande, e, com o correr dos anos, as assembleias iam obtendo mais poder, à medida que tomavam por modelo a Câmara dos Comuns. Embora desejando manter-se leais ao rei, os colonos buscavam naturalmente certo grau de autonomia, e as elites que tinham assento nas assembleias procuravam transformá-las em miniparlamentos, recorrendo amplamente à tradição parlamentar inglesa para justificar suas reivindicações"[89]. O incessante crescimento dessa

---

89. M. J. Heale. *A Revolução Norte-Americana*. São Paulo: Ática, 1991, p. 26.

autonomia levou a que "... quando o Parlamento de Londres, a partir de 1764, pretendeu instituir taxas sem o prévio consentimento dos colonos subjugados, estes as sentiram como uma violação de seus direitos. A agitação e a revolta que se seguiram foram, no fim das contas, a expressão de um civismo britânico. Tratava-se de manter, contra o governo e o rei inglês, as liberdades... da Inglaterra"[90].

Os desentendimentos entre a Inglaterra e seus súditos na América, que terminaram conduzindo ao movimento pela independência, foram causados por medidas mercantis e tributárias adotadas pela metrópole que, a partir da década de 70 do século XVIII, passaram a ser consideradas pelos colonos como indevidamente lesivas aos seus interesses comerciais e financeiros. "Desde meados do século XVII, por exemplo, o comércio colonial fora regulado pelas *Navigations Laws* (Leis da Navegação), que exigiam que alguns produtos coloniais fossem exportados diretamente para a Inglaterra, e apenas em navios ingleses ou coloniais, e poder-se-ia argumentar ser injusto que ainda se acrescentassem impostos a tais restrições comerciais."[91]

Duas tentativas do governo inglês de aplicar novos tributos às suas possessões americanas acirraram os ânimos dos fazendeiros, comerciantes e profissionais liberais lá estabelecidos: em 1764, uma taxa alfandegária denominada *Sugar Act* (Lei do Açúcar) ou *Plantation Act* (Lei das Fazendas); em 1765, o *Stamp Act* (Lei do Selo), que seria o primeiro imposto interno das colônias. "Algumas assembleias coloniais já se haviam queixado de que a Lei do Açúcar significava que os norte-americanos estavam sendo tributados sem terem dado sua anuência. A instituição de um novo imposto interno pelo Parlamento levantou, de maneira ainda mais áspera, a polêmica sobre se os colonos norte-americanos podiam ser tributados por um organismo no qual não eram diretamente representados. (...) A Lei do Açúcar havia incomodado sobretudo os habitantes da Nova Inglaterra, mas a Lei do Selo causou aborrecimento em todas as colônias, pelo menos aos cidadãos influentes, como advogados, grandes negociantes, impressores e agricultores, cujas atividades comerciais foram diretamente afetadas pelas novas taxas. (...) Organizações secretas, conhecidas como Filhos da Liberdade, disseminaram-se pelas principais cidades para coordenar a resistência e ameaçar os que apoiassem a Lei do

---

90. Georges Gusdorf. *As revoluções da França e da América*. Rio de Janeiro: Nova Fronteira, 1993, p. 169.
91. M. J. Heale, *op. cit.*, p. 11.

Selo. Todos os distribuidores de selos foram obrigados a renunciar a seus cargos. Grandes negociantes constituíram associações de não importação para boicotar mercadorias britânicas. Em outubro de 1765, nove colônias enviaram representantes para um Congresso da Lei do Selo, reunido em Nova York, e este, ao mesmo tempo que insistiu em sua lealdade ao rei, insistiu também em que os colonos gozassem dos mesmos direitos que os ingleses da metrópole, e que só pudessem ser tributados por suas respectivas assembleias de representantes."[92]

O Parlamento britânico acabou recuando e, em março de 1766, revogou a Lei do Selo, mas aprovou o *Declaratory Act* (Lei Declaratória), em que firmava seu direito de tributar as colônias. Em 1767, o Parlamento voltou à carga com o *Revenue Act* (Lei da Receita), criando tarifas alfandegárias sobre o chá e diversos artigos manufaturados que as colônias importavam. Os colonos deflagraram novo boicote aos produtos da metrópole, começaram a ocorrer agitações e, em março de 1770, cinco norte-americanos morreram durante a repressão a um protesto, episódio que ficou conhecido como "Massacre de Boston". A Inglaterra cedeu novamente, mas, para fixar sua autoridade, manteve as tarifas sobre a importação de chá. Os colonos contornaram a imposição, passando a comprar chá contrabandeado, o que levou a Companhia das Índias Orientais a perder quase todo o mercado americano. O Parlamento reagiu impondo, em 1773, o *Tea Act* (Lei do Chá), que autorizava aquela companhia a vender seu produto diretamente na América, com tarifas reduzidas, o que causou perda de lucros aos comerciantes norte-americanos envolvidos no contrabando de chá.

A rebeldia aumentou, simbolizada pela *Boston Tea Party* (Festa do Chá de Boston) de dezembro de 1773, em que americanos disfarçados de índios jogaram ao mar um carregamento de chá inglês que havia chegado ao porto. Em represália, o governo inglês, mediante os *Coercitive Acts* (Leis Coercitivas) ou *Intolerable Acts* (Leis Intoleráveis) de 1774, baixou, entre outras, as seguintes medidas repressivas: fechou o porto de Boston para disciplina-lo, reduziu as prerrogativas da Assembleia de Massachusetts, proibiu manifestações públicas na cidade e aumentou os poderes do governador inglês de interferir na administração, na polícia e na magistratura da colônia. Em vez de se intimidarem, os colonos intensificaram a resistência: representantes de doze colônias reuniram-se na Filadélfia, em setembro

---

92. M. J. Heale, *op. cit.*, pp. 15 e 16.

de 1774, num primeiro congresso continental, que recusou a sujeição tributária dos norte-americanos à Inglaterra, decretou boicote geral às mercadorias inglesas e proclamou os direitos dos norte-americanos à vida, à liberdade e à propriedade.

Em fevereiro de 1775, o Parlamento britânico considerou formalmente que a colônia de Massachusetts estava em sedição contra a metrópole e o governo britânico preparou-se para repor a ordem. A partir daí, os acontecimentos precipitaram-se para a guerra de independência (abril de 1775 a setembro de 1883), durante a qual os norte-americanos obtiveram apoio econômico e militar da França (a partir de fevereiro de 1778) e da Espanha (a partir de 1779), potências rivais da Inglaterra.

Foram, então, proclamadas as famosas "declarações" americanas de direitos: a Declaração de Direitos do Bom Povo de Virgínia (12 de junho de 1776) e a Declaração de Independência dos Estados Unidos da América (4 de julho de 1776) foram as mais importantes.

A Declaração de Direitos do Bom Povo de Virgínia, considerada a primeira declaração de direitos dos tempos modernos, enunciava em suas dezesseis seções princípios e garantias assim sintetizados: igualdade natural de todos os homens e existência de direitos inatos de que não podem ser privados, "nomeadamente o gozo da vida e da liberdade, com os meios de adquirir e possuir a propriedade e procurar e obter felicidade e segurança" (seção I); soberania popular (seção II); governo para o bem comum, sob pena de mudança e substituição (seção III); proibição de proventos ou privilégios que não resultem de função pública (seção IV); separação de poderes (seção V); sufrágio masculino limitado aos que tiverem "consciência suficiente do permanente interesse comum e dedicação à comunidade" e proibição de tributação ou privação arbitrária da propriedade (seção VI); proibição do descumprimento arbitrário de leis pelo governo (seção VII); vedação à prisão ilegal e garantia dos direitos de defesa e de julgamento pelo júri popular, tanto em causas criminais (seção VIII) como em litígios sobre a propriedade (seção XI); proporcionalidade entre delitos e penas e proscrição de penas cruéis (seção IX); vedação de ordens de busca ou de prisão sem acusação específica e baseada em fatos (seção X); liberdade de imprensa (seção XII); policiamento por milícias civis e subordinação do exército à autoridade civil (seção XIII); vedação de existência de governo paralelo dentro do território de Virgínia (seção XIV); "firme sentimento de justiça, moderação, temperança, frugalidade e virtude" e respeito aos "princípios fundamentais" para garantir a liberdade e o governo livre (seção XV); e garantia de liberdade religiosa (seção XVI)[93].

Já a Declaração de Independência dos Estados Unidos da América, adotada na Convenção de Filadélfia de 4 de julho de 1776, proclamava e justificava o desligamento da Grã-Bretanha. Seu parágrafo 2º tornou-se célebre:

"Consideramos de *per si* evidentes as verdades seguintes: que todos os homens são criaturas iguais; que são dotados pelo seu Criador com certos direitos inalienáveis; e que, entre estes, se encontram a vida, a liberdade e a busca da felicidade. Os governos são estabelecidos entre os homens para assegurar estes direitos e os seus justos poderes derivam do consentimento dos governados; quando qualquer forma de governo se torna ofensiva destes fins, é direito do povo alterá-la ou aboli-la, e instituir um novo governo, baseando-o nos princípios e organizando os seus poderes pela forma que lhe pareça mais adequada a promover a sua segurança e felicidade. A prudência aconselha a não mudar governos há muito estabelecidos em virtude de causas ligeiras e passageiras; e, na verdade, toda a experiência tem demonstrado que os homens estão mais dispostos a sofrer males suportáveis do que a fazer justiça a si próprios, abolindo as formas a que estão acostumados. Mas, quando uma longa sucessão de abusos e usurpações, visando invariavelmente o mesmo fim, revela o desígnio de os submeter ao despotismo absoluto, é seu direito, é seu dever, livrar-se de tal governo e tomar novas providências para bem da sua segurança. Foi este o paciente sofrimento destas colônias e é agora a necessidade que as constrange a alterar o seu antigo sistema de governo."

Declarações similares foram emitidas por várias das colônias que se transformariam em Estados federados do novo país. A Constituição americana, aprovada na Convenção de Filadélfia de 17 de setembro de 1787, no princípio não incorporava uma declaração de direitos fundamentais do indivíduo. Contudo, nove das treze ex-colônias exigiram que isso fosse providenciado como condição para ratificarem a Constituição e aderirem à federação. A reivindicação foi acatada e deu origem às dez primeiras emendas à Constituição, aprovadas em 1791. Acrescidas de outras emendas aprovadas nos séculos XIX e XX, elas configuram o chamado *Bill of Rights* norte-americano.

---

93. Síntese e excertos da Declaração de Direitos do Bom Povo de Virgínia e da Declaração de Independência dos Estados Unidos da América, com base na tradução de Jorge Miranda, *op. cit.*, pp. 31-36.

As declarações e a Constituição americanas tinham claro fundamento na filosofia jusnaturalista da época e na tradição constitucional inglesa. Além de limitarem o poder arbitrário dos governantes sobre a pessoa (o que já existia nos textos anteriores da ex-metrópole), ampliavam a autonomia dos indivíduos em relação ao Estado. Tratavam apenas de direitos civis e políticos, nenhuma cogitação de direitos sociais (isso não cabia no credo liberal). Mesmo os direitos civis e políticos enunciados, malgrado o "universalismo" que perpassava as declarações, teriam de percorrer uma longa senda pela frente até começarem a ser estendidos a homens mais pobres, a escravos, a índios e a mulheres.

Nos Estados do norte, a economia baseava-se menos no trabalho escravo – portanto, sua libertação incomodaria menos os negócios –, e as primeiras manifestações antiescravagistas do novo país defrontaram-se com menor resistência. Em 1780, o Estado da Pensilvânia já planejava a abolição gradual da escravatura no seu território e, ao longo das décadas subsequentes, outros Estados renderam-se também a pressões nessa direção. "Onde ocorreu a emancipação, isso não significava, contudo, igualdade, pois até mesmo os mais ardorosos dos libertários brancos tinham dificuldade em se livrar dos preconceitos acumulados. Às vezes, atribuiu-se aos negros um *status* análogo ao dos índios, de não escravos, mas também não integralmente de cidadãos, pois seus direitos civis e políticos eram restritos e imprecisos. Em todo o caso, a grande maioria dos escravos vivia nos Estados atlânticos do sul e, ali, eram por demais importantes para a economia agrícola, e por demais numerosos para que aquelas sociedades cogitassem seriamente da emancipação."[94]

Tanto na Declaração de Virgínia como na portentosa Declaração de Independência, afirmava-se que todos os homens são livres e iguais. Mas o próprio Thomas Jefferson, um dos fundadores da nação americana e redator da Declaração de Independência, continuou – após essa Declaração – a ser proprietário de quase duas centenas de escravos. Ainda se passariam mais noventa anos até que os escravos negros fossem legalmente emancipados em toda a extensão do país – e, ainda assim, à custa de uma guerra civil (1861-1865) que matou mais de 600 mil pessoas.

Mesmo em relação aos cidadãos livres, a questão da igualdade social ficou como antes – sua promoção nada tem a ver com o liberalismo. "A não ser o confisco das propriedades dos legalistas, não houve durante aqueles anos qualquer empenho mais sério em redistribuir a propriedade ou a riqueza dentro das

---

94. M. J. Heale, *op. cit.*, p. 57.

sociedades estaduais. Os patriotas ricos mantiveram sua riqueza e, frequentemente, sua influência. Nenhuma das novas constituições estaduais concedeu o direito de voto a todos os homens, sem considerar qualquer outra qualificação, nem mesmo a todos os homens brancos e, na maioria delas, os grandes proprietários de terras mantiveram alguns privilégios. Assim sendo, os levantes revolucionários não nivelaram aquelas sociedades norte-americanas."[95]

A igualdade política só deu passos significativos imediatos em poucos Estados, embora, comparativamente com a Inglaterra, uma proporção maior de pessoas já pudesse votar desde antes da independência, pois o número de pequenos fazendeiros era muito maior na América do Norte. As constituições estaduais surgidas após a independência regularam de modo bastante diversificado essa questão. Algumas delas, como a da Pensilvânia e a da Geórgia, chegaram a reduzir muito as barreiras econômicas para a obtenção do direito de voto a brancos do sexo masculino. Mas a pressão popular pela ampliação do direito de voto surtiria efeitos antes do que na Europa, obtendo consideráveis progressos nos cinquenta anos seguintes à independência, o que colocaria os Estados Unidos, por volta de 1830 (no período jacksoniano), na posição de país em que o sufrágio mais se havia universalizado – sempre entre o sexo masculino. Na época, isso foi tido como "... uma espantosa inovação, e os pensadores do liberalismo moderado, que eram realistas o suficiente para saber que, mais cedo ou mais tarde, as ampliações do direito de voto seriam inevitáveis, examinaram-na de perto e com muita ansiedade, notadamente Alexis de Tocqueville, cuja obra *Democracia na América*, de 1835, chegou a melancólicas conclusões sobre ela"[96].

Nos anos que antecederam a Guerra de Independência, à medida que a temperatura política subia, numerosos artesãos urbanos, e até os brancos mais pobres, foram sendo tomados pelo sentimento antibritânico, o que decorria tanto do temor, largamente difundido pela propaganda patriótica, de a metrópole reduzi-los todos à escravidão, como da percepção de que o aumento da autonomia econômica – até mesmo com a liberdade de criação de manufaturas locais – ampliaria o reduzido mercado de trabalho, o que, obviamente, interessava de perto a quem não fosse membro da elite abastada. Outra importante base social para a luta de libertação nacional foi a grande classe de pequenos proprietários rurais: além de motivações econômicas, eles também "... haviam sido atingidos pelo grande despertar religioso de meados do século XVIII, o que os levava a voltarem-se contra as hierarquias

---

95. M. J. Heale, *op. cit.*, p. 58.
96. Eric J. Hobsbawm. *A era das revoluções*. 9 ed. São Paulo: Paz e Terra, 1996, p. 129

eclesiásticas tradicionais. Esse protestantismo igualitário constituía ainda uma poderosa força à época da Guerra da Independência, alimentando desconfiança contra todo tipo de pompa, ostentação e hierarquia".[97]

A incorporação de classes populares ao movimento pela independência, embora de modo politicamente subalterno, favoreceu o florescimento de uma corrente democrática mais radical, que se inclinou para o igualitarismo político. Seu porta-voz mais célebre talvez tenha sido Tom Paine, jornalista inglês de origem pobre e polemista notável, que se fixou na Filadélfia em 1774 e logo passou a fazer apaixonada pregação republicana, não poupando a elite local: em 1775 já vituperava a incoerência de os ricos "... queixarem-se em tão alto e bom som das tentativas de escravizá-los, quando mantêm como escravos tantas centenas de milhares"[98]. Em 1776, publicou o célebre livro-panfleto *Bom senso*, que causou forte impacto na opinião pública: no mesmo ano, vendeu mais de cem mil exemplares[99] – o que ainda é bastante para os dias de hoje foi espantoso para a reduzida população alfabetizada das colônias. Mas esse radicalismo republicano de matriz popular (moderado, se comparado ao subsequente jacobinismo francês), embora cumprisse papel mobilizador enquanto duraram os combates, nunca conseguiu prevalecer – o que explica o rumo político do país após a Guerra de Independência.

Enfim, as características do processo de surgimento dos Estados Unidos como nação independente chamaram a atenção dos historiadores para esta distinção importante: devido a condições internas completamente diferentes das que existiam na França de 1789, a Revolução Americana não transformou a sociedade americana colonial, isto é, não transformou a estrutura econômico-social já estabelecida internamente – nunca pretendeu isso – nem alterou o modo de viver, produzir e se relacionar a que estavam habituados os colonos. O que lá derrubaram não foi o feudalismo e o absolutismo – isso, a burguesia inglesa já havia feito –, mas os laços coloniais externos.

Por isso, "... o período da Independência Americana, dito período revolucionário, não questionava realmente o modo de vida dos habitantes das colônias, suas relações mútuas ou seus interesses imediatos. Fora da zona limitada das operações e das desordens passageiras suscitadas pelas manobras militares, prosseguia e prosseguiria a mesma existência, sem que se modificassem os equilíbrios fundamentais. A República federal americana continuou, sem grandes alterações, um movimento que adquirira no curso do tempo seus equilíbrios especí-

---

97. M. J. Heale. A revolução norte-americana. São Paulo: Editora Ática, 1991, p. 33
98. M. J. Heale, *op. cit.*, p. 35.
99. M. J. Heale, p. 38, fala em "mais de cem mil exemplares" em poucos meses; enquanto Georges Gusdorf, *op. cit.*, p. 182, refere-se a "500 mil exemplares difundidos em um ano".

ficos. Pôs-se um presidente no lugar do monarca constitucional da Inglaterra; o Congresso de Washington substituiu o distante Parlamento de Londres. Alguns intelectuais entraram em polêmica, de modo cortês, quanto a essa transformação dos poderes, que influiu fracamente na vida cotidiana de uma população habituada ao funcionamento de órgãos representativos. Os insurretos americanos lançaram mão das armas para garantir uma liberdade que já possuíam. Qualquer que tenha sido a emoção dos momentos de crise, a violência dos sobressaltos populares e a coragem dos combatentes, a liberdade não se iniciou nos Estados Unidos em 1776-1777, em 1783 ou 1787; não foi arrancada das mãos do 'tirano' de Londres; não deu origem a uma nova ordem de coisas. Ela é contemporânea do estabelecimento das primeiras colônias. Os colonos revoltaram-se porque tiveram o sentimento de que se queria despojá-los das prerrogativas de que sempre haviam usufruído. Vê-se aqui, sem dúvida, uma diferença fundamental entre os acontecimentos da América e os da França. O que estava em jogo na Revolução Francesa era uma total mutação da existência comunitária, uma transformação pela raiz da ordem social, das hierarquias tradicionais, das estruturas políticas e econômicas, uma redistribuição da propriedade, uma renovação dos valores psicológicos e morais, que também se afirmou na ordem da moral, da língua, do costume. Nada seria como antes, enquanto nos Estados Unidos tudo continuou como antes, com exceção de certas estruturas políticas. A despeito de alguns violentos safanões, as colônias da América não foram submersas por um cataclismo; o abalo permaneceu superficial, e a continuidade sobrepujou a ruptura. Antes, como depois, *habeas corpus* é a lei do país, e os cidadãos votavam para eleger seus representantes nas assembleias locais"[100].

Essa diferença essencial entre o que aconteceu na França e o que ocorreu na América do Norte transparece no diagnóstico do historiador liberal Alexis de Tocqueville, que, no seu clássico *O antigo regime e a revolução*, escreveu o seguinte: "Como a Revolução Francesa não teve apenas por objeto mudar um governo antigo, mas abolir a forma antiga da sociedade, ela teve de ver-se a braços a um só tempo com todos os poderes estabelecidos, arruinar todas as influências reconhecidas, apagar as tradições, renovar os costumes e os usos e, de alguma maneira, esvaziar o espírito humano de todas as ideias sobre as quais se tinham fundado até então o respeito e a obediência"[101].

---

100. Georges Gusdorf, *op. cit.*, p. 192.
101. Alexis de Tocqueville. "L'ancien régime et la révolution". In: *Oeuvres*, coleção Bouquins, 1986, livro III, capítulo 1, p. 1040, cf. Georges Gusdorf, *op. cit.*, p. 50.

Aliás, o fato de a Revolução Americana ter acontecido na década que precedeu a Revolução Francesa e, portanto, ter também produzido antes suas declarações de direitos suscitou, durante algum tempo, certa polêmica – hoje, mera curiosidade acadêmica – quanto a ter sido a "referência inspiradora" dos revolucionários franceses. Os que se ocuparam dessa hipótese chamaram a atenção para a circunstância de Benjamin Franklin e Thomas Jefferson terem sido embaixadores dos Estados Unidos na França entre 1776 e 1789. "Na verdade, não foi assim, pois os revolucionários franceses já vinham preparando o advento do Estado Liberal ao longo de todo o século XVIII. As fontes filosóficas e ideológicas das declarações de direitos americanas, como da francesa, são europeias, como bem assinalou Mirkine-Guetzévitch, admitindo que os franceses de 1789 somente tomaram de empréstimo a técnica das declarações americanas, 'mas estas não eram, por seu turno, senão reflexo do pensamento político europeu e internacional do século XVIII – dessa corrente da filosofia humanitária cujo objetivo era a liberação do homem esmagado pelas regras caducas do absolutismo e do regime feudal. E porque essa corrente era geral, comum a todas as Nações, aos pensadores de todos os países, a discussão sobre as origens intelectuais das Declarações de Direito americanas e francesas não tem, a bem da verdade, objeto. Não se trata de demonstrar que as primeiras Declarações 'provêm' de Locke ou de Rousseau. Elas provêm de Rousseau, e de Locke, e de Montesquieu, de todos os teóricos e de todos os filósofos. As Declarações são obra do pensamento político, moral e social de todo o século XVIII."[102]

De maior relevância para a compreensão do processo histórico que se seguiu foi que, malgrado a Revolução Americana e suas declarações detivessem a precedência cronológica, elas surgiram e produziram efeitos práticos num país que, à época, não ocupava o primeiro cenário mundial. De outro lado, seja pela profundidade das transformações sociais e políticas que provocaram no país de origem, seja pelas dramáticas e imediatas consequências internacionais que suscitaram – diretamente, em toda a Europa; indiretamente, até na América ibérica –, foram a Revolução Francesa de 1789 e sua Declaração dos Direitos do Homem e do Cidadão que terminaram exercendo maior influência no mundo e galvanizando o imaginário de várias gerações de revolucionários.

---

102. José Afonso da Silva, *op. cit.*, p. 263

Pensadores da nova ordem

Como o modo de produção capitalista triunfasse em toda parte – ele não se embaraçava com a crise europeia dos direitos humanos da primeira metade do século XIX –, os intelectuais do liberalismo, mesmo quando sensibilizados com o sofrimento dos pobres, produziam os argumentos necessários para "demonstrar" que a desigualdade social, não só inevitável, era também justa. Eis o que um desses humanitaristas, o senhor Patrick Colquhoun, havia escrito, já em 1806, em seu *A treatise on indigence*: "Sem uma grande proporção de pobres não poderia haver ricos, já que os ricos são produto do trabalho, ao passo que o trabalho pode resultar somente de um estado de pobreza... A pobreza, portanto, é um ingrediente indispensável e por demais necessário da sociedade, sem o qual as nações e comunidades não poderiam existir num estado de civilização"[103]. Acima de tudo, a disciplina que estudava e justificava "racionalmente" o capitalismo – a economia política clássica – vivia seu momento de glória e respeitabilidade. Mas, ao contrário do futuro idílico profetizado em 1776 por Adam Smith na sua *A riqueza das nações: Investigação sobre sua natureza e suas causas*, dois autores liberais que exerceram grande influência na primeira metade do século XIX trouxeram ao debate noções "perturbadoras": Malthus e David Ricardo.

O senhor Thomas Robert Malthus, a julgar pelas ideias rabugentas que defendia, devia ser um cavalheiro muito mal-humorado. Pastor anglicano

---

103. Citado por T. H. Marshall, *op. cit.*, p. 78.

nascido em família proprietária de terras, esse sisudo inglês havia, entre outros escritos, publicado em 1798 seu famoso *Ensaio sobre a população*. Observando os estragos sociais que o capitalismo triunfante alastrava, chegou à famosa conclusão "explicativa" da causa da miséria: "A população, quando não controlada, cresce numa progressão geométrica, e os meios de subsistência crescem apenas numa progressão aritmética"[104], instalando-se na sociedade grave desproporção. Como consequência disso, a miséria dos trabalhadores existiria por culpa dos próprios trabalhadores, porque insistem em casar cedo e ter muitos filhos. Para resolver esse impasse, Malthus enxergava duas possibilidades: na sua própria linguagem, freios "positivos" e freios "preventivos" à explosão demográfica. Sempre que aquela desproporção se tornasse aguda, os freios "positivos" seriam as periódicas guerras, as ondas de fome e as inevitáveis epidemias que, ao dizimar principalmente a população trabalhadora, reequilibrariam por algum tempo a situação. Os freios "preventivos" consistiriam, pura e simplesmente, em os pobres retardarem seu casamento até poderem sustentar adequadamente uma família, devendo ser convencidos a manter abstinência sexual enquanto forem solteiros – ou por toda a vida, se a "fortuna" não chegasse um dia a favorecê-los... Todas as formas de assistência social seriam inúteis e até perniciosas, tanto porque estimulariam os miseráveis a se acomodarem e casarem sem condições de sustentar a prole, como porque, retendo os trabalhadores nas paróquias beneficentes, restringiriam a conveniente mobilidade da mão de obra[105].

Na realidade, como logo se veria, Malthus partia de bases erradas – antes de mais nada, porque estabelecia uma comparação mecânica entre o crescimento da população dos Estados Unidos (muito rápido, na época) e o lento aumento da produção agrícola da Inglaterra. Além disso, não percebeu – ou evitou admitir – que a própria dinâmica do capitalismo recria continuamente uma "superpopulação relativa" na sociedade. Tangidos pela concorrência e buscando manter ou elevar suas taxas de lucro, os capitalistas incorporam incessantemente aos meios de produção a tecnologia mais avançada e máquinas sempre mais eficazes, que multiplicam a produtividade da força de trabalho. A cada novo patamar desse processo, o capitalista passa a precisar de uma quantidade menor de trabalhadores para produzir a mesma quantidade de mercadorias de antes – ou até mais. O "excesso" humano daí remanescente tem um endere-

---

104. Thomas Robert Malthus. *Ensaio sobre a população*. São Paulo: Nova Cultural, 1996, pp. 246 e 249.
105. *Idem*, p. 243 e ss.; Robert Heilbroner. *História do pensamento econômico*. São Paulo: Nova Cultural, 1996, p. 73 e ss.; e Paulo Sandroni (consult.), Dicionário de economia, São Paulo: Nova Cultural, 1985, p. 253.

ço certo: desemprego, muitas vezes permanente – ampliando o já conhecido exército industrial de reserva. Milhões de pessoas, privadas de salários, não terão acesso a meios de existência digna. Não é que existam pessoas a mais e alimentos a menos, como supunha Malthus. É, isso sim, que passa a existir uma superpopulação relativa – relativa às necessidades do capitalismo.

Por fim, até "as estatísticas não confirmaram as ideias de Malthus, quer quanto à taxa de crescimento da população, quer quanto à produção de alimentos. Alguns progressos científicos importantes, como as descobertas de adubos químicos e de grãos híbridos, além de técnicas mais refinadas de cultivo e tratamento do solo, permitiram notável aumento da produtividade agrícola. É de notar que algumas dessas descobertas ocorreram antes do lançamento da sexta e última edição do Ensaio, em 1826, sem que Malthus se abalasse em modificar suas conclusões. No tocante à população, a utilização de métodos anticoncepcionais, que Malthus consideraria 'vício', já consagrados por volta de 1900, fez com que a população crescesse bem menos do que Malthus esperava"[106].

As ideias de Malthus eram de um pessimismo atroz quanto ao futuro da humanidade e, nessa medida, chocaram a crença no progresso disseminada pelos filósofos e economistas do século XVIII. Mas introduziam no pensamento liberal um modo cínico e aparentemente "científico" de transformar as vítimas em culpadas, absolvendo o capitalismo da impiedosa desigualdade social. Apesar de sua falta de fundamentos e do sentimento de decepção que adicionou ao otimismo racionalista da época, essas ideias acabaram desempenhando papel nada desprezível, pois se encaixavam como mão e luva nos preconceitos antioperários das classes dominantes (de liberais a aristocratas), desviavam a atenção da maior causa da pobreza (a desigualdade social) e, portanto, contribuíam para justificar a intolerância patronal e governamental diante das reivindicações dos trabalhadores. Podemos até mesmo avaliar seu grau de penetração como força ideológica reacionária se notarmos que, ainda hoje, passados mais de duzentos anos, esses argumentos de Malthus continuam integrando um certo "senso comum" pretensamente "ilustrado" de uma classe média ignorante.

Diferentemente de Malthus, que marcou sua obra muito mais pelo empenho apologético do capitalismo, David Ricardo, adepto também do liberalismo econômico, dedicou-se ao estudo do funcionamento da economia com esforço

---

106. Ernani Galvêas. Apresentação introdutória ao livro *Ensaio sobre a população*, de *Thomas Robert Malthus*, op. cit., pp. 7-8.

investigativo reconhecidamente de maior consistência. O mais famoso desses estudos foi *Princípios de economia política e tributação*, publicado em 1817, que teve várias edições ainda durante a vida de seu autor e trazia, no mínimo, duas ideias igualmente "perturbadoras" para a autoconfiança dos liberais.

Primeiro, sua teoria do "valor-trabalho". Aprofundando e retificando conceitos de Adam Smith, Ricardo demonstrou que o valor de troca de cada mercadoria em relação às demais mercadorias produzidas na sociedade, expresso monetariamente por seu preço, é determinado pela quantidade total de trabalho humano socialmente necessário à sua produção e nelas incorporado, e não por seu valor de uso (utilidade intrínseca) ou por sua eventual escassez. A utilidade não pode ser a medida do valor de troca porque os bens sem utilidade, por mais escassos que sejam, não chegam sequer a se tornar mercadorias, isto é, mesmo que produzidos, são recusados pelo mercado. Já a escassez de um bem só determinará seu valor nos casos muito específicos em que seja impossível produzi-los em grande quantidade – Ricardo exemplificava com estátuas e quadros famosos, moedas ou livros raros e vinhos especiais –, mas esses bens ocupam fração mínima dos artigos demandados no mercado. Portanto, somente o trabalho "... é realmente o fundamento do valor de troca de todas as coisas, à exceção daquelas que não podem ser multiplicadas pela atividade humana"[107]. Contudo, essa constatação permitia que dela se extraísse uma conclusão óbvia: "Se, como argumentava a economia política, o trabalho representava a fonte de todo o valor, então por que a maior parte de seus produtores vivia à beira da privação? Porque, como demonstrava Ricardo – embora ele se sentisse constrangido em relação às conclusões de sua teoria – o capitalista se apropriava, em forma de lucro, do excedente que o trabalhador produzia além daquilo que ele recebia de volta sob a forma de salário. (...) De fato, o capitalista explorava o trabalhador. Era necessário eliminar os capitalistas para que fosse abolida a exploração. Um grupo de economistas do trabalho ricardianos logo surgiu na Grã-Bretanha para fazer a análise e concluir a moral da história"[108].

Outra ideia alarmante contida nesse livro era de que o capitalismo teria a tendência natural de caminhar para a estagnação (estado estacionário). O aumento da demanda de alimentos causado pelo crescimento da população elevaria os preços dos produtos agrícolas, estimulando, num primeiro momento, a ocupação de terras de segunda qualidade quanto à fertilidade, apesar da produtividade menor ou dos custos de produção maiores. Como

---

107. David Ricardo. *Princípios de economia política e tributação*. São Paulo: Nova Cultural, 1996, p. 25.
108. Eric J. Hobsbawm, *op. cit.*, p. 263

a concorrência entre os capitalistas imporia um preço de venda único para os produtos das duas terras, subiria a taxa de lucros dos capitalistas instalados nas glebas mais férteis e, na mesma proporção, aumentaria também a renda a ser paga aos proprietários das terras. A esse rendimento suplementar dos proprietários Ricardo chamou de "renda diferencial da terra". Aumentando a pressão populacional, o processo se repetiria: nova elevação dos preços agrícolas, ocupação de terras de terceira categoria, crescimento ainda maior da renda diferencial dos proprietários das glebas de primeira qualidade, surgimento de alguma renda diferencial nas terras de segunda, mas redução crescente dos lucros dos novos capitalistas que investissem nas terras piores. Chegaria um ponto em que o processo se esgotaria: a pressão demográfica continuaria aumentando os preços, os ociosos proprietários de terras boas se apropriariam de renda diferencial exorbitante, mas as terras remanescentes, de fertilidade muito baixa, não atrairiam mais investidores, pois nelas a perspectiva de lucro seria zero ou próxima a zero. A atividade agrícola se deteria num estado estacionário, afetando negativamente o dinamismo geral da economia. Esse diagnóstico, ao associar pela primeira vez a ideia de crise como imanente ao capitalismo, deitava por terra as idealizações anteriores de desenvolvimento harmônico e ininterrupto desse modo de produção. Isso semeou inquietação entre os liberais – ainda mais por emanar de um cérebro devotadamente liberal. Percebia-se que "a economia política clássica em sua forma ricardiana podia virar-se contra o capitalismo, fato este que levou os economistas da classe média posteriores a 1830 a ver Ricardo com alarme, e até mesmo a considerá-lo, como o fez o americano Carreei (1793-1879), como fonte de inspiração de agitadores e destruidores da sociedade"[109].

Poucas décadas depois, ficaria demonstrado o simplismo teórico do modelo ricardiano de crise capitalista – entre outras razões, por estabelecer uma relação mecânica de causa e efeito entre um limite da natureza (a supostamente irremediável fertilidade declinante das glebas cultiváveis) e um fato econômico-social (a redução da taxa de lucros). Mas essa descoberta não consolaria por muito tempo os liberais, pois logo a crítica de Karl Marx e Friedrich Engels, teoricamente mais consistente, identificaria o foco gerador das crises cíclicas nas próprias relações sociais de produção do capitalismo, na medida em que, periodicamente, se tornariam obstáculos à expansão das forças produtivas.

109. *Idem.*

Adicionando-se a esse novo "clima" cultural, no campo filosófico começava a granjear prestígio o positivismo, doutrina sistematizada por Auguste Comte, Herbert Spencer e outros, cuja característica mais geral e aparente parecia ser o propósito de substituir as especulações religiosas e metafísicas pela busca de compreensão científica dos fenômenos. Nesse sentido, o positivismo poderia, à primeira vista, ser tomado apenas como mais um desdobramento do racionalismo do século XVIII – como, de fato, o era. Contudo, portava pelo menos um elemento de novidade em relação ao racionalismo anterior: mediante o esforço de transposição sistemática da ótica e dos métodos das ciências da natureza para a análise social, pretendia imprimir uma neutralidade axiológica – completa abstenção de juízos de valor – ao estudo da sociedade, que cedo mostraria adequação para uso politicamente conservador.

"Entendo por Física Social a ciência que tem por objeto próprio o estudo dos fenômenos sociais, considerados com o mesmo espírito que os fenômenos astronômicos, físicos, químicos e fisiológicos, isto é, como submetidos a leis naturais invariáveis, cuja descoberta é o objetivo especial de suas pesquisas. (...) Considerando sempre os fatos sociais, não como objetos de admiração ou de crítica, mas como objetos de observação, ocupa-se ela unicamente em estabelecer suas relações mútuas e apreender a influência que cada um exerce sobre o conjunto do desenvolvimento humano. Em suas relações com a prática, afastando das diversas instituições qualquer ideia absoluta de bem ou de mal, encara-as como constantemente relativas ao estado determinado da sociedade, e com ele variáveis, ao mesmo tempo que as concebe como podendo se estabelecer espontaneamente pela única força dos antecedentes, independente de qualquer intervenção política direta. Reduzem-se, pois, suas pesquisas de aplicação, a colocar em evidência, segundo as leis naturais da civilização, combinadas com a observação imediata, as diversas tendências próprias de cada época."[110]

É bem verdade que formulações no sentido de que a sociedade também se rege por leis naturais, suscetíveis de serem descobertas pela investigação "desapaixonada" e estudadas com os métodos das ciências da natureza, já haviam sido mais ou menos disseminadas pelo espírito geral do *approach*

---

110. Auguste Comte. "Opúsculos sobre a filosofia social". Apêndice ao 4º volume de seu *Sistema de política positiva*. In: *Comte*, Seleção de textos e tradução de Evaristo de Moraes Filho. São Paulo: Ática, 1983, p. 53. v. 4.

iluminista-jusnaturalista (em especial, pelo enciclopedista Condorcet, de quem Comte se dizia continuador), pelos fisiocratas, pelos economistas políticos, assim como pelo discípulo de Condorcet, o futuro socialista utópico Saint-Simon (de quem Comte fora secretário na juventude). Contudo, nessa primeira gestação – de modo muito visível nos jusnaturalistas e em Saint-Simon –, a busca de uma ciência social neutra era motivada por (e portadora de) inequívoca inflexão utópico-crítica: "... instrumento de luta contra o obscurantismo clerical, as doutrinas teológicas, os argumentos de autoridade, os axiomas *a priori* da Igreja, os dogmas imutáveis da doutrina social e política feudal. (...) O combate da ciência social livre de 'paixões' é, portanto, inseparável da luta revolucionária dos Enciclopedistas e de toda a filosofia do Iluminismo contra os 'preconceitos', isto é, contra a ideologia tradicionalista (principalmente clerical) do Antigo Regime"[111].

Ou seja, os iluministas reivindicavam neutralidade no estudo da sociedade precisamente porque, então, não havia qualquer neutralidade na representação de sociedade produzida pela nobreza e pelo clero – ao contrário, tratava-se de uma imagem deformada por "paixões" interessadas na conservação social (o poder tem origem divina, os privilégios são naturais etc.). Nesse sentido, a proposição iluminista de neutralidade na análise dos fenômenos da sociedade – mesmo sem colocarmos em discussão sua real possibilidade de existência – desempenhava função social evidentemente transformadora.

Ocorre que o contexto histórico da maturidade de Comte era outro: já se estava consumando (ao menos na Europa Ocidental) a transição do feudalismo para o capitalismo, e do absolutismo para o constitucionalismo (não democrático), seja por revoluções sociais "quentes", como a francesa, seja pela revolução industrial "à inglesa". Se, como propunha Comte, essa nova realidade fosse adotada apenas como "objeto de observação", sem "admiração ou crítica", produto espontâneo do "estado da sociedade", não restaria mais o que fazer senão estudá-la com aquela "neutralidade", favorável a seu progresso natural, o que exigia a restauração da ordem. Pois, com efeito, a transformação exigida pela "força dos antecedentes" já estava completada: se o feudalismo fora destruído porque contrariava as "leis naturais invariáveis", impunha-se a conclusão de que o capitalismo seria a realização concreta dessas leis. Portanto, a rebeldia – antes recomendável – agora deve

---

111. Michael Löwy. *As aventuras de Karl Marx contra o barão de Münchhausen.* 4 ed. São Paulo: Busca Vida, 1990, pp. 19-20.

ser afastada, já não se justifica, malgrado certos males do capitalismo, que serão corrigidos com o triunfo da filosofia positivista. "Construamos diretamente o sistema de ideias gerais que esta filosofia, de agora em diante, está destinada a fazer prevalecer na espécie humana, e a crise revolucionária, que atormenta os povos civilizados, estará essencialmente terminada."[112] Comte proclama no positivismo "sua aptidão exclusiva para dissipar radicalmente as diversas utopias anárquicas que, cada vez mais, ameaçam toda existência doméstica e social"[113], e denuncia que "os hábitos insurreicionais da razão moderna não lhe autorizam supor um caráter indefinidamente revolucionário, uma vez que suas legítimas reclamações se encontrem largamente satisfeitas. Além do mais, conforme as necessidades, meios não faltariam ao novo regime para reprimir de modo suficiente as pretensões subversivas..."[114] O modelo de sociedade imaginado refletia os traços do capitalismo oligárquico: "Vimos, pois, abertamente, libertar o Ocidente de uma democracia anárquica e de uma aristocracia retrógrada..."[115]

Comte não esconde suas preferências e antipatias: "Desde, porém, que a reconstrução está na ordem do dia, a atenção pública volta-se cada vez mais para a grande e imortal escola de Diderot e Hume. (...) Pelo contrário, nunca esperei senão óbices espontâneos ou propositais, por parte dos atrasados destroços das seitas superficiais e imorais oriundas de Voltaire e de Rousseau"[116]. Quanto à bondade, Comte avalia que "ela indica mais o ódio contra os ricos do que o amor pelos pobres...", mas o instinto social da veneração preserva a esperança, pois "constitui hoje o sinal decisivo que caracteriza os revolucionários suscetíveis de uma verdadeira regeneração, por mais atrasada que ainda tenham a inteligência, sobretudo entre os comunistas iletrados" – exceto no caso da maioria de seus chefes, pois esses "homens verdadeiramente indisciplináveis exercem uma vasta influência, que predispõe à fermentação subversiva todos os cérebros desprovidos de convicções inabaláveis"[117].

Os destinatários principais da pregação positivista deveriam ser as mulheres e o proletariado, com um propósito claro: "A revolução feminina deve agora completar a revolução proletária, como esta consolidou a revolução

---

112. Auguste Comte. *Curso de filosofia positiva*. São Paulo: Nova Cultural, 1996, p. 41.
113. *Idem, Discurso preliminar sobre o conjunto do positivismo*. São Paulo: Nova Cultural, 1996, p. 73.
114. *Idem*, p. 82.
115. *Idem, Catecismo positivista*. São Paulo: Nova Cultural, 1996, p. 97.
116. *Idem*, p. 99.
117. *Idem*, pp. 108-109.

burguesa, dimanada a princípio da revolução filosófica. (...) O homem deve sustentar a mulher. (...) Sob a santa reação feminina, a revolução proletária purificar-se-á espontaneamente das disposições subversivas que até aqui a têm neutralizado"[118]. Comte recomendou em várias passagens de sua vasta obra a necessidade de a propriedade exercer uma função social, assim como deixou clara sua posição quanto à igualdade: "A despeito de algumas vãs noções que se formam hoje sobre a igualdade social, qualquer sociedade, até a mais restrita, supõe, por evidente necessidade, não somente diversidades, mas também certas desigualdades; porque não poderia haver sociedade sem o concurso permanente para uma operação geral, perseguida por meios distintos, convenientemente subordinados uns aos outros"[119]. Por fim, advertindo contra o aguçamento dos conflitos entre proletários e industriais, que Comte atribuía ao "cego egoísmo dos empresários", ele indicava o curioso papel pacificador do positivismo "não somente nas classes inferiores, onde a educação positiva deve ser especialmente acolhida, mas também nas classes dirigentes, que se sentirão talvez bastante felizes de que a racionalidade positiva lhes queira bem prestar, contra as utopias subversivas de qualquer sociabilidade, um socorro indispensável. (...) Numa palavra, a positividade será, talvez logo, invocada em socorro da ordem, a qual só ela pode hoje proteger suficientemente, pelo menos tanto quanto a favor do progresso..."[120]

Portanto, um método possivelmente útil na investigação de fenômenos da natureza, ao ser transposto para a análise social, não demorou para manifestar, em nome da "neutralidade" científica, função política conservadora.

O método positivista também seria depois empregado para a concepção e estudo do direito, descartando os suportes anteriores num direito natural, tantos os derivados da natureza externa ao homem quanto os da natureza humana ou da razão. A mesma demanda de neutralidade axiológica conduziria os juristas positivistas a circunscreverem esse estudo à investigação metódica do direito positivo (objetivamente existente em cada sociedade), suas normas e a forma prescrita pelo próprio ordenamento jurídico para sua produção/modificação – sempre sem manifestação de juízos de valor.

A norma jurídica, portanto, também se converte em "objeto de observa-

---

118. *Idem*, p. 111.
119. "Curso de filosofia positiva", vol. IV, p. 296, *In: Comte*. Seleção de textos e tradução de Evaristo de Moraes Filho. São Paulo: Ática, 1983, pp. 119-120.
120. *Lettres d'Auguste Comte à John Stuart Mill* (1842), pp. 17-18. *In: Comte*, Seleção de textos e tradução de Evaristo de Moraes Filho. *op. cit.*, pp. 196-197.

ção", ao qual o jurista deve se debruçar sem "admiração ou crítica". A tarefa do jurista "científico" consistiria em explicar – pelas regras da própria lógica jurídica – e aplicar o Direito existente, sem indagações "extrajurídicas" quanto à sua legitimidade social. Iniciava-se, a partir daí, um duradouro divórcio entre Direito e Moral.

Certamente, o positivismo dedicou-se a uma diversidade de temas e questões muito mais amplas do que as até agora indicadas e desdobrou-se em "escolas" e correntes ao longo das décadas, sofisticando-se e diversificando-se – aprofundar sua compreensão não caberia neste trabalho. É, porém, necessário registrar que, assim como no século XVIII a burguesia em ascensão havia se servido do jusnaturalismo como arma de combate contra o feudalismo e o absolutismo; no século XIX essa classe, tornada dominante, mudou-se de armas e bagagens para o positivismo.

A bandeira muda de mãos

Enquanto esses pensadores se ocupavam desses e de outros assuntos, surgia um fato novo: a bandeira dos direitos humanos, aos poucos, na prática, mudava de mãos – e isso a faria também mudar de caráter. Os liberais haviam-se tornado cada vez mais conservadores nesse campo: detiveram a caminhada dos direitos humanos no patamar da primeira fase da Revolução Francesa porque, de fato, isso lhes bastava. A liberdade conquistada estava quase na medida das suas conveniências, isto é, liberdade econômica para os empresários e liberdade de assalariamento para os trabalhadores. Faltava ainda restabelecer na maior parte da Europa a liberdade de expressão, particularmente a de imprensa. Mas isso, por mais que incomodasse, não representava empecilho grave para o desenvolvimento dos negócios. Os que mais se ressentiam da falta dessa liberdade – os trabalhadores, para proclamar suas reivindicações – não dispunham dos meios para praticá-la, além de estarem ocupados demais com necessidades muito prementes, tais como... sobreviver. Quanto à igualdade, esta, sim, estava no ponto certo: igualdade perante a lei – nada mais. O fim dos privilégios legais de nascimento era o suficiente para os que se defendiam muito bem com os novos privilégios de fortuna.

O voto censitário, mais que uma necessidade de sobrevivência política, era sintoma do atraso elitista da burguesia oligárquica: afinal de contas, retendo para si o poder econômico e mantendo a hegemonia ideológica na sociedade, ela dificilmente teria motivos para temer os trabalhadores mesmo quando, sob pressão, viesse a estender-lhes o direito de voto – como a história viria a demonstrar. Se, eventualmente, o sufrágio universal ameaçasse causar-lhe inconvenientes de maior monta, sempre restaria a possibilidade de abolir por algum tempo qualquer sufrágio – como a história também viria a demonstrar.

O que não poderia ser assimilado mesmo era ampliar a igualdade ao plano econômico-social, isto é, transformar a igualdade formal em igualdade real, pois isso seguramente mexeria com os lucros – quem sabe até onde mais poderia ir?

"Havia mais do que um mero preconceito político na insistência sobre a livre propriedade que caracterizava os governos liberais moderados de 1830; o homem que não tivesse demonstrado a habilidade de chegar a proprietário não era um homem completo e, portanto, dificilmente poderia ser um cidadão completo. (...) O período que culminou por volta da metade do século foi, portanto, uma época de insensibilidade sem igual, não só porque a pobreza que rodeava a respeitabilidade da classe média era tão chocante que o homem rico preferia não vê-la, deixando que seus horrores provocassem impacto apenas sobre os visitantes estrangeiros (como é o caso hoje em dia das favelas da Índia), mas também porque os pobres, como os bárbaros do exterior, eram tratados como se não fossem seres humanos. Se seu destino era o de se tornarem trabalhadores industriais, eles eram simplesmente massa que deveria ser modelada pela disciplina através da pura coerção, sendo a draconiana disciplina fabril suplementada com a ajuda do Estado. (É bastante característico que a opinião da classe média contemporânea não perceba qualquer incompatibilidade entre o princípio de igualdade perante a lei e os códigos trabalhistas deliberadamente discriminatórios que, como no caso do Código Britânico de Patrões e Empregados, de 1823, puniam os trabalhadores com a prisão por quebra de contrato e os empregadores com modesta multa, se tanto.) Eles deveriam estar constantemente à beira da indigência porque, caso contrário, não trabalhariam, sendo inacessíveis às motivações 'humanas'. 'É no próprio interesse do trabalhador', disseram os empregadores a Villermé no final da década de 1830, 'que ele deve estar sempre fustigado pela necessidade, pois assim ele não dará a seus filhos um mau exemplo, e sua pobreza será uma garantia de sua boa conduta'. (...) Era pequeno o passo a ser dado desta atitude para o reconhecimento formal da desigualdade que, como afirmou Henri Baudrillart em sua conferência inaugural no Collége de France, em 1835, era um dos três pilares da sociedade humana, sendo que os outros dois eram a propriedade e a herança. A sociedade hierárquica era, assim, reconstruída sobre os princípios da igualdade formal."[121]

De certa forma, essa situação nova criou condições para que começasse a ser levantada a ponta do véu: o discurso dos direitos humanos, de plataforma generosa e universal, como a burguesia o apresentara quando necessitara mobilizar o entusiasmo e a energia do povo, muito rapidamente se convertera em ideologia legitimadora de uma nova dominação social. À medida que passara de revolucionária a conservadora, a burguesia impusera, desde o triunfo em 1789, sua *versão de classe* dos direitos humanos. Essa versão embutia a contradição óbvia entre liberdade (burguesa) e igualdade, conferindo aos direitos humanos a função social de preservação do novo domínio. Não tardaria que isso fosse percebido e formulado no plano conceitual. Mas, primeiramente, essa inquietação se manifestou no terreno da prática social: de modo confuso, movidos mais pelo desespero do que por uma consciência socialmente organizada, o proletariado emergente da Revolução Industrial e as camadas sociais que lhe eram próximas começaram a engendrar caminhos próprios de autodefesa. Aprendizado difícil, pois o que lhes sobrava em desencanto com a nova ordem faltava-lhes em compreensão teórica e experiência política – pois, até então, só haviam feito seguir as consignas que lhes apontavam os ex-revolucionários de ontem.

Uma das formas mais rudimentares de resistência trabalhista durante esse período de transição foram as recorrentes ondas de destruição de máquinas, principalmente nas florescentes indústrias têxteis, promovidas no início do século XIX por multidões de desempregados, que lhes atribuíam, de modo um tanto instintivo, a responsabilidade por sua situação de miséria. Esses movimentos "luditas" (designação derivada de King Ludd, o principal líder desses movimentos na Inglaterra) expressavam a revolta contra a mecanização e o desejo de um impossível retorno ao antigo trabalho artesanal. Foram severamente punidos com prisão, deportações e, desde uma lei inglesa de 1812, também com pena de morte.

Aos poucos, começaram também a surgir por toda a Europa os primeiros fundos operários de ajuda mútua, as sociedades cooperativas e, apesar da feroz repressão, desenvolveram-se também os primeiros sindicatos. As greves, quase sempre seguidas de muita violência policial, tornaram-se uma forma de luta largamente empregada pelos trabalhadores. Na Inglaterra, onde a Revolução Industrial, com seus efeitos sociais devastadores, chegara mais

---

121. Eric J. Hobsbawm, *op. cit.*, pp. 219-220.

longe, o movimento trabalhista também se organizou mais rapidamente. Já em 1824, conseguiu forçar o Parlamento a revogar certas leis contra a liberdade de associação.

Nas décadas de 1830-1840, o sindicalismo britânico alcançou grande expressão social com o "cartismo", movimento que fez vigorosas denúncias da situação em que se encontrava a classe trabalhadora e, entre outras reivindicações, lutou pela jornada de trabalho de dez horas, pela liberdade sindical e pelo direito de representação parlamentar dos operários. Os cartistas, assim como o movimento popular do restante da Europa, ainda precisavam lutar por direitos políticos para os trabalhadores e intensificavam a luta por direitos econômicos e sociais. O nome desse movimento derivava da Carta do Povo, documento de reivindicações apresentado em 1838 ao Parlamento após anos de mobilização operária, e continha o seguinte Programa de Seis Pontos: 1) sufrágio universal masculino; 2) voto secreto; 3) distritos eleitorais iguais; 4) abolição do censo eleitoral baseado na propriedade; 5) remuneração para a função parlamentar; 6) parlamentos eleitos anualmente. Esse programa demonstrava que a bandeira dos direitos humanos passara efetivamente para as mãos dos trabalhadores. O movimento cartista enfraqueceu-se quando uma revolta operária em Newport foi esmagada e seus líderes, deportados para a Austrália.

Além desses movimentos reivindicatórios, uma nova palavra, criada na década de 1820, começava a ser ouvida: socialismo.

Antigos sonhos de reforma social

Uma noção mais ou menos genérica de um modo "comunista" – isto é, igualitário – de organização social já existia havia muito tempo. Eram comuns as referências a uma perdida e paradisíaca "idade de ouro", anterior ao surgimento da divisão das sociedades em classes sociais.

Platão, na sua obra *A república*, já defendia a ideia de que uma reorganização da sociedade em bases racionais deveria implicar a abolição da propriedade privada – embora só entre os responsáveis pelas decisões da comunidade[122]. Nesse "comunismo" aristocrático, Platão imaginou que entre esses guardiães da comunidade haveria igualdade de educação e de oportunidades intelectuais entre meninos e meninas, ausência de barreiras

---

122. Ver o encerramento do livro III de *A república*, última parte do diálogo de Sócrates com Glauco. *In:* Platão. *A república*. São Paulo: Nova Cultural, 1997, p. 113.

sexuais, comunidade de bens, de mulheres, de pais e de filhos, controle eugênico da procriação e dos nascimentos (como na criação de animais), morte dos recém-nascidos imperfeitos e aborto obrigatório dos fetos originados de casais que se encontrassem antes ou depois da idade permitida para a procriação.

Na antiga Esparta, o legendário rei Licurgo havia conseguido criar um bem-sucedido Estado "militar-comunista de elite": arrecadou todas as terras, redistribuiu-as entre os cidadãos e introduziu outras reformas no sentido de estabelecer um modo de vida austero e disciplinado. Foi, assim, eliminada a grande desigualdade de bens que antes existia entre os cidadãos, sobreveio a prosperidade, e Esparta alcançou hegemonia em toda a antiga Grécia após a vitória na Guerra do Peloponeso, que travou contra Atenas. Mas esse curioso protocomunismo foi uma experiência de curta duração – e tinha pés de barro, a igualdade limitava-se à minoria dos habitantes, apenas aos cidadãos espartanos propriamente ditos, ao passo que a massa da população continuou escrava (os "ilotas", periodicamente rebelados e submetidos a matanças coletivas que lhes infligiam os espartanos) ou subalterna (os "periecos", trabalhadores sem cidadania, obrigados a pesados tributos).

As primeiras comunidades cristãs da Ásia Menor, antes de o cristianismo tornar-se religião oficial do Império Romano, também praticavam uma vida igualitária – afinal de contas, o próprio filho de Deus não dera o exemplo de uma vida em completo "comunismo" com seus apóstolos e discípulos, sem qualquer privilégio ou distinção especial? "Todos os que abraçaram a fé eram unidos e colocavam em comum todas as coisas; vendiam suas propriedades e seus bens e repartiam o dinheiro entre todos, conforme a necessidade de cada um. Diariamente, todos juntos frequentavam o Templo e nas casas repartiam o pão, tomando o alimento com alegria e simplicidade de coração. Louvavam a Deus e eram estimados por todo o povo" (Atos dos Apóstolos, 2:44-47). "A multidão de fiéis era um só coração e uma só alma. Ninguém considerava propriedade particular as coisas que possuía, mas tudo era posto em comum entre eles. (...) Entre eles, ninguém passava necessidade, pois aqueles que possuíam terras ou casas as vendiam, traziam o dinheiro e o colocavam aos pés dos apóstolos; depois, ele era distribuído a cada um conforme a sua necessidade" (Atos dos Apóstolos, 4:32 e 34-35). "Não ajunteis riquezas na terra, onde a traça e a ferrugem as corroem, e os ladrões assaltam e roubam. (...) Ninguém pode servir a dois senhores. Pois ou odiará um e amará o outro. Não podeis servir a Deus e ao dinheiro (Evangelho de São Mateus, 6-19/24)".

Esse ideal de igualdade social do cristianismo primitivo reapareceu em vários ocasiões durante a época do feudalismo, no mais das vezes ligado a lutas camponesas. Foi o caso, por exemplo, do movimento anabatista alemão do século XVI, iniciado por Thomas Münzer, que conduziu à grande Guerra dos Camponeses de 1525, e a tentativa de Jean de Leyde de instaurar um reino "comunista" cristão em Münster. Durante a primeira revolução burguesa da Inglaterra, em 1648, também aflorou uma corrente de plebeus radicais – os *levellers* (niveladores) – que tendia para propostas sociais igualitárias.

A descoberta da América revelou que povos antigos desse continente não estavam divididos em classes sociais, desconheciam a propriedade privada da terra e, por isso, desfrutavam no interior de cada comunidade ou nação de convivência muito mais equilibrada e feliz que os europeus – o que contribuiu para inflamar poderosamente algumas imaginações.

A partir do século XVI, diversos pensadores se puseram a escrever idealizações, às vezes muito minuciosas, de sociedades que viveriam felizes sem propriedade privada, o que expressava indiretamente o desejo de reforma social na própria Europa. A mais célebre dessas ficções com mensagem reformadora foi certamente o livro de Thomas Morus *A utopia*, publicado em 1516. Reunindo elementos do epicurismo e do estoicismo gregos com a moral cristã e o humanismo renascentista, seu autor imaginou uma ilha "comunista" muito organizada e pacífica (mas, estranhamente, onde ainda existiriam escravos). Logo se seguiram idealizações semelhantes, entre outras: *A Cidade do Sol*, de Tomaso Campanella, *A Nova Atlântida*, de Francis Bacon, *Oceana*, de Harrington, e *Voyage dans l'Île des Plaisirs*, de Fénélon.

Críticas, às vezes muito corrosivas, aos males morais e sociais produzidos pela desigualdade decorrente da propriedade privada tiveram papel importante no pensamento de alguns filósofos do Iluminismo. Em 1755, na França, Morelly publicou o *Code de la Nature*, em que pregava a propriedade coletiva do solo como condição para resolver os males sociais. As ideias expostas nesse livro, aliás, exerceram grande influência sobre Babeuf. Na mesma época, o abade francês Gabriel Bonnot de Mably criticava severamente a propriedade privada como fonte da desigualdade. Para não nos alongarmos em demasia, basta um último exemplo. Eis como Jean-Jacques Rousseau se referia à ambição de riquezas e à propriedade privada: "... a ambição devoradora, o ardor de elevar sua fortuna relativa, menos por verdadeira necessidade do que para colocar-se acima dos outros, inspira a todos os homens uma negra tendência a prejudicarem-se mutuamente, uma inveja secreta tanto mais perigosa quanto, para dar seu golpe com maior segurança, frequentemente usa a máscara da bondade; em uma palavra, há, de um lado, concorrência e rivalidade, de outro, oposição de interesses e, de ambos, o desejo oculto de alcançar lucros a expensas de outrem. Todos esses males constituem o primeiro efeito da propriedade e o cortejo inseparável da desigualdade nascente"[123].

Evidentemente, nenhuma dessas ideias foi aproveitada pelos revolucionários triunfantes de 1789 – lembremo-nos do destino de Babeuf, principal socialista utópico daquela fase. A burguesia recolheu do jusnaturalismo a indignação racional e moral contra o feudalismo e o absolutismo e desviou-se, habilidosamente, de outras consequências igualmente lógicas (isto é, compatíveis com a razão) que poderiam ser desdobradas com base naquela filosofia – porque não lhe convinha fazê-lo. Porém, assim como no terreno prático da luta social os direitos humanos haviam passado para outras mãos, o mesmo aconteceria no plano das ideias.

Socialistas utópicos no capitalismo triunfante

Aquelas fantasias de um "comunismo" cerebrino e mais ou menos ascético dos séculos XVI a XVIII tiveram continuadores após a Revolução Francesa, que as adaptaram para os tempos da indústria moderna, agora com o propósito declarado de reforma social. Durante a primeira metade do século XIX, diversos projetos aparentados àquele comunismo ideal, misturados com cooperativismo operário e radicalização da democracia, foram produzidos sob a designação genérica de socialismo – logo depois, qualificado de utópico ou romântico. Foram três os grandes socialistas utópicos desse período: Saint-Simon e Fourier na França e Owen na Inglaterra.

Claude-Henri de Rouvroy, conde de Saint-Simon (1760-1825), havia lutado na Guerra de Independência dos Estados Unidos e, de volta à França, apoiou a Revolução e renunciou a seu título de nobreza, o que não o impediu de sofrer uma prisão durante o período do Terror. Logo percebeu que a Revolução não significou o triunfo de todo o terceiro estado, mas apenas de uma fração dele – e que, entre os vitoriosos, ela fortalecera um segmento que não era produtivo: a parcela da burguesia que vivia de especulação, rendas e aluguéis. Portanto, a antiga contradição entre pessoas ociosas (nobreza e cle-

---

123. Jean-Jacques Rousseau. *Discurso sobre a origem e os fundamentos da desigualdade entre os homens*, 2a parte. São Paulo: Nova Cultural, 1997, pp. 97-98

ro) e pessoas ativas (produtivas) foi "atualizada" por Saint-Simon: o novo corte social oporia, de um lado, todos os "ociosos" (antigos e novos) e, de outro, os "industrialistas"– nesta categoria incluídos não só os operários, como também os empresários industriais, comerciantes e banqueiros, que deveriam unir-se para a reorganização racional da sociedade. Como os ociosos haviam perdido a capacidade de governar no interesse comum, e os operários ainda não a haviam adquirido, a direção da sociedade deveria ser entregue à ciência (sábios acadêmicos), aos industriais e aos banqueiros, que se transformariam numa espécie de tecnocratas do bem público. Nesse sistema, que foi chamado de "industrialismo", seria promovida a emancipação feminina, o trabalho seria obrigatório para todos e, embora continuasse a existir o direito de propriedade, seria abolido o direito de herança[124]. "Esse modo de conceber correspondia perfeitamente a uma época em que a grande indústria, e com ela o antagonismo entre a burguesia e o proletariado, mal começava a despontar na França. Mas Saint-Simon insiste muito especialmente neste ponto: o que o preocupa, sempre e em primeiro lugar, é a sorte da 'classe mais numerosa e mais pobre' da sociedade. (...) Em 1816, Saint Simon declara que a política é a ciência da produção e prediz já a total absorção da política pela economia. E, se aqui não faz senão aparecer em germe a ideia de que a situação econômica é a base das instituições políticas, proclama já claramente a transformação do governo político sobre os homens numa administração das coisas e dos processos da produção, que não é senão a ideia da 'abolição do Estado'."[125]

Quanto a François-Marie Charles Fourier (1772-1837), era um comerciante malsucedido que se tornou escritor talentoso e, impressionado pelas ideias de Rousseau, interessou-se pelos problemas sociais de seu tempo. Já começou colocando o dedo diretamente na ferida: comparou as fascinantes possibilidades de harmonia social aventadas pelos filósofos do século anterior com a realidade de miséria material e moral efetivamente criada pelo capitalismo triunfante. A partir daí, "desmascara as brilhantes frases dos ideólogos burgueses da época, demonstra como a essas frases grandiloquentes corresponde, por toda a parte, a mais cruel das realidades e derrama a sua sátira mordaz sobre esse ruidoso fracasso da fraseologia. (...) Mas é ainda mais magistral nele a crítica das relações entre os sexos e da posição da mulher na sociedade burguesa. É ele o primeiro a proclamar que o grau de emancipação da mulher numa sociedade

---

124. Paulo Sandroni (consult.), *op. cit.*, p. 387.
125. F. Engels. *Do socialismo utópico ao socialismo científico*. 3a ed. São Paulo: Global, 1980, p. 37.

é o barômetro natural pelo qual se mede a emancipação geral"[126]. Além disso, concebendo o desenvolvimento da sociedade de modo dialético, em fases alternadas, entreviu não só a historicidade do capitalismo – à diferença da ilusão que o entendia como modelo definitivo de organização social – como também a possibilidade de futuro desaparecimento da própria humanidade. Na tentativa de levar à prática suas teorias, imaginou a criação de "falanstérios": prédios que abrigariam comunidades cooperativas livres, minuciosamente planejados – espécies de ilhotas de comunismo que, pela força do exemplo e da superioridade moral, se imporiam gradativamente ao circundante "mar" capitalista, tornando-se bases de uma reorganização social.

Já Robert Owen (1771-1858) era um industrial inglês muito prático. Movido inicialmente pelo espírito de filantropia, planejou e desenvolveu durante quase trinta anos um projeto de enorme êxito: na sua grande fábrica de fios de algodão instalada na comunidade miserável de New Lanark, na Escócia (que chegou a ter dois mil e quinhentos operários), reduziu a jornada de trabalho dos operários para dez horas e meia (a jornada comum na época era de treze, catorze, até dezoito horas...), recusou-se a empregar menores de dez anos, criou jardins-de-infância e escolas para os filhos dos trabalhadores, serviços de saúde para a comunidade, e implantou armazéns para a venda de gêneros alimentícios e outros bens a preço de custo, nos quais o dinheiro foi substituído por bônus representativos de horas trabalhadas. Os resultados foram surpreendentes: a fábrica converteu-se numa colônia exemplar autogerida, de onde desapareceram o alcoolismo e as brigas, sem necessidade de policiamento, de asilo para os pobres ou de instituições de caridade, e – inesperadamente, para a mentalidade da época – os lucros cresceram como nunca visto! "Quando uma crise algodoeira obrigou o encerramento da fábrica por quatro meses, os operários de New Lanark que ficaram sem trabalho continuaram recebendo as suas diárias integrais. E, contudo, a empresa incrementara para o dobro o seu valor e rendeu aos seus proprietários, até ao último dia, enormes lucros."[127] Estupefato, Owen analisou a tecnologia da fábrica, estabeleceu comparações, fez e refez os cálculos, chegando a este resultado: "... a parte produtora daquela população de 2.500 almas dava à sociedade uma soma de riqueza real que, apenas meio século antes, teria exigido o trabalho de 600 mil homens juntos. Perguntava-me: onde vai parar a diferença entre a riqueza

---

126. *Idem*, p. 38.
127. *Idem*, p. 41.

consumida por essas 2.500 pessoas e a que precisaria ser consumida pelas 600 mil?"[128] Com honestidade intelectual, concluiu, essa diferença era apropriada individualmente pelos capitalistas. Daí, para chegar a propor que os modernos meios de produção poderiam servir ao bem-estar social se fossem tornados propriedade coletiva de toda a sociedade foi um passo – e esse passo foi sua ruína.

Enquanto se comportara como rico de "alma nobre", que sente pena dos pobres e lhes faz concessões por espírito de caridade, Owen fora adulado como celebridade nos salões da Europa. Quando deu o passo fatal, tornou-se execrado como homem de ideias perigosas, perdeu todo o apoio e a imprensa ergueu-lhe um muro de silêncio. Então, Owen revelou-se pessoa de extraordinária integridade: não só manteve suas novas convicções, como estendeu suas críticas à função social conformista desempenhada pela religião e pela forma atual de casamento. Em completo isolamento dentro de sua classe, gastou sua fortuna tentando criar colônias cooperativas, autogeridas e igualitárias no México e nos Estados Unidos, na esperança, como Fourier, de que a simples força moral do exemplo pudesse fazê-las triunfar. Suas "ilhas de comunismo" também terminaram por naufragar em poucos anos. Voltou à Inglaterra arruinado, mas já havia feito a opção, para sempre, pelo lado dos trabalhadores: durante outros trinta anos, continuou a dedicar-se às suas causas e às suas lutas. "Assim, em 1819, depois de cinco anos de grandes esforços, conseguiu que fosse votada a primeira lei limitando o trabalho da mulher e da criança nas fábricas. Foi ele quem presidiu ao primeiro congresso em que as *trade-unions* de toda a Inglaterra se fundiram numa grande organização sindical única."[129]

Como se pode ver, os socialistas utópicos combinavam sensibilidade social, algumas percepções teóricas relevantes e projetos impraticáveis. Reformadores românticos, nunca chegaram a conceber uma solução propriamente política de transformação geral da sociedade, pois acreditavam sinceramente que a grandeza moral de suas propostas, os chamamentos à Razão e alguns exemplos práticos bem conduzidos seriam suficientes para que ideias justas e generosas conquistassem todas as mentes para a reorganização racional da sociedade. Essa convicção – magnânima e ingênua – não lhes deixou perceber dois aspectos cruciais. Primeiro: suas experiências isoladas, projetadas como "exemplos" para uma nova socie-

---

128. Robert Owen, citado por F. Engels, *op. cit.*, p. 41.
129. F. Engels, *op. cit.*, p. 43.

dade, não conseguiriam sequer produzir o efeito de demonstração prática por muito tempo, porque não é possível ilhas de "comunismo" perdurarem cercadas por um maremoto de capitalismo por todos os lados. Segundo: mesmo que, por hipótese, essas colônias dessem certo, isso não bastaria para "convencer" capitalistas a abrirem mão de... lucros. Salvo exceções individuais, a razão burguesa guia-se não por "argumentos", não por princípios morais ou racionais, mas por outro critério: seu algo mais concreto interesse de classe. Isso já parecia estar demonstrado desde, pelo menos, 1789.

Seja como for, mesmo fracassando nos propósitos de reformar o mundo, o socialismo utópico cumpriu uma função inestimável: ao inaugurar a crítica moral ao capitalismo, propiciou os primeiros argumentos teóricos às lutas concretas que os trabalhadores, até então isolados, encetavam por *seus* direitos humanos.

O perigo operário

A temporada de revoluções no mundo ocidental, inspirada pela Revolução Francesa, mas assumindo feições próprias em cada país, tomaria novo fôlego na década de 1820: Espanha, Nápoles, Grécia, Bélgica, Polônia, Portugal, Irlanda e, novamente, França em 1830. Neste ano, uma revolução popular derrubou o último rei da dinastia Bourbon, Carlos X, e colocou no trono da França Luís Filipe I, da dinastia Orleans, o "rei burguês".

Por assim dizer, 1830 "completa" e "repete" 1789. Completa porque, mais que uma simples troca de reis, essa e outras revoluções da década de 1830 recolocaram na ordem do dia por toda a Europa a vitória da burguesia sobre a aristocracia, após o recuo do período da Restauração. E repete 1789 porque, como antes, foram revoluções feitas pelo povo, mas novamente sob direção burguesa. A participação popular, com feição mais proletária do que em 1789, foi decisiva para o triunfo da revolução de 1830 na França. O levante firmou o combate de barricadas como principal forma de luta insurrecional e foi imortalizado na célebre pintura *A liberdade guia o povo*, de Eugène Delacroix, exposta no Museu do Louvre: uma mulher com o barrete frígio republicano, seios nus, segurando um fuzil na mão esquerda e levantando a bandeira tricolor na mão direita, conclama o povo armado a prosseguir na luta, em meio a combatentes caídos.

O regime político em consolidação (caso da Inglaterra) ou que emerge (França, Bélgica etc.) afasta novamente as esperanças de implantação do sufrágio universal e assegura "... instituições liberais salvaguardadas contra a democracia por qualificações educacionais ou de propriedade para os eleitores – havia inicialmente só 168 mil eleitores na França – sob uma monarquia constitucional; de fato, algo muito semelhante à primeira fase burguesa mais moderada da Revolução Francesa, a da Constituição de 1791 (só que, na prática, com um direito de voto muito mais restrito)"[130].

O impulso revolucionário produziria nova e mais formidável vaga em 1848: a "Primavera dos Povos", como ficou conhecida, devido a seu internacionalismo e forte presença popular. Uma crise econômica fizera recrudescer o desemprego desde o início da década e as classes populares voltaram a se agitar. No primeiro semestre desse ano, a maioria das regiões da Europa central e ocidental – França, Alemanha, Itália, Áustria, Hungria, Polônia e Bálcãs – foi tomada por insurreições de conteúdo nacionalista, antimonárquico, democrático ou operário (às vezes, tudo isso junto). Todas foram vitoriosas a princípio e, logo a seguir, todas foram esmagadas com muito sangue. A grande novidade da Primavera dos Povos, destacadamente na França, foi a emergência dos operários reivindicando uma "república democrática e social" – muito além do que estavam dispostos a ir os liberais das revoluções anteriores.

O medo da revolução social uniu daí por diante os liberais às forças mais retrógradas da Europa num vasto "partido da ordem" e essas revoltas populares foram isoladas e reprimidas com truculência exemplar[131]. "Dos principais grupos sociais envolvidos na revolução, a burguesia (...) descobriu que preferia a ordem à oportunidade de pôr em prática seu programa completo, quando confrontada com a ameaça à propriedade. Quando se viram diante da revolução 'vermelha', os moderados liberais e os conservadores uniram-se. (...) Em troca, os regimes conservadores restaurados estavam bem preparados para fazer concessões ao liberalismo econômico, legal e até cultural dos homens de negócios, desde que isso não significasse um recuo político. (...) A reacionária década de 1850 viria a ser, em termos econômicos, um período de liberalização

---

130. Eric J. Hobsbawm, *op. cit.*, p. 129.
131. Até a Revolução Praieira, deflagrada em Pernambuco, Brasil, em 1848, por liberais radicais, recebeu influência direta da Primavera dos Povos. Como suas matrizes europeias, desfraldou um programa democrático, recebeu adesão da população pobre e terminou derrotada pelas armas dos conservadores do Segundo Reinado. Como na Europa, marcou também o esgotamento da vertente democrática dos liberais brasileiros. Daí por diante, eles se comporiam politicamente com a oligarquia rural agroexportadora, preservando o Brasil na posição de último país do planeta a abolir a escravatura e de último país das Américas a proclamar a República.

sistemática. Em 1848 e 1849, os moderados liberais fizeram assim duas importantes descobertas na Europa ocidental: que a revolução era perigosa e que algumas de suas mais substanciais exigências (especialmente nos assuntos econômicos) poderiam ser atingidas sem ela. A burguesia deixara de ser uma força revolucionária."[132]

Na França, a nova revolução abriu caminho para a proclamação da Segunda República, em 24 de fevereiro de 1848 (a primeira fora em 1792) e formou-se um governo provisório. Mas quando, em junho desse ano, os operários parisienses tentaram aprofundar as transformações sociais, o partido da ordem sufocou a rebelião com uma violência furibunda, deixando claro de modo fulminante que os "limites" não seriam mais ultrapassados. "É característico da ferocidade do ódio que os ricos nutrem pelos pobres o fato de que uns três mil (trabalhadores) foram trucidados depois da derrota, enquanto outros 12 mil foram aprisionados, a maioria para serem deportados para campos de trabalho na Argélia."[133]

Após o massacre dos operários, e estando a esquerda afastada à força do cenário, realizaram-se, no final de 1848, as primeiras eleições presidenciais e legislativas com sufrágio universal masculino. Foi eleito presidente Luís Bonaparte, sobrinho de Napoleão. A nova Assembleia Nacional, recém-saída daquele clima de conflagração social, produziu em novembro desse ano outra Constituição, que incorporou também uma declaração de direitos. Logo no preâmbulo dessa declaração, a novíssima República francesa prometia "... avançar mais livremente no caminho do progresso e da civilização, assegurar uma repartição cada vez mais equitativa dos encargos e das vantagens da sociedade (...) e promover todos os cidadãos, sem outra conotação, pela ação sucessiva e constante das instituições e das leis, a um grau cada vez mais elevado de moralidade, de ilustração e de bem-estar". O preâmbulo ainda enunciava, entre outras coisas, a existência de deveres recíprocos do cidadão para com a República e desta para com os cidadãos. Segundo o artigo 13 da Constituição, a sociedade francesa "favorece e encoraja o desenvolvimento do trabalho pelo ensino primário gratuito, a educação profissional, a igualdade das relações entre o patrão e o operário, as instituições de previdência e de crédito, as instituições agrícolas, as associações voluntárias e o estabelecimento pelo Estado (...) de obras públicas destinadas a empregar os braços desocupados; a sociedade presta assistên-

---

132. Eric J. Hobsbawm. *A era do capital*. São Paulo: Paz e Terra, 1996, pp. 41-42.
133. *Idem*, p. 38.

cia às crianças abandonadas, aos enfermos e aos velhos sem recursos, cujas famílias não os possam socorrer".

Nada mau, considerado o panorama de retrocesso político e social predominante na Europa após o esmagamento sangrento da Primavera dos Povos. Mas a Segunda República – e sua Constituição – teria vida curta: em 2 de dezembro de 1851, com apoio da burguesia, do exército e de contingentes manipulados de desempregados, o presidente deu um golpe de Estado, suspendeu as liberdades políticas, reinstaurou a monarquia hereditária e proclamou-se a si mesmo "imperador Napoleão III". Esse golpe ficaria conhecido pela denominação irônica que Karl Marx lhe atribuiria: o "18 Brumário de Luís Bonaparte". Assim como esse golpe de Estado de 2 de dezembro de 1851 contra a Segunda República não passara de uma réplica medíocre do golpe desfechado por Napoleão Bonaparte em 9 de novembro (18 brumário) de 1799 contra a Primeira República, também o sobrinho golpista era uma caricatura política do tio famoso, sem sua grandeza histórica. Entrou para a história como "Napoleão, o pequeno".

Retrocessos semelhantes aconteceram em todos os países por onde havia sido derrotada a efêmera Primavera dos Povos. A democracia estava longe de ser uma prioridade para as classes dominantes.

Na verdade, outra coisa já as preocupava, guiando daí por diante todos os seus movimentos: o temor da classe operária, classe que se tornava cada dia mais numerosa com a industrialização e que começava a agitar um programa de transformações sociais muito mais profundo do que havia sonhado em 1789. A questão que essa classe começava a se colocar era esta: havia mais de cinquenta anos, a burguesia vinha ensinando continuamente que era legítimo fazer revoluções contra a opressão. Ora, por que então não levar à prática essa lição até o fim, isto é, até o fim de todas as formas de opressão social, em vez de parar a meio caminho? Nos anos anteriores, o movimento operário de alguns países da Europa não só crescera e começara a se organizar de forma autônoma, como também passara a elaborar programas políticos que apontavam de modo crescente, embora ainda confuso, para transformações sociais de sentido anticapitalista. Nas insurreições de 1848 a burguesia tomara consciência do risco muito real de perder o controle dessas revoluções populares.

Além disso, o discurso liberal dos direitos humanos, petrificado desde 1789, esvaía continuamente seu poder de sedução sobre os trabalhadores politicamente conscientes. Para a imensa maioria dos habitantes do planeta, ele não passava de eco longínquo vindo de alguns países da Europa ocidental ou da América – e, mesmo nessas regiões, representava, de fato, pouco mais que ficção jurídica para a maioria dos humanos. É verdade que a progressiva universalização da igualdade civil não só colocara um contingente enorme de força de trabalho à disposição da indústria, como também removera as antigas restrições jurídicas às relações contratuais – a burguesia tirava bom partido disso. Para os pobres, a igualdade civil fora de muito pouco proveito prático – a não ser a de colocá-los "em pé de igualdade" para travar relações contratuais de trabalho com seus patrões.

Quanto à liberdade individual, não restava mais dúvida de que seu exercício efetivo estava poderosamente condicionado pelas muito desiguais possibilidades sociais de cada indivíduo – mais precisamente, de cada classe. Os direitos políticos continuavam interditados aos trabalhadores por limitações censitárias ou de outra natureza. Sob esse aspecto particular, os Estados Unidos, onde o movimento democrático jacksoniano implantara o sufrágio "universal", pareciam uma exceção – mas, efetivamente, estavam longe disso, pois milhões de africanos levados à força para esse novo país continuavam a ferros e sob chibata, e as populações indígenas eram metodicamente massacradas pelo exército, escalpeladas pelos colonos e empurradas cada vez mais para o interior do continente. No que se refere a direitos sociais – limitação da jornada de trabalho, salários maiores, melhores condições de trabalho, proibição de empregar crianças, assistência social etc. –, eram aspirações que mal começavam a ganhar terreno, palmo a palmo, contra a feroz resistência patronal a tudo o que pudesse ser lido como redução de lucros, e sempre sob repressão sangrenta das polícias de todos os países. Por fim, nem pensar em igualdade entre homens e mulheres em nenhum país do mundo – nem mesmo jurídica.

O que a burguesia fizera conhecer como direitos "humanos" mal transbordava do estatuto jurídico dos seus interesses de classe e do seu domínio na sociedade: direito de propriedade, livre iniciativa empresarial, liberdade de explorar a força de trabalho alheia, liberdade de comércio, garantias censitárias de hegemonia estatal etc. Em todos os lugares onde a burguesia já havia alcançado o poder político e, diretamente ou por representantes, fazia as leis, os direitos humanos reduziam-se a isto:

uma *ideologia*, no sentido de discurso legitimador da nova dominação de classe.

Muitos já percebiam que, na falta de igualdade social, a "liberdade" jurídico-formal reduz-se a uma caricatura. Hegel já denunciara que quem se encontra em carência aguda de meios de subsistência está em condição de "total falta de direitos", numa posição que, de fato, pouca distância guarda da falta de liberdade dos escravos[134]. Mas caberia a um jovem intelectual alemão, à época com 25 anos, cujas reflexões estavam transitando do direito para a filosofia e para a economia, esboçar a primeira crítica filosófica e política mais sistemática a isso que, no campo legal e na realidade social, concretamente se apresentava como direitos "humanos" em meados do século XIX. Seu nome: Karl Marx.

A crítica de Karl Marx

Num artigo intitulado "A questão judaica", publicado em fevereiro de 1844 no único número da revista *Anais Franco-Alemães*[135], Marx observou que "a emancipação política não implica emancipação humana" e que o "homem" contemplado nos estatutos oriundos da Revolução Francesa não é o ser humano universalmente considerado, mas o "membro da sociedade burguesa", o "homem egoísta", "separado dos outros homens e da comunidade"[136]. A desigualdade real operante na sociedade é o critério delimitador que atribui e restringe significado prático aos demais direitos: "O Estado anula, a seu modo, as diferenças de nascimento, de *status* social, de cultura e de ocupação, ao declarar o nascimento, o *status* social, a cultura e a ocupação do homem como diferenças não políticas, ao proclamar todo membro do povo, sem atender a essas diferenças, coparticipante da soberania popular em base de igualdade, ao abordar todos os elementos da vida real do povo do ponto de vista do Estado. Contudo, o Estado deixa que a propriedade privada, a cultura e a ocupação 'atuem a seu modo', isto é, como propriedade privada, como cultura e como ocupação, e façam valer sua natureza 'especial'. Longe de acabar com essas diferenças de fato, o Estado só existe sobre tais premissas. (...) Todas as premissas desta vida egoísta permanecem de pé

---

134. Domenico Losurdo. "Marx: a tradição liberal e a construção histórica do conceito universal de homem". In: *Educação e Sociedade – Revista Quadrimestral de Ciência da Educação*. Campinas: Cedes, 1996, nº 57, p. 687.
135. Revista que um grupo de alemães da "esquerda" hegeliana havia fundado em Paris para escapar da censura à imprensa da monarquia prussiana.
136. Karl Marx. *A questão judaica*. 2a ed. São Paulo: Moraes, 1991, pp. 37-41.

'à margem' da esfera estatal, na 'sociedade civil', porém, como qualidade desta. Onde o Estado político já atingiu seu verdadeiro desenvolvimento, o homem leva, não só no plano do pensamento, da consciência, mas também no plano da realidade, da vida, uma dupla vida, uma celestial e outra terrena, a vida na 'comunidade política', na qual ele se considera um 'ser coletivo', e na 'sociedade civil', em que atua como 'particular'; considera os outros homens como meios, degrada-se a si próprio como meio e converte-se em joguete de poderes estranhos. O Estado político conduz-se em relação à sociedade de modo tão espiritualista como o céu em relação à terra (...) o homem é considerado um ser genérico, ele é o membro imaginário de uma soberania imaginária, acha-se despojado de sua vida individual real e dotado de uma generalidade irreal"[137].

A diferenciação entre direitos "do homem" e direitos "do cidadão" expressa a existência humana autodividida na sociedade burguesa, diferenciação que "marca de fato a oposição total de seus conteúdos respectivos. Os direitos do homem como tal consagram uma existência dedicada à particularidade, que se privatiza e se fixa, afastada e em choque com os outros, na privatização, enquanto os direitos do cidadão consagram uma existência que, fazendo abstração de sua particularização multiforme, dirige-se aos assuntos gerais, abre-se a uma preocupação universal"[138].

A liberdade[139], conceituada por um critério negativo nas constituições pós-revolucionárias (poder fazer tudo o que não prejudique os outros), expressa o "limite dentro do qual todo homem pode mover-se 'inocuamente' em direção ao outro (...) assim como as estacas marcam o limite ou a linha divisória entre duas terras", reduzindo-se essa liberdade a uma "mônada isolada, dobrada sobre si mesma", que "não se baseia na união do homem com o homem, mas, pelo contrário, na separação do homem em relação a seu semelhante. A liberdade é o 'direito' a esta dissociação, o direito do indivíduo 'delimitado', limitado a si mesmo. A aplicação prática do direito humano da liberdade é o direito humano à propriedade privada". Este, por sua vez, é o direito do homem "de desfrutar de seu patrimônio e dele dispor arbitrariamente à *son gré*, sem atender aos demais homens, independentemente da sociedade, é o direito do interesse pessoal. A liberdade individual e esta aplicação sua constituem o fundamento da sociedade burguesa. Sociedade que faz com

---

137. *Idem*, pp. 25-27.
138. Bernard Bourgeois. "Marx et les droits de l'homme". *In: Droit et liberté selon Marx*, Paris: Presses Universitaires de France, 1986, p. 10.
139. As citações restantes deste parágrafo são de Karl Marx, *op. cit.*, pp. 42-44.

que todo homem encontre noutros homens não a 'realização' de sua liberdade, mas, pelo contrário, a 'limitação' desta". A igualdade civil "nada mais é senão a igualdade da 'liberdade' anteriormente descrita", e a segurança é o "conceito social supremo da sociedade burguesa, conceito de polícia, segundo o qual toda a sociedade somente existe para garantir a cada um de seus membros a conservação de sua pessoa, de seus direitos e de sua propriedade", o que impede a superação do egoísmo. "A segurança, pelo contrário, é a preservação deste."

É claro que, depois dessa crítica, perdia sentido continuar falando em direitos "humanos", assim, de modo genérico. Uma parcela da humanidade já obtivera o que lhe interessava – antes de mais nada, poder econômico para explorar os demais e poder político para assegurar que isso não se modifique. Quem ainda precisa bater-se por suas necessidades – conquistar direitos, para usar a mesma linguagem – não são os "humanos" em geral, mas a parcela remanescente, majoritária e explorada, os trabalhadores, cujas demandas são evidentemente outras. Há óbvio antagonismo entre os interesses dessas duas porções de humanos – por isso, travam entre si uma luta de classes.

Assim, deslocando-se do anterior humanismo abstrato, individualista e diluidor de contradições sociais, ao gosto dos pensadores liberais, para uma posição assumidamente classista, Karl Marx passaria daí por diante a enfatizar a necessidade de os trabalhadores se organizarem de modo independente da burguesia para defender seus próprios interesses enquanto classe oprimida e explorada e para levar a cabo a transformação revolucionária da sociedade com esse norte. "É assim que, se os estatutos da Liga dos Justos, de 1838, reivindicavam a 'realização dos princípios contidos nos Direitos do Homem e do Cidadão', já os estatutos da Liga dos Comunistas, de 1847, diziam (sob influência de Marx) que 'o objeto da Liga é a derrocada da burguesia, a dominação do proletariado, a supressão da antiga sociedade burguesa fundada nos antagonismos de classe e a fundação de uma nova sociedade sem classes e sem propriedade privada'. Assim, é o próprio objetivo da ação de massas que é subvertido: se antes o lema dos 'Justos' era 'todos os homens são irmãos', agora o lema da Liga dos Comunistas pode traduzir o abismo que o separa do anterior: 'Proletários de todos os países, uni-vos'."[140]

---

140. Márcio Bilharinho Naves. *Marx: Ciência e revolução*. São Paulo: editoras da Unicamp e Moderna, 2000, pp. 44-45

Em escritos posteriores, Marx aprofundaria essa ruptura radical com a compreensão liberal de mundo[141], localizando sempre na exploração dos trabalhadores o suporte dinâmico do modo de produção capitalista e na propriedade privada dos meios de produção o fundamento da desigualdade social. No célebre *Manifesto do Partido Comunista*, texto escrito a quatro mãos com Friedrich Engels a pedido da Liga dos Comunistas (importante associação operária internacional da época) e publicado no início de 1848, às vésperas da eclosão da Primavera dos Povos, Karl Marx ironizava: "Horrorizai-vos por querermos suprimir a propriedade privada. Mas na sociedade existente, a vossa, a propriedade privada já está suprimida para nove décimos dos seus membros; ela existe precisamente pelo fato de não existir para nove décimos. Censurai-nos, portanto, por querermos suprimir uma propriedade que pressupõe como condição necessária que a imensa

---

141. Por exemplo, nesta passagem clássica: "Nas minhas pesquisas, cheguei à conclusão de que as relações jurídicas – assim como as formas de Estado – não podem ser compreendidas por si mesmas, nem pela dita evolução geral do espírito humano, inserindo-se, pelo contrário, nas condições materiais de existência de que Hegel, à semelhança dos ingleses e franceses do século XVIII, compreende o conjunto pela designação de 'sociedade civil'; por seu lado, a anatomia da sociedade civil deve ser procurada na economia política. (...) A conclusão geral a que cheguei e que, uma vez adquirida, serviu de fio condutor dos meus estudos pode formular-se resumidamente assim: na produção social da sua existência, os homens estabelecem relações determinadas, necessárias, independentes da sua vontade, relações de produção que correspondem a um determinado grau de desenvolvimento das forças produtivas materiais. O conjunto destas relações de produção constitui a estrutura econômica da sociedade, a base concreta sobre a qual se eleva uma superestrutura jurídica e política e à qual correspondem determinadas formas de consciência social. O modo de produção da vida material condiciona o desenvolvimento da vida social, política e intelectual em geral. Não é a consciência dos homens que determina o seu ser; é o seu ser social que, inversamente, determina a sua consciência. Em certo estágio de desenvolvimento, as forças produtivas materiais da sociedade entram em contradição com as relações de produção existentes ou, o que é a sua expressão jurídica, com as relações de propriedade no seio das quais se tinham movido até então. De formas de desenvolvimento das forças produtivas, estas relações transformam-se no seu entrave. Surge então uma época de revolução social. A transformação da base econômica altera, mais ou menos rapidamente, toda a imensa superestrutura. Ao considerar tais alterações, é necessário sempre distinguir entre a alteração material – que se pode comprovar de maneira cientificamente rigorosa – das condições econômicas de produção e as formas jurídicas, políticas, religiosas, artísticas ou filosóficas, em resumo, as formas ideológicas pelas quais os homens tomam consciência deste conflito levando-o às suas últimas consequências. Assim como não se julga um indivíduo pela ideia que ele faz de si próprio, não se poderá julgar uma tal época de transformação pela mesma consciência de si; é preciso, pelo contrário, explicar esta consciência pelas contradições da vida material, pelo conflito que existe entre as forças produtivas sociais e as relações de produção. Uma organização social nunca desaparece antes que se desenvolvam todas as forças produtivas que ela é capaz de conter; nunca relações de produção novas e superiores se lhe substituem antes que as condições materiais de existência destas relações se produzam no próprio seio da velha sociedade. É por isso que a humanidade só levanta os problemas que é capaz de resolver e, assim, numa observação atenta, descobrir-se-á que o próprio problema só surgiu quando as condições materiais para o resolver já existiam ou estavam, pelo menos, em vias de aparecer. Em um caráter amplo, os modos de produção asiático, antigo, feudal e burguês moderno podem ser qualificados como épocas progressivas da formação econômica da sociedade. As relações de produção burguesas são a última forma contraditória do processo de produção social, contraditória não no sentido de uma contradição individual, mas de uma contradição que nasce das condições de existência social dos indivíduos. No entanto, as forças produtivas que se desenvolvem no seio da sociedade burguesa criam ao mesmo tempo as condições materiais para resolver esta contradição. Com esta organização social termina, assim, a pré-História da sociedade humana". (Karl Marx. *Prefácio da Contribuição à crítica da economia política*. 2a ed. São Paulo: Martins Fontes, 1983, pp. 24-25.)

maioria da sociedade não possua propriedade".

Captando no movimento real dos trabalhadores a potência capaz de abrir caminhos para a superação dialética dessa situação, Marx diria em *O capital*: "No lugar do pomposo catálogo dos direitos inalienáveis do homem entra a modesta *Magna Charta* de uma jornada de trabalho legalmente limitada"[142]. O papel dos trabalhadores como novos sujeitos ativos da transformação social seria enfatizado reiteradamente, deslocando o socialismo do plano da utopia para o terreno da luta política concreta.

As ideias desenvolvidas por Marx abarcaram temáticas muito mais amplas e complexas do que as indicadas aqui. E, certamente, não conquistaram terreno com facilidade no movimento operário. Tiveram que abrir caminho num emaranhado de tendências que misturava anarquismo de vários matizes e remanescentes utópicos, para não falar da feroz repressão dos governos. Mas o que importa ressaltar é que, a partir da segunda metade do século XIX, elas foram imprimindo às lutas sociais uma dinâmica dupla de, a um só tempo, continuidade e ruptura: retomavam a indignação moral e a insatisfação social dos socialistas utópicos e dos movimentos espontâneos dos operários, mas se afastavam daquelas idealizações voluntaristas de um imaginário mundo "perfeito" para, em seu lugar, promover a análise e a crítica concretas da sociedade real, em conexão com uma práxis social transformadora sob a perspectiva dos explorados e oprimidos. No final daquele século, após a morte de Marx, o marxismo já cumpria no movimento operário (na Europa e, em menor grau, na América do Norte) uma função similar à que, um século antes, o jusnaturalismo desempenhara em relação à burguesia revolucionária: método de análise, de compreensão e de crítica da sociedade, instrumento teórico para sua transformação e suporte programático para essa luta.

---

142. Karl Marx. *O capital*. São Paulo: Abril Cultural, 1983. v. 1, p. 238.

Direitos sociais: a prática transforma a teoria

Derrotada a Primavera dos Povos, o capitalismo ingressou no seu período de consolidação econômica e, até o final do século, expandiria seu domínio colonial aos últimos recantos do planeta onde ainda não houvera penetrado. Claro, desenvolvendo-se de modo desigual e combinado, no seu ritmo anárquico de crises cíclicas que, como lei tendencial, passaria a acompanhá-lo daí por diante: expansão na década de 1850, depressão em 1857-1858, expansão por mais dez anos, crise entre 1866 e 1868, novo período de expansão, seguida então da primeira longa depressão, entre meados da década de 70 e meados da década de 90 daquele século. Configurava-se um padrão espasmódico que, depois, entre as décadas de 40 e 70 do século XX, seria atenuado por algum tempo por políticas de intervenção econômica (mas, com o aumento da internacionalização do capital e dos mercados, retornaria em seguida mais complexo e igualmente danoso).

"Na verdade, o processo de expansão era, como todos agora reconhecem, curiosamente catastrófico. Violentas quedas, algumas vezes drásticas e crescentemente globais, sucediam-se a expansões estratosféricas, até que os preços caíssem o suficiente para dissipar os mercados retraídos e limpar o campo de empresas falidas, para que, então, os homens de negócios começassem a investir e expandir-se, renovando dessa forma o ciclo. Foi em 1860, depois da primeira dessas genuínas quedas mundiais, que os economistas acadêmicos, na pessoa de um brilhante francês, Clément Juglar (1819-1905), reconheceram e mediram a periodicidade desse 'ciclo do comércio' até então considerado apenas por socialistas e outros elementos heterodoxos."[143] Se a questão se reduzisse a exercício de econometria, tudo estaria bem. Mas, a cada crise, milhões de homens e mulheres perdem trabalho, transformam-se em "superpopulação relativa" e são lançados à alternativa entre miséria e emigração para os territórios vastos do continente americano – essa alternativa de fuga se esgotaria nas primeiras décadas do século XX. Nesses momentos, falar em direitos humanos para a população não passa de pilhéria atroz.

Em meio a essa gangorra recorrente, aqueles foram tempos de triunfo do liberalismo econômico: aumento internacional do intercâmbio comercial, queda de barreiras alfandegárias, abertura de mercados à livre concorrência (exceto nos Estados Unidos, que prudentemente preservaram sua indústria da competição europeia), conquista de novos mercados, ascendente competição entre as empresas. A euforia competitiva não duraria muito tempo: antes de o século XIX terminar, a feroz luta econômica entre as maiores empresas conduziria à devastação dos capitalistas mais fracos e à massiva centralização e concentração de capitais, engendrando a traumática transformação daquele capitalismo de concorrência generalizada do século XIX no capitalismo conhecido no século XX, comandado por gigantescos monopólios mundiais dominadores do mercado e controladores do Estado.

A segunda metade do século XIX foi também a época em que, nos países e nas regiões de cada país onde o capitalismo estava mais desenvolvido, as classes dominantes convenceram-se definitivamente da conveniência de substituir no continente americano a mão de obra escrava por trabalhadores "livres".

Na Antiguidade, o escravismo fora se difundindo devagar, ao longo de milênios, principalmente na Europa e em algumas regiões da África e da Ásia. Nos primeiros tempos da humanidade, a terra e seus recursos eram apropriados em comum pelos membros da tribo, do clã ou agrupamento nômade que a ocupasse, e as atividades necessárias à sobrevivência grupal eram quase todas realizadas mediante cooperação coletiva, sem a possibilidade de existência de classes sociais, no significado econômico. Não faria qualquer sentido alguém reter escravos, pois a precária produtividade primitiva do trabalho humano mal bastava para atender às necessidades de cada pessoa. Com o tempo, inovações produtivas, como a submissão de animais de tração e carga, a invenção de ferramentas

---

143. Eric J. Hobsbawm, *A era do capital, op. cit.*, pp. 75-76.

agrícolas e o desenvolvimento de práticas um pouco mais eficientes de pecuária e lavoura, foram aumentando a produtividade até darem origem a uma situação nova: o trabalho de cada indivíduo, além de atender à sua própria subsistência, passou a gerar excedentes – e isso abria caminho para pessoas serem apropriadas por outras pessoas de modo permanente, com fins econômicos. Prisioneiros de guerra, em vez de serem sacrificados ritualmente, passaram a ser conservados como escravos – às vezes, isso acontecia quase com populações inteiras conquistadas (há relatos na própria Bíblia). Embora a transição da comunidade primitiva para as sociedades escravistas assumisse características e ritmos próprios de região para região, a captura de escravos para o trabalho avançava mais rapidamente quanto mais rapidamente avançasse a dissolução da antiga propriedade comum da terra – ou vice-versa, eram processos complementares que se alimentavam mutuamente. Mas só a Grécia clássica e o império romano em seu auge atingiram o "requinte" de generalizar o escravismo na maioria de seus domínios, fazendo os trabalhadores cativos responderem por quase toda a produção social (exceto em províncias mais distantes, como as tomadas do império persa ou as ilhas britânicas). Concluía-se a substituição do "comunismo" primitivo pelo escravismo, o primeiro modo social de produção baseado na exploração da força de trabalho alheia e, portanto, na divisão da sociedade em classes antagônicas.

Após a desagregação do império romano e a fragmentação do poder e da economia que se seguiu por toda a Europa, o escravismo, enquanto modo social de produção, recuou por toda parte, dando lugar, na Europa e em outros segmentos do litoral mediterrâneo, ao surgimento do modo de produção feudal, baseado, como já visto, no trabalho servil. A posse de escravos tornou-se, então, residual na Europa durante toda a Idade Média, onde continuaram a ser utilizados quase só em serviços domésticos, e apenas em alguns países, principalmente nos situados no extremo oriental desse continente (o vocábulo escravo é, sugestivamente, derivado de eslavo). Por volta do século IX, árabes muçulmanos reiniciaram a captura de escravos na África, mas em escala reduzida, também quase sempre para atividades domésticas, sem distinção da cor da pele dos cativos. Isso começaria a mudar no século XV, quando Portugal tratou de estabelecer bases territoriais para entrepostos mercantis no litoral ocidental da África e logo expandiu e transformou o comércio de escravos numa atividade altamente lucrativa – vitimando, dali por diante, apenas negros. No século XVI, com a implantação de fazendas para a produção extensiva de cana-de-açúcar na América do Sul e, mais tarde, de algodão e de tabaco na América do Norte, a escassez da força de trabalho do novo continente foi suprida pelos conquistadores europeus mediante o sequestro massivo de africanos, agora organizado de modo empresarial.

Para justificar a escravização de outros seres humanos, logo foram pinçadas passagens bíblicas, como a maldição terrível que Noé, enfurecido, lançara contra seu filho Cam e a sua descendência, porque Cam, ao ver Noé dormindo bêbado e desnudo na tenda, não vestira o corpo do pai. "Maldito seja, Canaã! Que se torne o último dos escravos de seus irmãos" (Gênesis 9, versículo 25). Ora, se até o patriarca Noé não hesitara em sentenciar à escravidão os seus próprios descendentes, porque se deveria lastimar de reduzir ao cativeiro os negros da África, que sequer parentes eram dos europeus?

O capitalismo nascente reinventava a escravidão em larga escala: estima-se que, entre os séculos XVI e XIX, ao menos 12 milhões de africanos foram caçados como animais, colocados a ferros e transportados em porões abafados de imundos navios negreiros para serem vendidos nas Américas – foi o maior e mais brutal escoamento forçado de pessoas na história humana. Os traficantes europeus envolveram com muita eficiência nessa atividade dezenas de reizinhos do litoral ocidental e oriental africano, que, em troca de ferramentas de metal, panos coloridos, bebidas alcoólicas, quinquilharias etc., organizavam expedições de captura (ou forneciam carregadores e guias) contra tribos rivais. O rendoso tráfico de escravos desenvolveu um próspero "comércio triangular" entre a Europa ocidental e suas colônias: as mercadorias manufaturadas produzidas nas metrópoles europeias eram trocadas por escravos no litoral africano, que eram, por sua vez, permutados nas Américas por metais preciosos, madeiras nobres e produtos colonias (açúcar, algodão, tabaco etc.) que, por fim, seriam vendidos na Europa. Esse ciclo em expansão contínua estimulava a produção das indústrias europeias, assegurava o fluxo de matérias-primas das colônias para as metrópoles, acelerava a circulação de capitais e induzia dinamicamente ao surgimento de mercados para todos os produtos. Enriqueceu os industriais e comerciantes europeus de quase todos os ramos, os proprietários de estaleiros, os armadores, os traficantes negreiros, os fazendeiros, mineradores e mercadores do ultramar e, evidentemente, os banqueiros que financiavam todo o "empreendimento", bem como os monarcas, que auferiam tributos dessa atividade (muitas vezes, eram seus sócios). Os extraordinários lucros amealhados nesse comércio intercontinental movido a carne humana negra compuseram, ao lado da apropriação violenta pelos lordes das terras comunais inglesas, do saque colonial, e até da pirataria, os principais fatores da acumulação "primitiva" de capital que veio a financiar a eclosão da Revolução Industrial – numa palavra, deram o impulso decisivo para o irresistível florescimento do capitalismo industrial moderno.

É claro que essa prolongada agressão contra a África dizimou nações inteiras desse continente, dispersou ou forçou o deslocamento desesperado de populações por territórios já ocupados por outros povos (gerando choques), desorganizou a economia local, destruiu reinos antigos ou bloqueou o desenvolvimento cultural que vinham experimentando. Dessangrada por mais de três séculos, a África foi empurrada à subalternidade em relação ao restante do planeta.

Mas no século XIX a experiência europeia ocidental já demonstrava que, com a consolidação do capitalismo, era mais barato empregar trabalhadores assalariados (isso limitava a responsabilidade patronal ao pagamento de salários e a pouca coisa mais), os operários produziam mais (aterrorizados pelo desemprego) e o trabalho remunerado favorecia a criação de mercados para produtos das indústrias. Além disso, o capitalismo já havia "resolvido" à sua maneira o problema da escassez de força de trabalho: as fábricas mecanizadas de propriedade burguesa, como se viu, haviam gerado na Europa uma superpopulação relativa (o "exército industrial de reserva"), que se tornava mais vasta a cada nova crise econômica, colocando à disposição dos empresários das Américas ondas inesgotáveis de imigrantes resignados a qualquer trabalho para não sucumbirem à fome. Por fim, intermináveis rebeliões de escravos, com fugas em massa (principalmente na América do Sul e nas ilhas do Caribe), e a pressão de movimentos humanitários deixavam os escravagistas acuados e sem argumentos. Essa combinação de conveniências burguesas, insubordinação escrava e agitação abolicionista levou a Inglaterra a emancipar os escravos em suas colônias já em 1833, passando, a partir daí, a pressionar os países americanos a celebrarem sucessivos tratados internacionais e a adotarem leis internas para restrição ou supressão do comércio internacional de escravos, libertação dos cativos recém-nascidos ou muito idosos, até a abolição da escravatura. Mas, nos Estados Unidos, foi preciso a Guerra Civil (1861-1865) para completar esse processo nos Estados do sul. E caberia ao Brasil o troféu de ter sido o último país do planeta a abolir juridicamente a escravatura, em 1888. Quando, em 1890, dezessete países subscreveram um pomposo Ato Geral da Conferência de Bruxelas, estipulando medidas práticas de repressão ao tráfico de escravos em toda a África negra, essa atividade já havia sido colocada em vias de extinção pelas canhoneiras britânicas[144].

Mas era cedo para comemorações: os negros libertos seriam imediatamente lançados ao último escalão da sociedade que os havia sequestrado e dali por diante seriam discriminados de todos os modos – quando não enclausurados socialmente por legislações segregacionistas (Estados Unidos e, mais tarde, Rodésia e África do Sul).

Para a África, a tragédia apenas mudava de forma: as décadas finais do século XIX assistiam à última onda de expansão colonialista no planeta, e as potências imperialistas concluíam a repartição física do mundo entre si, tanto para controlarem valiosas fontes de matérias-primas e minérios indispensáveis às suas indústrias como para assegurarem mercados consumidores cativos. Pela Conferência de Berlim (novembro de 1884 a fevereiro de 1885), decidiram partilhar entre elas o continente africano, como se não estivesse ocupado por nenhum povo. Fronteiras artificiais foram desenhadas no mapa africano conforme o alcance da presença comercial e militar de cada potência europeia, despedaçando nações entre territórios diferentes ou agregando à força etnias rivais num mesmo território. Num editorial intitulado "Um século", publicado na edição de 1º de janeiro de 1901, ao fazer o balanço do século que havia se encerrado, o jornal brasileiro *O Estado de S. Paulo*, de convicções liberais, após referir-se à Revolução Francesa como "acontecimento culminante dos tempos modernos", assim se exprimia em relação à África: "As tribos de negros boçais resistem, mas os brancos esmagam-nas e aniquilam-nas. Partilha-se o continente abandonado. Injeta-lhe o comércio um novo sangue, são e vigoroso". O emprego dos verbos "esmagar" e "aniquilar", como se sabe, não era mera força de expressão. E era óbvia (e conveniente) a conexão entre racismo e conquista colonial no pensamento burguês.

De sua parte, o movimento operário defendia-se como podia. Nos países de maior concentração industrial começavam a brotar partidos socialistas e organizavam-se sindicatos e outros instrumentos de auto-defesa operária, abrindo lentamente fissuras na muralha da resistência patronal--governamental.

---

144. Resíduos de trabalho escravo perdurariam por muito tempo em diversos países, ante o insuficiente empenho em reprimi-los. Na Convenção de Genebra contra a escravatura, aprovada em 25 de setembro de 1926 pela assembleia da Liga das Nações, os países signatários comprometeram-se (artigo 2º) a abolir a escravidão – mas "progressivamente e assim que possível". A 14ª Conferência Internacional do Trabalho (1930) e a 40ª Conferência Internacional do Trabalho (1957) aprovaram, respectivamente, as convenções números 29 e 105 contra o trabalho escravo. Mesmo no século XXI, o tema não pode ser dado como obsoleto.

Na Europa – começando pela Inglaterra, seguida pela França, Bélgica, Alemanha, Itália e por outros países –, os trabalhadores, como visto, já vinham havia décadas num lento acúmulo de forças. Em 1864, foi fundada a Associação Internacional dos Trabalhadores, mais tarde conhecida como Primeira Internacional (para discerni-la de outras Internacionais criadas depois). Agrupou as organizações da classe trabalhadora de países da Europa ocidental e central. Essa federação, que começou atuando na unificação das lutas econômicas dos trabalhadores dos diversos países, progressivamente apontou para a necessidade de sua ação política: desenvolveu campanhas pelo direito de voto dos trabalhadores, inclinou-se para uma plataforma socialista, chegando a defender, em 1871, a criação de partidos operários independentes das agremiações políticas burguesas. Essa Primeira Internacional se dissolveu em 1876, em meio a divergências internas, mas o debate político que gerou favoreceu a fundação de diversos partidos nacionais de trabalhadores na Europa entre as décadas de 1870 e 1880, a maior parte de inspiração declaradamente marxista.

Nos Estados Unidos, manifestações espontâneas pela jornada de trabalho de oito horas haviam acontecido em Nova Iorque já em 1829, e essa reivindicação começou a expandir-se pelos centros manufatureiros do nordeste do país a partir de 1850, com a criação das Grandes Ligas de Oito Horas. Mas esses movimentos precursores, embora importantes, demoraram a adquirir intensidade e expressão nacional enquanto a escravatura perdurou como principal questão social desse país. Contudo, mal terminou a Guerra Civil, o movimento operário norte-americano imediatamente ganhou vitalidade: em agosto de 1866, reuniram-se em Baltimore os delegados do primeiro congresso de trabalhadores de todo o país, desfraldando a bandeira da jornada legal de oito horas e debatendo questões organizativas da classe operária. Levas sucessivas de imigrantes europeus – muitos deles expulsos de seus países por participarem de lutas operárias do Velho Mundo – contribuíram para conferir ímpeto à organização dos trabalhadores americanos. Vitórias significativas começaram a ser conquistadas: em meados da década de 80 do século XIX, a pressão operária já havia conseguido impor à legislação de dezenove Estados norte-americanos jornadas que variavam até o máximo de dez horas de trabalho. O ódio das classes dominantes também crescia.

Tanto na Europa como na América do Norte, o campo em que os trabalhadores mais avançaram ao longo daquele período foi em relação aos direitos de associação e de greve – praticados sempre contra as leis vigentes, antes que, no final do século, começassem a ser tolerados institucionalmente em alguns países. Além disso, obtiveram progressos significativos, ainda que com grande lentidão, na ampliação dos seus direitos políticos, mediante leis de reforma eleitoral que atenuavam ou removiam restrições econômicas diretas ou indiretas ao direito de voto (principalmente na Europa, onde essas restrições eram maiores), já apontando para o sufrágio universal – entenda-se bem: "universal" para os homens. Os direitos políticos das mulheres ainda teriam de aguardar até que, no início do novo século, as lutas das "sufragistas" europeias e norte-americanas adquirissem dimensão de massas. Só então a cidadania política feminina começaria a obter reconhecimento legal – ainda assim, vagarosamente.

Ao terminar o século XIX, ficava claro também que o movimento dos trabalhadores dava passos concretos – e alcançavam as primeiras vitórias, tímidas ainda – na organização das lutas pelo que, mais tarde, seria conhecido como direitos econômico-sociais (jornada regulamentada, salário mínimo, repouso semanal remunerado, férias, aposentadoria, acesso à educação e a serviços públicos de saúde, assistência social etc.).

Que se afaste, todavia, qualquer equívoco de assimilação edulcorada desse processo histórico: todas essas vastas demandas sociais só avançaram mediante combate aguerrido, sacrifício, vertendo – continuaria a verter – muito sangue dos trabalhadores e das trabalhadoras de todos os países. Alguns dos exemplos mais célebres: as lutas das mulheres por seus direitos, que dariam origem ao 8 de março como Dia Internacional das Mulheres, a epopeia da Comuna de Paris de 1871 e o episódio dos "oito mártires de Chicago" em 1896.

8 de março: mulheres em luta

Desde as últimas décadas do século XIX haviam se organizado na Europa e nos Estados Unidos diversos movimentos de mulheres em luta por seus direitos, mas desde o início estiveram cindidos em duas grandes vertentes. De um lado, as mulheres liberais das classes média e alta, mais conhecidas como "sufragistas", que limitavam-se a reivindicar o direito de voto feminino, às vezes sem deixar claro se sua reivindicação referia-se ao sufrágio *universal* ou se toleravam a permanência das antigas restrições a esse direito relacionadas a patrimônio, renda e escolaridade. De outro lado, havia o movimento das mulheres socialistas e predominantemente proletárias que, além de exigir o direito de voto *universal* para todas as mulheres e todos os homens que chegassem à maioridade, sem mais quaisquer restrições censitárias, denunciavam também a dupla opressão, decorrente da dupla jornada de trabalho (na fábrica e no lar), a que estavam submetidas as mulheres trabalhadoras. Por isso, além do sufrágio, o movimento das socialistas lutava também por bandeiras sociais tais como igualdade salarial com os homens, aumentos de salários para todos, igualdade de direitos no casamento, licença-maternidade, direito ao divórcio, creches para os filhos das trabalhadoras, escolas públicas gratuitas, assistência pública e gratuita à saúde, refeitórios e lavanderias populares etc., propostas conectadas ao programa de transformação socialista de seus países.[145]

Durante a Segunda Conferência Internacional de Mulheres Socialistas, realizada entre 26 e 27 de agosto de 1910, em Copenhague, a militante socialista alemã Clara Zetkin, a mais importante figura pública do movimento, apresentou uma proposta, aprovada por larga maioria, segundo a qual

> "[...] *as mulheres socialistas* de todas as nacionalidades organizarão em seus respectivos países um dia especial das mulheres, cujo principal objetivo será promover o direito de voto das mulheres. Será necessário debater esta proposição com relação à questão da mulher *a partir da perspectiva socialista*. Esta comemoração deverá ter um caráter *internacional* e será necessário prepará-la com muito esmero"[146] (itálicos de nossa responsabilidade).

Não havendo sido fixada uma data única, as socialistas passaram, a partir de 1911, a comemorar o Dia Internacional das Mulheres em dias diferentes: 1º de maio na Suécia (alterado em 1912 para 12 de maio), 19 de março na Alemanha (transferido em 1913 para 2 de março) etc. Em 1914, as mulheres socialistas unificaram a comemoração no dia 8 de março na Alemanha, Suécia e Rússia.

Por fim, os acontecimentos que se deram na Rússia em 8 de março de 1917 (23 de fevereiro pelo calendário juliano, então vigente no país) con-

---

145. Várias obras haviam fornecido as bases teóricas do movimento das mulheres socialistas: *A mulher e o socialismo* (1879), de August Bebel; *O direito à preguiça* (1883), de Paul Lafargue; *A origem da família, da propriedade privada e do Estado* (1884), de Friedrich Engels; *A mulher trabalhadora* (1900), de Nadezhda Krupskaia (esposa de Lênin); e os escritos de Alexandra Kollontai, que estabeleceram a fusão teórica definitiva entre o socialismo e o feminismo revolucionário, discernindo-o do feminismo liberal-burguês: *A nova mulher e a moral sexual*, *As lutas das trabalhadoras por seus direitos*, *O dia internacional das mulheres*, *Amor vermelho* e *Autobiografia de uma mulher comunista sexualmente emancipada*, dentre outros textos.

146. *Apud* GONZÁLES, Ana Isabel Álvarez. *As origens e a comemoração do Dia Internacional das Mulheres*. São Paulo: Expressão Popular, 2010, p. 115

solidariam essa data como o dia internacional das mulheres proletárias e revolucionárias. Com o czar Nicolau II direcionando desde 1914 todos os recursos do país para a guerra contra a Alemanha, instaurara-se uma grande carestia e escassez de alimentos, e emergira um clima explosivo de insatisfação social. Os comunistas preparavam-se para a insurreição, mas avaliavam que ainda não estavam postas todas as condições para a vitória. Planejavam comemorar o Dia Internacional das Mulheres com reuniões e bandeiras, como em anos anteriores. Mas, naquele 8 de março, eclodiu uma greve espontânea de operárias tecelãs em Petrogrado, capital do país, que se transformou em grande manifestação pública contra o czar, contra a continuidade da participação do país na Primeira Guerra Mundial, exigindo pão e o retorno de seus maridos das trincheiras. A tropa enviada para reprimi-las recusou-se a abrir carga contra as manifestantes. O protesto disseminou-se, radicalizou-se rapidamente e os comunistas a ele se incorporaram: em 9 de março, já eram 190 mil mulheres marchando nas ruas de Petrogrado e no dia 10 alastrou-se uma greve geral. No dia 12 de março, a massa revoltada elegeu o Soviete (conselho popular) de Petrogrado, organismo que conquistou a adesão dos soldados, dirigiu a tomada revolucionária do poder e, em 14 de março, constituiu um governo provisório. Retornando às pressas de uma inspeção às tropas no *front*, o czar descobriu que perdera todo apoio, não tendo outro remédio senão abdicar no dia 17. Triunfava a revolução democrático-republicana de fevereiro e, ao cabo de uma intensa sucessão de acontecimentos durante os meses febris que se seguiram, também triunfaria a revolução socialista em outubro daquele ano.

O dia 8 de março, data em que as operárias russas deram partida a esse processo de insurgência social, conectava-se definitivamente à simbologia das mulheres socialistas e revolucionárias. E, em 1921, a Conferência das Mulheres Comunistas, realizada em Moscou, adotou definitivamente o 8 de março como o dia mundial de luta das mulheres.

Contudo, a partir da década de 1960, quando tomava corpo a segunda onda do movimento feminista no Ocidente, disseminou-se, a partir dos Estados Unidos, uma versão diferente sobre a origem e o significado do dia 8 de março, relacionando-o a um suposto incêndio numa fábrica têxtil em Nova York, que teria ocorrido em 8 de março de 1857 (ou de 1908, segundo outro rumor), no qual 129 mulheres teriam morrido. Mas, embora incêndios em fábricas fossem relativamente comuns devido à falta de equipamentos de segurança e escadas de fuga, a pesquisa historiográfica posterior[147] não só não constatou a ocorrência desse incêndio e dessas mortes em 8 de março de 1857 ou de 1908 – *eram domingos, as fábricas estavam fechadas e vazias* – como confirmou a origem e a simbologia socialista e revolucionária dessa data. O mito do incêndio, surgido no auge da Guerra Fria, encobriu por algum tempo a origem e a simbologia socialista e revolucionária do dia 8 de março.

Comuna de Paris, 1871: o povo no poder

Poucos meses após iniciar-se a Guerra Franco-Prussiana em 1870, o exército francês capitulou vergonhosamente, suscitando um clamor de indignação popular que desmoralizou a monarquia de Napoleão III. A burguesia moderada apressou-se para evitar que o poder se desmantelasse: proclamou uma nova república e, sem muito entusiasmo, prosseguiu na guerra mais um pouco. Mas a consistente ofensiva prussiana logo tornou evidente que só uma nova mobilização revolucionária de massas, como em 1793, poderia dar fôlego à resistência. Entre a humilhação nacional certa e o risco de reeditar o jacobinismo numa época em que os trabalhadores se passavam para o socialismo, o governo republicano seguiu seu instinto de classe: em 28 de janeiro de 1871, rendeu-se aos alemães.

A Guarda Nacional e a população de Paris denunciaram o armistício como traição. O governo, retirado em Versalhes, mandou tropas para impor sua autoridade, mas elas confraternizaram com os resistentes no dia 18 de março.

Emergiu, então, um governo popular rebelde em Paris, de forte base proletária. Foi eleito um conselho comunal de 85 membros (a Comuna de Paris), com participação de artesãos, operários, intelectuais e soldados, que adotou medidas sociais avançadas para a época: entre outras, criação de cooperativas de produção, separação entre Igreja e Estado, reforma educacional laica, congelamento de aluguéis, fim do trabalho noturno dos padeiros, abolição de exército permanente e sua substituição pelo armamento direto do povo e liberdade de imprensa e sindical.

A Comuna popular sobreviveu pouco mais de dois meses. Sob a complacência das tropas alemãs vitoriosas que cercavam Paris, o governo de Versalhes invadiu com 130 mil soldados a capital insurgente e, após resistência heroica dos *communardes*, aniquilou a Comuna no dia 27 de maio

---

147. Com destaque para a obra pioneira *La journée internationale des femmes*, da escritora canadense Renée Côté (1984), à qual se seguiram diversas outras pesquisas que a confirmaram, inclusive a já mencionada *As origens e a comemoração do Dia Internacional das Mulheres*, da espanhola Ana Isabel Álvarez González.

de 1871. Mais de 20 mil parisienses morreram combatendo – milhares fuzilados logo após se renderem –, no mínimo 43 mil foram aprisionados e 13.400 condenados (268 líderes sentenciados à morte, os demais condenados à deportação ou à prisão perpétua com trabalhos forçados).

A Comuna de Paris foi a primeira experiência de construção de poder popular contra o Estado dominado pela burguesia. Seu estudo tornou-se referência obrigatória para o movimento operário e para os teóricos do socialismo moderno, principalmente depois que Karl Marx publicou *A guerra civil na França*, aguda análise daqueles acontecimentos.

Chicago, 1º de maio de sangue

No dia 1º de maio de 1886, a Federação dos Grêmios e Uniões Organizados dos Estados Unidos e Canadá, antecessora da Federação Norte-Americana do Trabalho, iniciou uma greve nacional pela jornada de oito horas de trabalho. A repressão foi violenta em quase todo o país, especialmente em Louisville, Baltimore, Filadélfia, St. Louis e Milwaukee – aqui, a polícia matou nove operários. No dia 3 de maio, em Chicago, a polícia privada ("*pinkertons*") da indústria madeireira McCormick, ao proteger alguns fura-greves, matou seis operários e feriu outros cinquenta. No dia 4, ao término de uma manifestação de protesto, autorizada pelo prefeito de Chicago, Carter H. Harrison, que compareceu ao local, a polícia lançou-se sobre os grevistas remanescentes na praça. No tumulto, explodiu uma bomba – nunca foi estabelecida sua autoria. Os policiais abriram fogo, mataram alguns manifestantes e feriram duzentos deles. A repressão alastrou-se e em uma semana a greve refluía.

Os meses seguintes foram de terror: estado de sítio, centenas de prisões, toque de recolher, fechamento dos jornais operários, invasões de casas. Em meio à histeria da imprensa contra os grevistas, oito líderes anarquistas (um inglês, cinco alemães e dois norte-americanos) foram acusados de sedição e submetidos a um processo rápido e cheio de vícios jurídicos: manipulação e intimidação de testemunhas, cerceamento de defesa, escolha direcionada do júri por um oficial de justiça que manobrou para evitar sorteio (um dos jurados era parente de um dos feridos pela bomba), parcialidade escancarada do juiz contra os acusados em todo o procedimento. Mesmo com tantas distorções, a acusação não conseguiu produzir provas incontestes. Mas a dignidade dos acusados – assumiram sua ideologia anarquista e reiteraram a disposição de luta pelos direitos dos trabalhadores – irritou os jornais e as autoridades. No dia 28 de agosto de 1886, veio a sentença: sete condenados à forca e um a quinze anos de prisão. Recursos sucessivos aos tribunais superiores deram em nada. No ano seguinte, proliferaram protestos contra a farsa processual. O governador Oglesby só cedeu num ponto: comutou para prisão perpétua a pena de dois dos condenados à morte que haviam pedido clemência.

No dia 10 de novembro de 1887, a polícia divulgou esta notícia incrível: apesar da intensa vigilância dos guardas carcerários, um dos cinco condenados à morte havia "obtido" uma banana de dinamite e "se suicidara" na cela com uma explosão na boca que destroçou sua cabeça... No dia 11, os outros quatro foram enforcados.

O martírio não foi em vão: a indignação foi fermento para a rápida reorganização do movimento operário norte-americano, a pressão de massas retornou e, em 1º de maio de 1890, o Congresso americano aprovou a lei que instituiu em todo o país a jornada de oito horas. Em 1894, após receber uma petição com 60 mil assinaturas, o novo governador de Illinois concedeu perdão e libertou os três últimos presos. O 1º de maio passou a ser comemorado pelos trabalhadores de todo o mundo como dia símbolo de suas lutas.

A menção constante – talvez até por sua força emblemática – de marcos mais conhecidos como esses poderia induzir à tranquilizadora ilusão de que foram casos isolados. Não foram, as décadas de passagem para o século XX foram palco de cruenta e só parcialmente bem-sucedida luta pela conquista de direitos – assim mesmo, praticamente só na Europa ocidental e na América do Norte. Cada conquista – civil, política, econômica, social ou cultural –, por mínima que fosse, teve atrás de si histórias de truculenta repressão estatal, intolerância patronal, defesa encarniçada de privilégios por parte das classes dominantes, prisões odiosas, enforcamentos, extradição de sindicalistas, degredo, mortes e mais mortes de trabalhadores e de trabalhadoras. É longo, por vezes arrepiante (convenientemente esquecido), em todos os países, esse histórico.

Além disso, nesse tempo em que a luta operária ascendia em todas as partes industrializadas do mundo, o desgastado liberalismo oligárquico também operava, na ideologia das classes dominantes cultas dos países mais importantes, sua transição para uma versão edulcorada: a "liberal-democracia".

Mas a antiga autoconfiança racionalista da burguesia também ia cedendo terreno a temores – de adversários reais e imaginários. Um acontecimento, como mau presságio, expressou adequadamente essa ansiedade burguesa do final do século XIX: o caso Dreyfus.

O caso Dreyfus

Acusado, sem provas, de haver passado documentos militares à Alemanha, o capitão Alfred Dreyfus, judeu francês, foi preso em outubro de 1894, condenado à prisão perpétua e à degradação militar, e deportado para os horrorosos calabouços da ilha do Diabo, na Guiana Francesa, em meio a uma onda de antissemitismo histérico.

O verdadeiro culpado do vazamento de documentos foi logo descoberto – mas surpreendentemente absolvido em janeiro de 1898 por um conselho de guerra. O grande romancista Émile Zola publicou então, no dia 13 desse mês, a famosa carta aberta *J'accuse*, denunciando ao presidente Faure o Estado-maior e o processo tendencioso da condenação daquele oficial. Resposta do Estado francês: Zola foi condenado a um ano de prisão. O caso galvanizou a opinião pública francesa, que se dividiu entre a esquerda socialista (*dreyfusards*), mobilizada na Liga dos Direitos Humanos, e a direita antissemita (*antidreyfusards*), aglutinada na Liga da Pátria Francesa.

Surgindo a comprovação de que a principal peça do processo condenatório havia sido forjada, o tribunal militar concordou em "rever" o processo: em setembro de 1899, reduziu a pena de Dreyfus para "apenas" dez anos de prisão... Contudo, o *Civiltà Cattolica*, jornal jesuíta de Roma, continuou insistindo na culpa de Dreyfus, denunciando que os judeus "haviam comprado todos os jornais e consciências da Europa", que onde conquistaram a cidadania causaram "ruína" de cristãos ou houve massacre dessa "raça estrangeira", e que "o judeu foi criado por Deus para agir como traidor por toda parte"[148]. Mas, a essa altura, a pressão da esquerda socialista já havia levantado no país uma vaga de indignação contra a farsa processual, e o novo presidente, Loubet, indultou e libertou Dreyfus – que só em 1906 conseguiu sua reabilitação e reintegração ao exército[149].

O caso Dreyfus deixou escancarado isto: no próprio aparato estatal recomeçava a ganhar fôlego uma das muitas modalidades de racismo que se fortaleciam no Ocidente "civilizado". O pensamento conservador, atônito ante os abalos econômicos e sociais de seu mundo supostamente sólido,

---

148. John Cornwell. *O papa de Hitler – A história secreta de Pio XII*. Rio de Janeiro: Imago, 2000, pp. 36 e 59.
149. Síntese, entre outros, com base em: Jean-Denis Bredin. *O caso Dreyfus*. São Paulo: Scritta, 1995.

abandonava as retumbantes proclamações do humanismo e da razão de menos de um século atrás em favor do irracionalismo truculento e obscurantista. Ambiente propício para que o antigo antissemitismo cristão também recrudescesse.

Assim, além do "perigo operário", o imaginário conservador engendrou novos "inimigos" sociais cuja existência pudesse "explicar" (e a quem se pudesse atribuir) a insegurança que rondava à volta. De país para país, essa nova maturação de preconceitos seculares da cultura cristã se combinou, em graus variados, com seu uso de caso pensado pelos que tinham interesses dominantes a preservar. Sua disseminação pela sociedade passaria a cumprir, na prática, dois papéis precisos. De um lado, no plano ideológico, acrescentou mais ingredientes a uma nova visão reacionária de mundo que já se encontrava em franca expansão, apartada das referências no humanismo universalista do século XVIII e em aberta recusa ao igualitarismo do socialismo (social, racial, nacional ou de gênero). E, de outro lado, no terreno das lutas sociais, chegou a introduzir confusão e divisão até no movimento operário de vários países.

Mas, apesar da evidente reação conservadora que se gestava – e que, em trinta anos, tornar-se-ia sinistramente forte –, essa época demarcou o início da fase histórica em que os movimentos populares finalmente acumularam forças para iniciar o processo – longo e permeado de graves contramarchas – de arrancar os direitos humanos não só do confinamento social como também dos limites conceituais a que, até então, os mantivera a burguesia. Se, no final do século XIX, os trabalhadores do sexo masculino já conquistavam direitos políticos em vários países, à medida que o século XX avançou, os êxitos da pressão operária e camponesa também forçaram o próprio conceito oitocentista de direitos humanos (direitos civis e políticos) a se expandir, com a progressiva incorporação jurídica dos direitos econômicos e sociais, nunca contemplados pelas revoluções burguesas.

Até o secular horror do Vaticano a mudanças sociais e a ideias que escapassem a seu controle viu-se na contingência de conformar-se a recuos, embora tímidos. Em 1891, o papa Leão XIII, antigo colaborador de Pio IX (do Sumário de Erros), mas preocupado em compreender o mundo moderno e assegurar a sobrevivência da Igreja, publicou sua encíclica *Rerum novarum* ("Das coisas novas"), evidente esforço de réplica a *O capital*, de Karl Marx. Ao mesmo tempo que demarcava escrupulosa distância do socialismo – qualificado como ateu, falso, inoculador do ódio entre as classes sociais –, essa encíclica lamentava os males sociais produzidos pelo capitalismo, defendia salários justos e o direito de reivindicação dos trabalhadores, admitindo até que, em circunstâncias extremas, fizessem greves. Mas sentenciava que a desigualdade, o direito de propriedade e a existência de classes sociais são naturais na condição humana e, portanto, impossíveis de serem alteradas. Malgrado esse núcleo evidentemente conservador, o documento, talvez até pelas oscilações de seu discurso, terminou representando um alívio a certos círculos católicos leigos ou do baixo clero, que, por viverem excessivamente próximos das massas miseráveis, haviam desenvolvido sensibilidade social e puderam então adotar atitudes, ainda muito cautelosas, de solidariedade a algumas lutas operárias.

México, Rússia, Alemanha: grandes esperanças

No novo século, pela primeira vez na história – e pela força de todos aqueles que não aceitavam mais permanecer nos porões da sociedade – os direitos humanos pareciam, progressivamente, ganhar efetividade prática para milhões de pessoas, suscitando esperanças de que, por fim, se tornaria realidade sua sempre adiada promessa de universalização. E, naqueles anos duríssimos que se seguiram aos escombros da maior e mais desoladora guerra até então travada pelas nações (1914-1918), essas esperanças se nutriam das rápidas – por vezes, profundas – transformações sociais em curso em partes muito importantes do planeta. Muitas conquistas sociais – e seus reflexos jurídicos – foram mesmo notáveis e, mesmo quando controvertidas, chegaram por um momento a parecer irreversíveis.

A primeira revolução russa, de 1905, havia deixado atordoada a velha autocracia semifeudal, antiliberal e antioperária dos czares. Embora não a conseguisse demolir dessa vez, a revolução popular de 1905 trincou irremediavelmente esse mais antigo absolutismo remanescente na Europa e, para quem tivesse olhos de futuro, já apontava para a ascensão de um maremoto operário e camponês que demoraria pouco mais de uma década para mostrar-se irresistível.

No México, no final de 1910, eclodiu a primeira revolução popular vitoriosa do século XX. A sufocante ditadura de Porfirio Díaz mantinha-se no poder desde 1876, ora pela força escancarada, ora mediante eleições fraudulentas, e sustentava-se num bloco social integrado por latifundiários, grandes exportadores de minérios e de produtos agrícolas, uma Igreja Católica aferradamente antiliberal e antissocialista, e o capital estrangeiro instalado em vários setores da economia. Confiscou a quase totalidade das terras tradicionalmente comunitárias dos camponeses índios, massacrou dois levantes operários (Cananea, 1906; Río Blanco, 1907) e inseriu o país de modo semicolonial na divisão internacional do trabalho. Em 1910, um setor das classes dominantes liderado por Francisco Madero e desfraldando um programa de tímidas reformas liberais, ao ser derrotado em nova fraude eleitoral (o ditador "obteve" quase todos os votos...), lançou-se à insurreição armada em aliança com os camponeses. A resistência do bloco dominante acarretou uma guerra civil que durou dez anos, com um milhão de mortos.

Do lado popular, brotaram vigorosas guerrilhas camponesas, que rapidamente adquiriram caráter massivo – o Exército Libertador do Sul, organizado pelo líder camponês Emiliano Zapata, e a Divisão do Norte, criada pelo ex-"bandido social" Pancho Villa. Reivindicando reforma agrária, liberdades políticas e direitos sociais, elas derrotaram militarmente a ditadura e estiveram prestes a tomar o poder – o que foi habilmente evitado a tempo por seus aliados liberais. Surgiu uma fértil intelectualidade revolucionária e desabrochou uma rica cultura de resgate da identidade nacional-popular.

Mas sobreveio longo e tumultuado percurso político – que incluiu nova ditadura, intervenção militar norte-americana, violenta reação conservadora às reivindicações camponesas, divisão, derrota e dispersão dos exércitos populares, assassinato de Zapata (1919) e de Villa (1923), novas revoltas camponesas (em 1923, 1927 e 1929). Finalmente, repressão terrorista burguesa combinada com sistemática cooptação institucional de lideranças populares. Na década de 1940, a revolução chegava ao esgotamento completo[150]. Malgrado tantos ziguezagues políticos, a presença decisiva das classes populares na Revolução Mexicana impôs-lhe uma dinâmica que produziu, em 31 de janeiro de 1917, uma Constituição de vanguarda: além de estender os direitos civis e políticos para toda a população, pela primeira vez incorporava amplamente direitos econômicos e sociais – com o consequente estabelecimento de restrições à propriedade privada.

Logo no seu artigo 3º, a Constituição do México revolucionário assegurava que a educação, além de laica, gratuita e baseada nos "... resultados do progresso científico... contra qualquer espécie de servidão, fanatismo e

---

150. Síntese, entre outros, com base em: Marco Antonio Villa. *A Revolução Mexicana*. São Paulo: Ática, 1993.

preconceitos", seria ainda democrática, "... considerando a democracia não somente uma estrutura jurídica e um regime político, mas também um sistema de vida fundado na constante promoção econômica, social e cultural do povo". Já apontava, portanto, para a perspectiva de superação da noção liberal (isto é, meramente política e formal) de democracia. À semelhança do que haviam feito os revolucionários franceses após 1789, a Constituição mexicana, para salvaguarda da liberdade individual, proibia (artigo 5º) o estabelecimento de ordens monásticas restritivas ao direito pessoal de ir e vir e, mesmo mantendo a liberdade religiosa (artigo 24), estatizou os bens da Igreja (artigo 27, II). Essa medida decorria do contexto: como na França de 1789, a Igreja Católica mexicana detinha vastos latifúndios, era íntima da ditadura de Porfirio Díaz e opôs-se ferozmente à revolução.

O artigo 27 da Constituição deve ter suscitado horror aos conservadores, ao romper conceitualmente, logo no seu *caput*, com o clássico credo liberal da anterioridade do indivíduo proprietário em relação à sociedade: "A propriedade das terras e das águas compreendidas dentro dos limites do território nacional pertence originariamente à Nação, a qual teve e tem o direito de transmitir seu domínio aos particulares, constituindo a propriedade privada". Com base nessa formulação, resultava que a nação poderá "... impor à propriedade privada as regras ditadas pelo interesse público (...) e regular o aproveitamento dos elementos naturais suscetíveis de apropriação, com vistas à distribuição equitativa e à conservação da riqueza pública". No sentido de tornar concreta a função social da propriedade, o artigo determinava que "... serão decretadas as medidas necessárias à divisão dos latifúndios; ao desenvolvimento da pequena propriedade de extração agrícola; à criação de novos centros de população agrícola com terras e águas que lhes sejam indispensáveis; ao fomento da agricultura de modo a evitar a destruição dos elementos materiais e os danos que os bens possam sofrer em prejuízo da sociedade". O mesmo artigo subordinava o direito individual de propriedade às necessidades coletivas: "Os núcleos de população que careçam de terras e águas, ou não as tenham em quantidade suficiente para as suas necessidades, terão direito a adquiri-las das propriedades vizinhas, respeitando sempre a pequena propriedade de exploração agrícola". Tornava, ainda, propriedade da nação os recursos do subsolo e da plataforma continental submarina e restituía a propriedade comunal das terras aos núcleos camponeses (incisos VII e X). O inciso XVII desse artigo limitava a extensão máxima da propriedade de terras (abolição dos latifúndios), instituía a expropriação fundiária compulsória para a reforma agrária, com indenização mediante títulos da dívida agrária resgatáveis no longo prazo e a baixos juros, pagos em parcelas anuais, e criava garantias ao patrimônio familiar camponês.

No mesmo diapasão que horrorizou liberais, liberais-democratas e demais matizes de conservadores sociais, o artigo 28 da Constituição mexicana proibia a formação de monopólios econômicos, castigava as manobras empresariais para elevação de preços, abolia privilégios tributários, autorizava o funcionamento de sindicatos e estimulava as associações cooperativas para livrar os produtores rurais dos intermediários. Os artigos 34 e 35 estendiam a cidadania a todos os homens e mulheres de mais de 18 anos que tivessem um "modo de vida honesto", assegurando-lhes sufrágio universal e elegibilidade universal. Por fim, pela primeira vez numa Constituição, seu longuíssimo artigo 123 relacionava[151], detalhadamente, os direitos sociais dos trabalhadores. Mesmo mantendo o capitalismo, foi a Constituição socialmente mais avançada até então produzida pela humanidade. É claro que, tão logo as forças populares refluíssem, a maioria dessas conquistas não passaria do papel. Mas não se conseguiria apagar sua lembrança.

A Constituição mexicana de 31 de janeiro de 1917 era só o prelúdio das dores de cabeça que estragariam o humor de quem ainda acreditasse ser possível manter o planeta imóvel. Na Rússia, já se haviam colocado em movimento as forças sociais que, naquele mesmo ano, produziriam os abalos sísmicos de fevereiro (revolução democrático-burguesa) e de outubro (revolução socialista).

A segunda dessas revoluções, iniciada por um levante operário em Moscou e São Petersburgo em 25 de outubro de 1917 (7 de novembro pelo calendário atual), chamou logo muita atenção. Diferentemente da França

---

151. Jornada diurna de oito horas e noturna de sete; normas de proteção ao menor e à mulher, licença-maternidade e intervalos para amamentação; repouso semanal remunerado, salário mínimo, isonomia salarial, impenhorabilidade do salário, remuneração adicional de 100% pelas horas extras de trabalho (limitadas a três por dia, no máximo durante três dias consecutivos); participação dos trabalhadores nos lucros das empresas; encargo patronal pelo fornecimento de habitação, escolas, enfermarias e outros serviços a seus empregados; responsabilidade patronal pela higiene, salubridade e prevenção de acidentes de trabalho, com indenização aos empregados vitimados por moléstias profissionais e acidentes, mesmo quando recrutados por intermediários; liberdade sindical e direito de greve pacífica (com o fim de "harmonizar os direitos do trabalho com os do capital"), até mesmo em serviços públicos (nesse caso, exceto em tempos de guerra); criação de juntas de conciliação e arbitragem para tratar dos dissídios trabalhistas; indenização ao empregado por despedimento sem justa causa; pagamento preferencial dos créditos trabalhistas na falência da empresa; responsabilidade limitada à pessoa do empregado por dívidas contraídas com o empregador e inexigibilidade dessas dívidas quando superiores ao salário mensal; nulidade das cláusulas contratuais contrárias aos direitos sociais dos trabalhadores; previsão de leis instituindo seguros sociais; além de disposições equivalentes para os servidores públicos (até mesmo, nesse caso, direito de férias anuais de vinte dias).

de 1789, em que a revolução fora principalmente política (era nesse terreno que a burguesia sentia mais a opressão), na Rússia os operários queriam mais, pois sua opressão, sob o capitalismo, era tanto política como econômica e social. Por isso – agora vinha o mais inusitado –, os que haviam feito a revolução (isto é, a insurreição) queriam também conservar para si o poder para fazer uma revolução (isto é, transformar as estruturas da sociedade).

Na revolução democrático-burguesa de 27 de fevereiro de 1917 (12 de março pelo calendário atual), o "trabalho pesado" dos combates havia sido feito pelas massas populares – como, aliás, em todas as revoluções burguesas ocorridas desde o século XVII. E também como nas revoluções anteriores, assim que os operários e camponeses apearam do poder a velha dinastia dos Romanov, assumiu o comando do país um bloco de forças composto, principalmente, pela burguesia liberal em aliança com social-democratas moderados, sob a liderança de Alexander Kerenski, ex-deputado da Duma (parlamento czarista). O propósito desse governo provisório era reeditar naquele vasto país algo parecido com uma versão eslava e moderna da Revolução Francesa: substituir a monarquia por uma república sob controle da burguesia, remover resquícios feudais que embaraçavam o pleno desenvolvimento econômico do capitalismo, garantir a propriedade privada e fazer algo – sem exageros! – pelas "camadas menos favorecidas". Pronto: o povo já poderia ser mandado embora para casa. Mas, como se sabe, a partir de outubro de 1917 o roteiro seguido pelos operários e camponeses russos terminou sendo outro: derrotado o repressivo governo provisório da burguesia pela insurreição popular de outubro, instaurou-se uma *ditadura revolucionária do proletariado*. Deveria ser uma forma transitória de governo, em que o poder estatal seria mantido como monopólio das massas organizadas, durante o período necessário para quebrar a resistência das antigas classes dominantes e assegurar a transição do capitalismo ao socialismo.

Menos de três meses depois, no dia 4 de janeiro de 1918 (17 pelo calendário atual), os delegados populares reunidos na assembleia decisória que, naquele momento, encarnou o novo poder revolucionário – o III Congresso Panrusso dos Sovietes de Deputados Operários, Soldados e Camponeses –, proclamaram a um mundo atônito a "Declaração dos Direitos do Povo Trabalhador e Explorado", que viria a ser conhecida como um contraponto proletário à Declaração burguesa de 1789.

A Declaração dos Direitos do Povo Trabalhador e Explorado inaugurou uma ótica completamente nova da abordagem tradicional dos direitos humanos. Em vez da perspectiva individualista de um ser humano abstrato contida na Declaração francesa de 1789, a Declaração russa de 1918 elegia como ponto de partida o ser humano concretamente (isto é, historicamente) existente, o ser humano que vive em sociedade, em relação contínua com outros homens, e que, portanto, poderá desenvolver (ou não desenvolver) suas potencialidades humanas conforme a posição que ocupar nessa sociedade, ou conforme o modo de organização dessa sociedade venha a favorecer ou a dificultar esse desenvolvimento. Em vez da sociedade hipoteticamente uniforme (isto é, juridicamente igualitária), dissolvida idealmente em cidadãos supostamente iguais, a Declaração russa partia do reconhecimento — cautelosamente evitado desde 1789 — de que a sociedade capitalista está mesmo cindida em classes sociais com interesses conflitantes, alguns deles irremediavelmente antagônicos. Portanto, em vez da ideação liberal de "neutralidade" social do Estado, a nova Declaração tomava partido, desde logo e abertamente, dos explorados e oprimidos, alijando explicitamente do poder econômico e político os exploradores.

Assim, com a finalidade de "... suprimir toda exploração do homem pelo homem, de abolir completamente a divisão da sociedade em classes..." (capítulo II, *caput*), todas as terras agrícolas, o subsolo, as fábricas, minas, bancos, estradas de ferro — enfim, os meios sociais de produção e distribuição que fossem de interesse público — passavam a ser propriedade nacional, sob administração dos trabalhadores coletivamente organizados em sovietes (conselhos populares), com base numa "repartição igualitária em usufruto" (capítulo II, artigos 1º, 2º e 3º). Ademais, "tendo em vista suprimir os elementos parasitas da sociedade" (capítulo II, artigo 4º), trabalhar passava a ser dever de todos. Para evitar a retomada do poder pelas classes dominantes depostas, instituíam-se (capítulo II, artigo 5º) o "armamento dos trabalhadores (...) e o desarmamento das classes possuidoras". A Declaração russa posicionava-se contra a guerra e por uma "paz democrática dos trabalhadores, paz sem anexações nem reparações, baseada na livre disposição dos povos" (capítulo III, artigo 1º), contra o colonialismo e em "repúdio completo à política bárbara da civilização burguesa, que alicerçava o bem-estar dos exploradores em algumas nações eleitas sobre a servidão de centenas de milhões de trabalhadores na Ásia, nas colônias em geral e em pequenos países" (capítulo III, artigo 2º). O capítulo IV, na primeira parte, avaliava que, "... atualmente, no momento da luta decisiva do povo contra os exploradores, não pode haver lugar para estes em nenhum dos organismos do poder. O poder deve pertencer na totalidade e exclusivamente às massas laboriosas e à sua representação autorizada...". Por fim, a segunda parte desse capítulo reconhecia a cada nação, mediante seu próprio Congresso Nacional de Sovietes, a liberdade de "decidir livremente (...) sobre se querem e, em caso afirmativo, em que bases, participar no Governo Federal e nas outras instituições federais soviéticas".

Retomando um procedimento adotado pelos franceses no final do século XVIII, a Declaração dos Direitos do Povo Trabalhador e Explorado de janeiro de 1918 foi em seguida incorporada, como título I, na primeira Constituição da República Socialista Federativa Soviética da Rússia, de 10 de julho de 1918.

Inspirada nos princípios dessa Declaração, essa primeira Constituição russa manifestava o propósito de assegurar liberdade e igualdade reais aos que, até então, nunca as haviam tido: os trabalhadores das cidades e do campo. A Igreja foi separada do Estado e "reconhecida a liberdade de propaganda religiosa e antirreligiosa a todos os cidadãos" (artigo 13). Novamente, o contexto se impunha: como na França de 1789 e no México de 1910, a Igreja Ortodoxa Russa – czarista, antiliberal, antissocialista e grande proprietária de terras – opusera tenaz e duradoura resistência às duas revoluções russas de 1917.

Para garantia da liberdade de expressão aos trabalhadores, a Constituição revolucionária deslocava para suas mãos "todos os recursos técnicos e materiais necessários à publicação de jornais, livros e outras publicações", ficando garantida "sua livre difusão em todo o país" (artigo 14 da Constituição). Para dar efetividade à liberdade de reunião, a Constituição (artigo 15) pôs à disposição dos trabalhadores "todos os locais convenientes, com mobiliário, iluminação e aquecimento, para a realização de reuniões populares". Para impulsionar a liberdade de associação dos trabalhadores, o artigo 16 dedicou-lhes toda "assistência material e qualquer outra forma de apoio tendente a que eles se unam e organizem". Quanto ao "real acesso à cultura", o artigo 17 assegurou "instrução completa, universal e gratuita aos operários e aos camponeses mais pobres". O artigo 18 tornou o trabalho um dever de todos, com base no princípio de que "quem não trabalha não come". O artigo 21 conferiu o "direito de asilo a todos os estrangeiros perseguidos por delitos políticos ou religiosos". Foi proclamada (artigo 22) a "igualdade de direitos dos cidadãos independentemente de sua raça ou nacionalidade" e repudiada "qualquer opressão das minorias nacionais ou limitação de sua igualdade jurídica".

Já o artigo 23 era expressão da conjuntura de conflito social extremo. O país, literalmente, desmoronava: esmagado nas frentes de batalha da Primeira Guerra Mundial, a que fora arrastado pela nobreza czarista e pela burguesia local, sua economia estava destruída e uma fome horrorosa alastrava-se por toda parte, a ponto de forçar o recente governo revolucionário socialista a curvar-se à exigência alemã de ceder quase um terço do território e da população do país em troca da paz (Tratado de Brest-Litovsk, março de 1918). Não adiantou: a burguesia e a nobreza russas, armadas sem perda de tempo pelas potências vencedoras da Primeira Guerra Mundial, arrastaram imediatamente o país para o mergulho prolongado numa guerra civil devastadora. A Rússia revolucionária viu-se colhida em cerco internacional – econômico, financeiro, diplomático etc. – e, sem pausa para respirar, logo seria também invadida militarmente por catorze exércitos estrangeiros (da Inglaterra, França, do Japão, dos Estados Unidos, Alemanha, Áustria etc.) decididos a impedir que a revolução se consolidasse. Em tais condições, o artigo 23 da nova Constituição reproduziu outra solução adotada pelos jacobinos franceses após outubro de 1793: privava "os indivíduos e os grupos particulares dos direitos de que poderiam usar em detrimento dos interesses da revolução socialista".

A Constituição também transformou radicalmente as relações de poder. Nas localidades rurais menores, a autoridade suprema local passou a ser a "assembleia geral dos eleitores" (artigo 60); nas cidades, essa autoridade foi conferida aos sovietes de deputados (conselhos populares locais), eleitos proporcionalmente à população (artigos 57 e 60), que, por sua vez, elegiam delegados aos congressos de sovietes provinciais, regionais etc., até o Congresso Panrusso dos Sovietes (poder supremo do país), que, então, elegia um comitê executivo de até duzentos membros (com o qual repartia a competência legislativa nacional) que exercia as funções administrativas por meio do Conselho de Comissários (ministros) do Povo (artigos 24, 25, 28, 49, 53, 56 e 61). O mandato de cada deputado aos sovietes passava a ser curtíssimo – apenas três meses (artigo 57).

O artigo 64 colocou literalmente de ponta-cabeça o que os liberais sempre praticaram no terreno dos direitos políticos, inaugurando o conceito de cidadania política pelo trabalho: "Têm o direito de eleger e de ser eleitos para os sovietes os cidadãos de ambos os sexos (...), sem distinção de confissão, de nacionalidade e de residência (...) que granjeiem os seus meios de existência através do trabalho produtivo, ou de um trabalho socialmente útil, e os que efetuem um trabalho doméstico e assegurem aos primeiros a possibilidade de desenvolver o seu trabalho produtivo..." E, para assegurar a fidelidade dos representantes em relação aos representados (evitando a conhecida independência dos eleitos em relação aos eleitores), o artigo 78 instituiu o mandato revogável: "Os eleitores têm o direito de destituir a todo momento o deputado que tiverem eleito e de proceder a novas eleições, em conformidade com as regras gerais"[152].

Tudo isso era muito novo. E, ao lado do horror que a revolução suscitou nas classes dominantes ao redor do planeta, havia outra coisa que não passou despercebida: tanto a Declaração russa como a Constituição que se lhe seguiu silenciaram sobre um ponto que, desde o século XVIII, se tornara crucial no Ocidente – nenhuma palavra quanto a garantias dos direitos individuais. Considerado o caráter socialista da revolução em curso, a ênfase necessária àquele momento deveria certamente recair em medidas para a conquista da igualdade – de outro modo não seria quebrada a desigualdade social do capitalismo. Mas, até em proveito desse rumo, seria também razoável esperar que, em vez de silenciarem sobre garantias individuais, os revolucionários imprimissem-lhes sentido novo – compatível com os direitos sociais dos trabalhadores e com a primazia do interesse social, superando o viés individualista com que haviam sido marcadas as revoluções burguesas. Não fizeram isso. Tardiamente, sob Stálin, os próprios revolucionários descobririam a extensão desse erro.

Enquanto, na Rússia, tantas novidades pareciam virar o mundo de pernas para o ar, o Reich (império) alemão emergia de um transe catastrófico (derrota na Primeira Guerra Mundial) para iniciar a espasmódica caminhada que o conduziria a novo transe ainda mais catastrófico (nazismo, genocídio, derrota na Segunda Guerra Mundial).

No outono europeu de 1918, a triunfante ofensiva francobritânica nos campos de batalha e a fadiga social decorrente das privações impostas pelo prolongado esforço de guerra levavam o império alemão à desmoralização. Fome no país, caos econômico, indisciplina na tropa, motim na Marinha. A desordem social configurava a possibilidade de que se repetisse na Alemanha algo semelhante à Revolução Russa. A diferença era que o Partido Social-Democrata alemão, embora de forte base operária, já abandonara a perspectiva de revolução social – até mesmo se aliara com a burguesia local para apoiar o ingresso da Alemanha no conflito europeu (em 1914, sua bancada parlamentar votara favoravelmente à concessão de verbas para o imperador custear a guerra). Os social-democratas tomaram a dianteira e, em 9 de novembro de 1918, proclamaram a república. O cáiser Guilherme II fugiu para a Holanda e abdicou da coroa. A dissidência de esquerda da

---

152. Síntese e excertos da Declaração dos Direitos do Povo Trabalhador e Explorado (janeiro de 1918) e da Constituição russa de julho de 1918, com base na tradução de Jorge Miranda, *op. cit.*, pp. 297-299 e 301-317.

social-democracia – os spartaquistas[153] –, que, desde o início, havia se oposto à participação alemã na guerra, tentou no mesmo mês uma apressada insurreição baseada em conselhos de operários e soldados, à semelhança dos sovietes russos. Chegou mesmo a aflorar uma efêmera república socialista em Munique, logo esmagada de modo brutal por tropas do exército remetidas pelo governo social-democrata interino. Derrotada a revolução e assinada a rendição alemã na guerra, uma assembleia de maioria social-democrata reuniu-se em fevereiro de 1919 na cidade de Weimar – que emprestaria nome à nova república – e iniciou a elaboração da Constituição que seria promulgada em 11 de agosto de 1919. Se, em poucas palavras, fosse possível definir o caráter mais geral dessa Constituição de vida breve (duraria até 1933), as palavras poderiam ser estas: uma tentativa de conciliação das contradições sociais.

Terminado o morticínio da Primeira Guerra Mundial, a Alemanha, vergada pela derrota militar, teve de submeter-se ao Tratado de Versalhes (28 de junho de 1919), pelo qual as potências vencedoras, sob pretexto de reparações de guerra, impuseram-lhe perdas territoriais, longas e pesadas indenizações, proibição de rearmar-se, retirada de mercados, além de se apropriarem de suas colônias na África. Sua economia entrou em retração desorganizada, o desemprego tornou-se muito sério e uma crise social severa ameaçava transformar-se novamente em crise política. A custo, a burguesia manteve a nau sob controle. Mas não podia mais ignorar os ventos transformadores que sopravam na Europa, nem subestimar o aguerrido movimento operário alemão, que levantava a cabeça e continuava olhando para o que seus companheiros de classe estavam fazendo na Rússia. Nessas condições de temperatura e pressão, a Constituição da República de Weimar refletiu, aproximadamente, a correlação de forças sociais surgida na Alemanha do pós-guerra: o movimento popular conseguiu inscrever direitos sociais nessa Constituição – certamente menos do que os trabalhadores do México e da Rússia, porém mais do que, em outras condições, a burguesia poderia estar disposta a lhe conceder.

A parte I da Constituição de Weimar, intitulada "Estrutura e atribuições do Império", tinha sete seções e começava mantendo o Império (Reich) e instituindo a República (artigo 1º). Em seguida, assegurava: o "sufrágio universal, direto e secreto (...) de todos os homens e mulheres" (artigo 17) e consagrava a independência dos deputados em relação aos eleitores (artigo 21); autorizava a iniciativa legislativa dos eleitores e prescrevia referendo

---

153. Denominação inspirada em Spartacus, líder da mais importante revolta de escravos do Império Romano.

popular para resolver disputas entre o presidente do Império e o Parlamento (artigos 43, 73, 74 e 76); firmava a independência, vitaliciedade e inamovibilidade dos magistrados (artigos 102 e 104) e proibia a criação de tribunais de exceção (artigo 105).

A parte II da Constituição, intitulada "Direitos e deveres fundamentais dos alemães", tinha cinco seções. A seção I, que cuidava "Do indivíduo", fixava a igualdade perante a lei, alguns direitos civis e liberdades individuais, seguindo a tradição liberal. A seção II, que tratava "Da vida social", dava passos à frente, assegurando a igualdade de direitos entre os cônjuges, a responsabilidade do Estado no amparo à maternidade, à saúde e ao desenvolvimento social das famílias (artigo 119); a igualdade de condições de desenvolvimento entre filhos legítimos e ilegítimos (artigo 121); a assistência à juventude (artigo 12); os direitos de reunião (artigo 123), de associação (artigo 124), de petição (artigo 126) e de acesso ao serviço público, até mesmo para mulheres (artigo 128); os artigos 129 e 130 previam garantias aos funcionários públicos (vitaliciedade, previdência, direitos adquiridos, irredutibilidade de vencimentos, direito de defesa disciplinar, liberdade de expressão e de associação). A seção III – "Da religião e das igrejas" – garantia liberdade religiosa e delineava a separação entre Igreja e Estado. A seção IV, intitulada "Da educação e ensino", era, para a época, muito abrangente: contemplava, no artigo 142, a liberdade artística, científica e de ensino; assegurava a escolaridade obrigatória, pública e gratuita até os dezoito anos de idade (artigo 145), com ensino planejado e atento à diversidade de vocações, prevendo ainda auxílio estatal aos pais de alunos pobres "dignos de ascenderem ao ensino secundário e superior" (artigo 146); curiosamente, o mesmo artigo 146 previa a criação de escolas públicas confessionais quando os pais o solicitassem; permitia o funcionamento de escolas privadas, como suplemento das públicas, desde que oferecessem qualidade de ensino equivalente, não incentivassem a discriminação econômica entre os alunos e assegurassem a "situação econômica e jurídica do pessoal docente" (artigo 147); indicava quais eram os objetivos do ensino, respeitando-se "opiniões diferentes" (artigo 148); e o artigo 149 tornava optativo, para alunos e professores, o ensino e práticas de religião nas escolas. A seção V, última da parte II da Constituição de Weimar, intitulava-se "Da vida econômica" e começava indicando que a organização da economia deve "assegurar a todos uma existência conforme a dignidade humana", ficando a liberdade econômica individual dentro desses limites (artigo 151); garantia a propriedade, condicionada ao cumprimento de função social (artigo

154); responsabilizava o Estado pela regulamentação do uso e parcelamento do solo para fins habitacionais (artigo 155); autorizava, sob certas condições, intervenção do Estado na atividade econômica privada (artigo 156); previa a instituição de um "direito do trabalho uniforme" (artigo 157) e de um "sistema geral" de previdência social e de proteção à saúde (artigo 161); assegurava a liberdade de associação trabalhista (artigo 159); anunciava que procuraria obter uma regulamentação internacional para assegurar "ao conjunto da classe operária da humanidade um mínimo de direitos sociais" (artigo 162); reconhecia o direito ao trabalho e, na sua falta, o direito à assistência social (artigo 163).

Por fim, o artigo 165, último da parte II, talvez fosse o que melhor sintetizasse o espírito geral da Constituição de Weimar: conclamava empregados e patrões a colaborarem, "em pé de igualdade", na regulamentação de assuntos trabalhistas e econômicos, reconhecia os acordos que celebrassem entre si e constituía representações de trabalhadores, chamadas "conselhos operários" (a linguagem vinha da Rússia, mas a semelhança com os sovietes terminava aí), para se reunirem com delegados patronais em "conselhos econômicos" de função opinativa ou propositiva em relação a projetos de lei sobre política econômica e social[154].

A Constituição de Weimar, do ponto de vista social, era certamente mais tímida do que a Constituição mexicana – para não falar da russa. Mas, exatamente por procurar um ponto de equilíbrio na luta de classes, preservando o capitalismo, inspirou a redação de algumas constituições (até mesmo a brasileira de 1934) que, no subsequente entreguerras, buscavam exorcizar o fantasma da revolução social mediante concessões aos trabalhadores.

Além de revoluções e de constituições renovadoras, algumas mudanças importantes também ocorriam fora do México, Rússia e República de Weimar. A renovada pressão reivindicatória popular, assim como o desencanto com a política internacional que conduzira à guerra mundial interimperialista instalaram um clima geral propício a transformações. Após dois séculos de resistência, a velha Inglaterra aprovou, em 1918, uma lei que instituía o sufrágio universal, que, aos poucos, foi seguida daí por diante por muitos países. O direito de voto feminino também vinha sendo exigido por um ousado e massivo movimento de mulheres nos países mais desenvolvidos. No dia 8 de março de 1911, o movimento sufragista promoveu atos públicos em praticamente todas as cidades importantes da Europa, aglutinando cerca de um milhão de mu-

---

154. Síntese e excertos da Constituição do Império Alemão (República de Weimar) de 11 de agosto de 1919, com base na tradução de Jorge Miranda, *op. cit.*, pp. 271-292.

lheres manifestantes. Em 1915, apesar do momento político tornado incandescente pelo acirramento dos combates no *front* da guerra mundial interimperialista, o movimento de mulheres manifestou-se novamente em Oslo e, mesmo sofrendo repressão violenta, proclamou reivindicações e defendeu a paz mundial. Os direitos eleitorais das mulheres começaram a ser incorporados aos ordenamentos jurídicos, ao menos nos países do Ocidente – mas vagarosamente, e não sem muita resistência. Na própria Suíça, país tantas vezes lembrado como "modelo" de democracia do Primeiro Mundo, um plebiscito realizado bem mais tarde, em 1959, rejeitou a extensão do direito de voto às mulheres, que só acabou sendo adotado em 1971.

Mesmo nos países da "periferia", lutas sociais massivas (por exemplo, a greve geral paulista de junho de 1917 e a greve nacional ocorrida no Brasil em 1918) forçavam as elites a fazer concessões. Até no plano das relações entre os países surgiam novidades. Pelo Tratado de Versalhes de 28 de junho de 1919, foi criada a Liga das Nações, com a intenção de evitar que a disputa entre as potências imperialistas pela conquista de mercados conduzisse novamente a guerras mundiais. A Liga das Nações logo patrocinaria a celebração de alguns tratados internacionais relativos aos direitos de certas minorias nacionais, bem como promoveria a criação da Organização Internacional do Trabalho, instituição que sobreviveria às intempéries do resto do século e desempenharia papel certamente mais relevante do que imaginaram seus criadores.

Enfim, todos esses transes e transições que o telégrafo sem fio transmitia de um lado a outro do planeta suscitavam todo tipo de reação: assombro, euforia, imprecações, indecisão – dependia do interesse contemplado ou prejudicado, da visão de mundo que cada um tivesse, ou da compreensão, muitas vezes difícil, desses acontecimentos. Mas, naqueles anos, quem tivesse acesso a informações e se sentisse de alguma forma explorado ou oprimido, ou fosse um intelectual não conformista (como se dizia à época), tinha boas razões para acreditar que – malgrado uma certa vertigem de tantas novidades e umas tantas nuvens escuras que permaneciam na linha do horizonte – a humanidade poderia muito bem estar adentrando umbrais de uma era que a libertaria das guerras e da imemorial exploração do homem pelo homem e a resgataria de todas as formas de opressão individual, social, nacional, racial e de gênero, superando intolerância, preconceitos e divisões artificiais e irracionais entre os seres humanos.

Não tardaria para que os acontecimentos começassem a frustrar essas esperanças imensas.

Esperanças adiadas

A Revolução mexicana foi contida em patamar muito aquém do que prometia seu avançado programa de reformas sociais. Os direitos sociais inscritos na Constituição mexicana de janeiro de 1917 – pioneiramente contemplados com tanta amplitude – caminhariam naquele país, na prática, em marcha lenta, bem mais lenta do que a dos trabalhadores europeus. Pouco a pouco, forças conservadoras moderariam o processo revolucionário, até esgotá-lo nos anos 1940.

Mediante uma bem-sucedida combinação de repressão truculenta com cooptação institucional metódica de lideranças populares, o estrato populista da burguesia obteve hegemonia no processo, fomentou reformas parciais e localizadas e instituiu um aparelho estatal de liturgia formalmente democrática (eleições periódicas, aparentemente livres) que, pelo vasto controle instaurado sobre a sociedade, manteve pelo resto do século o regime mais impermeável a mudanças políticas da América Latina. Só no ano 2000, quando já tinha se desvencilhado havia muito tempo até da retórica política progressista dos primeiros anos, é que o partido dominante há setenta e um anos no país, desmoralizado por escândalos de corrupção, perdeu pela primeira vez as eleições presidenciais – para um fazendeiro conservador, ex-presidente da filial mexicana da Coca-Cola.

Rússia: a revolução perde-se pelo caminho

A Rússia, após imensos custos econômicos e sociais de uma sucessão de tormentas – derrota na Primeira Guerra Mundial, uma extenuante guerra civil, invasões militares simultâneas de catorze potências estrangeiras, fome por toda parte –, viu-se, na década de 1920, diante de uma vitória de Pirro: era um dos países mais atrasados da Europa, estava vastamente destruído e completamente isolado. A França de 1789, juntamente com a Inglaterra, eram no final do século XVIII os países mais desenvolvidos do mundo – econômica, cultural e militarmente. Durante quase 25 anos só de vitórias (até a segunda queda de Napoleão em 1815), a França havia conseguido espalhar sua revolução burguesa pela maioria da Europa continental, quebrar o que restava de feudalismo em quase todos os países conquistados e consolidar o capitalismo a um ponto de não retorno, que não seria minimamente afetado mesmo pelo retrocesso político do período da Restauração.

Com a Rússia de 1917, deu-se o contrário: antes da Revolução já era um dos países de menor desenvolvimento econômico da Europa, teve então sua incipiente indústria destruída, as culturas agrícolas calcinadas, os rebanhos dizimados, e não aconteceram revoluções em outros países europeus, ou foram rapidamente sufocadas (Alemanha, em 1918; Hungria, em1919; Itália, 1017 e 1920). Como seria esperável, o torniquete econômico do capitalismo internacional então se fechou, as indústrias dependentes de tecnologia externa paralisaram-se, uma parte grande da pequena classe operária russa dispersou-se para, simplesmente, sobreviver no campo, outra parte foi alçada a funções administrativas em substituição aos profissionais da classe média que abandonaram o país após a revolução.

Durante um período longo, até quase 1920, tudo parecia estar na iminência do desastre. Os revolucionários só governavam, e com dificuldades, uma pequena porção do país, apenas a Rússia central. O restante fora tomado por tropas contrarrevolucionárias ou estrangeiras: o almirante monarquista Koltchak tornou-se senhor da vasta extensão situada entre os montes Urais e os confins da Sibéria, o general Iudenitch avançava suas tropas pelo noroeste, o general Denikin fustigava pelo sul e a Crimeia caiu sob o poder do temível Wrangel. A jovem república socialista estava sob cerco completo, atacada por todos os lados, sem ter a quem clamar, nenhum país amigo. A julgar pelas sangrentas medidas de vingança adotadas pelos reacionários nos territórios que caíam sob seu controle, os revolucionários sabiam o que os esperaria em caso de derrota. Contudo, o Exército Vermelho, formado às pressas por operários, camponeses e combatentes egressos do *front* da Primeira Guerra Mundial, foi aos poucos compensando sua lastimável pobreza de recursos materiais pelo apoio popular consistente, uma disciplina de aço – e respondendo ao terror "branco" com o terror "vermelho". A Rússia revolucionária terminou derrotando militarmente a reação interna e os exércitos invasores estrangeiros – mas o cenário de destruição remanescente fez o país retroceder a níveis produtivos do final do século XIX. Por muito tempo, só restaria miséria para "socializar" e, até o início dos anos 1930, a fome estaria sempre à ronda.

Aturdida por tantos impasses e cindida por dissensões internas, o asfixiante isolamento internacional favoreceu que terminasse prevalecendo na Rússia da década de 1920 o projeto de um encurralado "socialismo num só país". Extenuado, débil, sob evidente risco de restauração à situação pré-revolucionária, o poder direto dos sovietes cedeu terreno para uma burocracia centralizada no Estado, que concentrou todos os poderes em nome da defesa contra o retrocesso. Em vez de um Robespierre para mobilizar energias, comandar a vitória e sair rapidamente de cena, em poucos anos emergiu Stálin, administrador feroz do sonho que já escapava das mãos da classe operária.

Para expandir a produção de alimentos que declinava, a União Soviética ingressou na década de 1930 realizando a coletivização forçada da agricultura, ao preço altíssimo de uma repressão implacável a milhões de camponeses que se opunham à uma expropriação de suas terras. Quase ao mesmo tempo, sobreveio o esforço de industrialização acelerada – empreitada socialmente extenuante, considerados o atraso tecnológico do país e o ritmo intenso adotado para vencer o cerco econômico estrangeiro. Disciplina a mais rigorosa nessa "batalha da produção", um olho nos inimigos externos, outro olho nos remanescentes das classes dominantes, ou no que se supunha fossem seus aliados internos. Quase toda crítica tomada como sinônimo de traição, o que tornou impossível a correção de rumos e encurtou o caminho para a repressão massiva a todas as divergências (até mesmo de esquerda), como nos soturnos "processos de Moscou" do final dos anos 1930.

A *ditadura do proletariado* já se esvaíra, passando para o domínio exclusivo da burocracia estatal.

Os alemães leem *Mein Kampf*

A República de Weimar fracassou rotundamente na tentativa de conciliar as contradições sociais da Alemanha. Quando, no final da década de 1920, parecia que as turbulências (hiperinflação, falências, desemprego em massa) do pós-guerra estavam domadas, precipitou-se no planeta a maior crise econômica até então experimentada pelo capitalismo – o *crash* de 1929, seguido de dez anos de depressão –, que trouxe de volta pobreza, desespero e luta social aguda à Alemanha.

Na entrada dos anos 1930, a tensão social no país agravava-se rapidamente, sucediam-se conflitos de rua e configurava-se um quadro político de instável equilíbrio de forças entre projetos opostos de esquerda e direita para sair da crise, com divisões internas em ambos os campos. Isso chegou a refletir-se até eleitoralmente. Nas eleições parlamentares de julho de 1932, por exemplo, de um lado, o Partido Social-Democrata obteve 21,6% dos votos; e os comunistas, 14,5% (a soma daria 36,1%); de outro lado, os nazistas alcançaram 37,4%; e, com identidade política cada vez mais difusa, o Partido do Centro Católico reteve 16,2% dos votos. A grande burguesia alemã, desde a derrota na guerra, havia se convertido, aparentemente, à democracia da Constituição de Weimar. Mas, ante o impasse que punha em risco seus interesses, não demorou para desvencilhar-se dos princípios de que havia pouco fizera profissão de fé. Deslocou-se sem perda de tempo da posição liberal que só perdia votos e reposicionou finanças e meios de comunicação em favor daquele ascendente e quase bizarro movimento de extrema direita que, exigindo vingança nacional, captura de "espaço vital" (*lebensraum*) para a Alemanha e unidade germânica contra as raças "inferiores" e os bolchevistas, finalmente conseguia mobilizar a insegurança da classe média e o terror dos desempregados de retornarem à miséria. A ascensão nazista tornou-se então fulminante de eleição para eleição: de 12 assentos no Reichstag em 1928, saltou para 107 em 1930, 196 em 1932 e 288 em 1933. O sectarismo e a miopia política das esquerdas alemãs não permitiu que se unissem para barrar a vitória eleitoral do Partido Nazista em 1933. E o centro católico, por procedimentos que logo se verá, resolveria suas dúvidas entregando-se voluntariamente aos braços fortes dos nazistas.

Adolf Hitler chegou ao poder em 30 de janeiro de 1933 pelas vias formais de uma democracia parlamentarista. Um mês depois demonizou e liquidou a oposição comunista atribuindo-lhe a autoria do incêndio do Reichstag (Parlamento), provocado em 27 de fevereiro; forçou a reforma da Constituição e, assim, mediante outorga parlamentar, obteve hipertrofia de poderes. Os alemães não ignoravam como ele empregaria esses poderes, pois suas ideias estavam metodicamente expostas num dos sucessos editoriais da Alemanha daqueles anos: *Mein Kampf* ("Minha luta").

Ditado por Hitler em 1924, durante um período de nove meses em que estivera preso devido a uma tentativa de golpe de Estado no final de 1923 (o *Putsch* da Cervejaria), esse livro tem a forma de narrativa autobiográfica e sistematiza as ideias do movimento nacional-socialista (nazismo) que ele chefiava desde 1919. À parte uma incontida admiração do autor por si mesmo – narcisismo que talvez não chegasse a ser grande pecado, considerado o comum das autobiografias –, é um livro brutal e claro. Em quinhentas páginas impressas em letra miúda, discorre sobre uma variedade enorme de assuntos, mas volta sempre a temas condutores.

Já na primeira página, o nacionalismo pangermânico de base racial puxa o fio da meada: "Povos em cujas veias corre o mesmo sangue devem pertencer ao mesmo Estado. Ao povo alemão não assistem razões morais para uma política ativa de colonização enquanto não conseguir reunir os seus próprios filhos em uma pátria única". Esse pensamento, repetido à exaustão no livro, equivalia, por si só, a um manifesto expansionista, considerando-se a existência de minorias germânicas espalhadas, no mínimo, pela França, Tchecoslováquia, Áustria, Hungria, Polônia, Suíça e União Soviética.

Mas havia um obstáculo a ser removido: o marxismo. Hitler conta que, tendo ficado órfão prematuramente (de mãe aos treze anos, de pai aos quinze), viu-se forçado a trabalhar como operário da construção civil em Viena durante cinco anos. Nessa cidade cosmopolita – era capital do Império Austro-Húngaro da dinastia dos Habsburgos – conheceu o Partido Social-Democrata, então marxista e de base operária. Daí, adveio um ódio eterno ao marxismo, pois, segundo teria percebido, "... ali tudo se negava: a nação era uma invenção das classes capitalistas (...); a Pátria era um instrumento da burguesia para a exploração das massas trabalhadoras; a autoridade da lei era simples meio de opressão do proletariado; a escola era instituto de cultura do material escravo e mantenedor da escravidão; a religião era vista como meio de atemorizar o povo para melhor explorá-lo; a moral não passava de uma prova da estúpida paciência de carneiro do povo. Não havia nada, por mais puro, que não fosse arrastado à lama mais asquerosa". Por isso, o marxismo é "uma peste ambulante sob a máscara de virtude social e amor ao próximo e da qual se deve depressa libertar a terra, pois, do contrário, muito facilmente a humanidade será por ele imolada". Uma certa experiência pessoal ajudou-o a firmar essa convicção: após tornar-se conhecido no local de trabalho por sua oposição à social-democracia, alguns colegas, "defensores do lado contrário, intimaram-me a abandonar a construção imediatamente ou a ser jogado do andaime". Hitler faz este diagnóstico dos trabalhadores: "Assim como as mulheres, cuja receptividade mental é determinada menos por motivos de ordem abstrata do que por uma indefinível necessidade sentimental de uma força que as complete e que, por isso, preferem curvar-se aos fortes a dominar os fracos, assim também as massas gostam mais dos que mandam do que dos que pedem..." Por isso, é necessário "usar gás venenoso contra gás venenoso", eliminar os marxistas, "inimigos do gênero humano", semeadores de "uma doutrina constituída de egoísmo e ódio, que (...) poderá ser levada à vitória, mas arrastará a humanidade à ruína". A "conduta idiota" da burguesia, a "ganância e miopia de muitos patrões", ao resistirem a todas as reivindicações dos trabalhadores, favoreceriam a penetração do marxismo entre os operários, que transformaram os sindicatos "no mais temível instrumento de terror contra a segurança e a independência da economia nacional, a solidez do Estado e a liberdade dos indivíduos".

Hitler relata que, nesse período vienense, compreendeu a "ligação entre essa doutrina de destruição e o caráter de uma certa raça" e assimilou rapidamente o antissemitismo circundante: os judeus "não eram amantes de banhos", tinham "aparência acovardada", estavam envolvidos em toda "sujidade e impudência" da vida cultural da nação, e "isso é tão fatal como a existência de vermes nos corpos putrefatos". Essa "peste espiritual" seria responsável por "nove décimos da sordidez e dos disparates da literatura, da arte e do teatro". A grande imprensa, cujos editores seriam judeus, só reproduziriam elogios à cultura e à civilização francesa e "o sentido geral dos seus escritos era tão evidentemente depreciador de tudo quanto era alemão, que não se podia deixar de nisso ver uma intenção deliberada". Após registrar seu "sentimento de profunda revolta" com as "ligações dos judeus com a prostituição", o autor concluía, apaziguado: "Agora que me tinha assegurado de que os judeus eram os líderes da social-democracia, comecei a ver tudo claro... Os líderes do Partido Social-Democrata (...) eram quase todos pertencentes a uma raça estrangeira, pois, para minha satisfação íntima, convenci-me de que o judeu não era alemão. Só então compreendi quais eram os corruptores do povo". Por isso, informa: "Gradualmente comecei a odiá-los". "De inoperante cidadão do mundo, passei a ser um fanático antissemita." E pôs-se a teorizar: "A doutrina judaica do marxismo repele o princípio aristocrático na natureza. Contra o privilégio eterno do poder e da força do indivíduo, levanta o poder das massas e o peso morto do número. Nega o valor do indivíduo, combate a importância das nacionalidades e das raças, anulando assim na humanidade a razão de sua existência e de sua cultura. Por essa maneira de encarar o universo, conduziria a humanidade a abandonar qualquer noção de ordem. E, como nesse grande organismo só o caos poderia resultar da aplicação desses princípios, a ruína seria o desfecho final para todos os habitantes da Terra. Se o judeu, com o auxílio do seu credo marxista, conquistar as nações do mundo, a sua coroa de vitórias será a coroa mortuária da raça humana... Por isso, acredito agora que ajo de acordo com as prescrições do Criador Onipotente. Lutando contra o judaísmo, estou realizando a obra de Deus".

A partir daí, *Mein Kampf* denuncia a democracia, "maldita instituição" importada da Inglaterra que, ao introduzir o sufrágio universal, teria levado os 10 milhões de austríacos germanófonos a perderem a maioria no Reichsrat (conselho imperial austro-húngaro), favorecendo a "desgermanização" da Áustria. "A atual democracia do Ocidente é precursora do marxismo, que sem ela seria inconcebível. Ela oferece um terreno propício, no qual consegue desenvolver-se a epidemia." Ademais, "o Parlamento toma qualquer decisão – mesmo as de consequências mais funestas – e ninguém é por ela responsável, nem é chamado a prestar contas". Os parlamentares seriam "percevejos" só preocupados com a reeleição e, quando seu partido recua em popularidade, "os ratos parlamentares abandonam o navio partidário". O progresso humano proviria de cérebros individuais e não do consentimento de maiorias. A "maioria jamais pode substituir o homem. Ela é sempre a advogada não só da estupidez, mas também da covardia, e, assim como cem tolos reunidos não somam um sábio, uma decisão heroica não é provável que surja de um cento de covardes". Por outro lado, "o indivíduo que realmente ultrapassa a medida normal do tipo médio costuma fazer-se enunciar na história universal pelos seus próprios atos, pela afirmação de sua personalidade". Portanto, a "verdadeira democracia germânica (...) escolhe livremente seu chefe (...) que responda com seus bens e vida por suas decisões".

Convencido de que o destino da nação alemã não seria decidido na Áustria (um "conglomerado de raças... e, acima de tudo, judeus e mais judeus"), e sim na Alemanha, Hitler mudou-se em 1912 para Munique. Preocupado com o aumento da população alemã (segundo ele, "900 mil almas por ano"), examinou várias possibilidades e concluiu que a única esperança de obter espaço vital seria "adquirir territórios na Europa, e isso teria de dar-se de um modo geral à custa da Rússia. O novo Reich teria de novamente pôr-se em marcha na estrada dos guerreiros de outrora, a fim de, com a espada alemã, dar ao arado alemão a gleba, e à nação alemã o pão de cada dia". Formula seu conceito de Estado como "organismo racial e não uma organização econômica (...), resultado da atuação daquelas virtudes que residem no instinto de conservação da raça e da espécie. Estas são, porém, virtudes heroicas, e nunca egoísmo mercantil, pois que a conservação da existência de uma espécie pressupõe o sacrifício voluntário de cada um".

Retornando da Primeira Guerra Mundial, porque combatera como voluntário do exército alemão e fora ferido duas vezes, Hitler conta que adquiriu "certeza" de que a guerra foi perdida porque a Alemanha fora traída pelos judeus e marxistas. Desgostoso, proclama: "Que se deveria fazer? Pôr os dirigentes do movimento (comunista) nos cárceres, processá-los e deles livrar-se a nação. Ter-se-ia de empregar com a máxima energia todos os meios de ação militar, a fim de destruir essa praga. Os partidos teriam de ser dissolvidos, o Reichstag (parlamento alemão) teria de ser chamado à razão pela força convincente das baionetas. O melhor até teria sido dissolvê-lo". Concluiu que fazia falta à Alemanha um movimento popular com "firme base espiritual", dotado de "certo fanatismo", capaz de utilizar "métodos de repressão uniforme e sem solução de continuidade" no combate aos comunistas, aos judeus, ao capital especulativo e ao capital internacional dominados pelos judeus. A partir de 1919, dedicou-se – com óbvio sucesso – a construir esse movimento.

A propaganda capaz de arrancar os trabalhadores da influência marxista precisaria ater-se a três critérios. Primeiro: ser "subjetiva e unilateral", atribuindo sempre a "culpa ao adversário, mesmo que esse fato não tivesse correspondido exatamente à marcha dos acontecimentos", pois, quando se admite "o menor indício de reconhecer um direito à parte oposta, cria-se imediatamente a dúvida quanto ao direito próprio". Segundo: em vez de dirigir-se ao raciocínio, a propaganda deve tocar no "primitivismo do sentimento da grande massa", pois "o povo, em sua grande maioria, é de índole feminina tão acentuada, que se deixa guiar, no seu modo de pensar e agir, menos pela reflexão do que pelo sentimento". Terceiro: insistir, como num "estribilho", repetindo para a massa "milhares de vezes os mais simples conceitos".

Imaginando conferir base científica ao racismo, Hitler começa por confundir espécie biológica com raça: "Cada animal só se associa a um companheiro da mesma espécie. O abelheiro cai com o abelheiro, o tentilhão com o tentilhão, a cegonha com a cegonha, o rato campestre com o rato campestre. (...) Esse instinto que vigora em toda a Natureza, essa tendência à purificação racial tem por consequência não só levantar uma barreira poderosa entre cada raça e o mundo exterior, como também uniformizar as disposições naturais. (...) Nunca se achará uma raposa manifestando a um ganso sentimentos humanitários, da mesma maneira que não há um gato com inclinação favorável a um rato". Em seguida, anuncia que a geração de descendentes se opera por média aritmética: "Todo cruzamento entre dois seres em situação um pouco desigual na escala biológica dá, como produto, um intermediário entre os dois pontos ocupados pelos pais". Em decorrência dessa lei, "o filho chegará provavelmente a uma situação mais alta do que a de um dos seus pais – o inferior –, mas não atingirá entretanto a altura do superior em raça. Mais tarde será, por conseguinte, derrotado na luta com os superiores". Portanto, esse tipo de união estaria "em franco desacordo com a vontade da Natureza (...) que não se apoia na ligação de elementos superiores com inferiores, mas na vitória incondicional dos primeiros. O papel do mais forte é dominar. Não se deve misturar com o mais fraco, sacrificando assim a própria grandeza". Tais fundamentos imporiam esta conclusão geral: "Se por um lado, ela (a Natureza) pouco deseja a associação individual dos mais fracos com os mais fortes, ainda menos a fusão de uma raça superior com uma inferior. Isso se traduziria em um golpe quase mortal dirigido contra todo o seu trabalho anterior de aperfeiçoamento, executado talvez através de centenas de milênios". Assim, o "pecado da mistura de sangue" teria sempre os seguintes efeitos, "A) Rebaixamento do nível da raça mais forte; B) Regressão física e intelectual e, com isso, o começo de uma enfermidade, que progride devagar, mas seguramente. Provocar semelhante coisa não passa então de um atentado à vontade do Criador".

Satisfeito com sua "teoria" racial (possivelmente não soubesse que, mesmo do ponto de vista científico da própria época, não passava de tolices), Hitler a transpõe à prática: "O que hoje se apresenta a nós em matéria de cultura humana, de resultados colhidos no terreno da arte, da ciência e da técnica, é quase que exclusivamente produto da criação do ariano. É sobre tal fato, porém, que devemos apoiar a conclusão de ter sido ele o fundador exclusivo de uma humanidade superior, representando assim o tipo primitivo daquilo que entendemos por homem". Modesto, Hitler explica que essa manifesta superioridade do ariano decorreria não necessariamente de sua maior inteligência, mas de sua maior disposição de sacrificar-se em benefício da raça e da comunidade: "Nele, o instinto de conservação alcançou a forma mais nobre, submetendo o próprio 'eu', espontaneamente, à vida da coletividade, sacrificando-o até inteiramente, se o momento exigir". Ao contrário, "no povo judeu, a vontade de sacrificar-se não vai além do puro instinto de conservação do indivíduo. (...) O judeu só conhece a união quando ameaçado por um perigo geral ou tentado por uma pilhagem em comum; desaparecendo ambos estes motivos, os sinais característicos do mais cru egoísmo surgem em primeiro plano, e o povo, ora unido, de um instante para outro transforma-se em uma chusma de ratazanas ferozes". Por isso, não seria possível existir um país judaico: "Uma formação estatal compreendida dentro de um determinado espaço pressupõe sempre uma disposição idealista na raça..." Os judeus, ele insiste, não são uma religião, mas uma raça destrutiva, dominam a finança internacional, outrora se serviram da burguesia contra o mundo feudal, hoje atiçam operários contra patrões, usam a maçonaria e a imprensa com o propósito de submeter e destruir a Alemanha, pregam o universalismo e o internacionalismo marxistas para solapar o nacionalismo germânico – segue aí afora a fúria do autor.

Em sequência, Hitler expõe um rol de catorze "exigências táticas" norteadoras da ação de seu movimento, depois um programa partidário de vinte e cinco pontos, organiza seu pensamento sobre a criação de um "Estado nacionalista racista" expurgado de "contaminações raciais", reitera o elogio do heroísmo extremado e do sacrifício individual até a morte para salvar a raça ariana "superior", namora a ideia de morte honrosa, promove o culto da estética, da arquitetura "grandiosa" e da saúde física ariana, recupera a trajetória do movimento nazista e o seu papel pessoal nessa trajetória (decisivo, evidentemente), relata com orgulho seus enfrentamentos com a "corja comunista", proclama a determinação de substituir a luta de classes pela conciliação forçada das classes sociais, glorifica soluções violentas e "definitivas", não dissimula asco pelos intelectuais, desprezo pela hipocrisia da classe média e desdém pelas vacilações políticas da alta burguesia, repisa a importância da propaganda política para conquistar as massas, bem como a necessidade de capturar solo russo e de outros países eslavos "inferiores" para propiciar espaço "vital" à Alemanha, tudo isso sob um recorrente e quase incestuoso *Deutschland über alles* – haja fôlego, não se acusará jamais de falta de loquacidade o autor de *Mein Kampf!*

Vai uma última citação. Ela expressa o processo de desumanização do "inimigo" que, muito em breve, tornaria a sabe-se lá quantos milhares de alemães uma tarefa leve, quase alegre, construir e operar campos de concentração, câmaras de gás e fornos crematórios: para Hitler, o judeu "é e sempre será o parasita típico, um bicho que, tal como um micróbio nocivo, se propaga cada vez mais, assim que se encontra em condições propícias. A sua ação vital igualmente se assemelha à dos parasitas onde ele aparece. O povo, que o hospeda, vai se exterminando mais ou menos rapidamente"[155].

Perdoe-me o leitor pela náusea.

---

155. Adolf Hitler. *Minha luta (Mein Kampf)*. São Paulo: Mestre Jou,1962, pp. 15, 36-7, 39, 43, 46-52, 59-63, 66-7, 75, 97, 99, 101, 103, 111, 114-5, 122-3, 162, 165,169, 179,185-8, 192-3, 195-8, 206-8, 216, 225, 263, 290-5 e 407.

Semeadura em solo fértil

Bem pesadas as coisas, *Mein Kampf* talvez não tenha ido muito além de sistematizar e exacerbar até a fúria o senso comum da direita ocidental da primeira metade do século XX – evidentemente, ao modo específico como era sintetizado no imaginário conservador alemão do entreguerras. Nacionalismo expansionista, anticomunismo violento, reducionismo biologista e intolerância racista de filiação vária, até mesmo antissemita, não constituíam nenhuma novidade na época, dentro e fora da Europa, mesmo entre liberais (tardiamente perceberiam que também seriam contados entre as vítimas do veneno que ajudaram a destilar). Hitler combinou esses ingredientes num mesmo caldeirão infernal, exaltou-os ao paroxismo, adicionou certas percepções algo delirantes e incorporou a esse conjunto o desprezo até pela democracia meramente formal, que também se disseminava pela direita ocidental (até mesmo entre seus intelectuais) após a Primeira Guerra Mundial. Foi bem-sucedido nessa empreitada porque havia receptividade social para ela.

O nacionalismo tinha se tornado havia muito tempo estandarte político da burguesia. Como o capitalismo industrial intensificara a concorrência econômica entre os vários centros produtores e comerciais, essa classe, desde o início do século XIX, passou a estimular na Europa certos sentimentos populares espontâneos decorrentes de identidade de língua, costumes e tradições, engendrando movimentos pela unificação de pequenos reinos, cidades-Estados, principados etc., em unidades políticas maiores – os Estados-nações. Leis protecionistas logo providenciadas (malgrado o discurso de livre concorrência) tornavam cada novo país uma reserva de mercado da burguesia local, além de conduzir à imediata queda dos impostos alfandegários e tarifas de passagem que, antes da unificação, oneravam o intercâmbio comercial entre aquelas pequenas unidades territoriais. Ao patriotismo "revolucionário" para a criação de novos países, reacendia-se o patriotismo guerreiro dos países mais antigos, tocando às vezes o chauvinismo[156]. Não é de estranhar que o nacionalismo se reanimasse com ardor exasperado no início do século XX exatamente em países que, tendo concluído com atraso relativo seu processo de unificação territorial/política ou de industrialização – caso da Itália, só unificada em 1870; da Alemanha, que concluiu sua unificação em 1871; e do Japão, cujo imperador Meiji

---

156. Alphonse Daudet, no conto "A morte de Chauvin", cunhou o personagem monsier Chauvin: sempre entre hinos, tambores e bandeiras, seu patriotismo exagerado resvalava em galhofa sem que ele disso se apercebesse.

só venceu as forças feudais em 1868 –, suas burguesias também chegaram tardiamente ao mercado mundial, tendo de disputá-lo agressivamente com potências mais antigas. Desde a última década do século XIX, propostas pangermânicas ganhavam popularidade na Europa central. O próprio movimento operário do Império Austro-Húngaro "dava mostras de estar infiltrado por uma ideologia nacional-expansionista, que foi mais tarde aproveitada por Hitler"[157].

O anticomunismo irado se tornara, desde a Primavera dos Povos (1848) e a Comuna de Paris (1871), categoria dominante no ideário conservador e na sua propaganda, ainda mais nos países industrializados, onde o ascendente movimento operário não deixava a burguesia se distrair – o que só piorou quando revoluções populares demonstraram a ricos estupefatos que, quando bem organizados e dispostos, era possível camponeses chegarem ao poder, como no México, e operários, como na Rússia. A assustadiça classe média passou a ser regularmente abastecida com "relatos" arrepiantes de que comunistas russos devoravam bebês assados, empalavam sacerdotes indefesos e apoderavam-se até de pequenos patrimônios familiares adquiridos por pais de famílias após árduas economias.

Também o racismo já deitara raízes fundas no Ocidente. Embora o conceito de raça só se tivesse tornado corrente no século XIX, atitudes discriminatórias em relação a grupos humanos "diferentes", considerados dotados de características físicas ou culturais "homogêneas", estiveram na raiz de justificações do escravismo desde a Antiguidade, sob condescendência de filósofos e teólogos. Mais tarde, o antijudaísmo religioso cristão não só privou de direitos os judeus, como remeteu sucessivas levas desses "assassinos de Cristo" às fogueiras "purificadoras" da Inquisição medieval – embora, às vezes, fosse difícil discernir fanatismo religioso de propósitos confiscatórios. "Com a igualdade social negada, proibidos de possuir terras, excluídos dos cargos públicos e da maioria das formas de comércio, os judeus tinham poucas alternativas, a não ser emprestar dinheiro, o que era proibido aos cristãos pela lei da Igreja. Autorizados a emprestar a taxas de juros rigorosamente determinadas, os judeus tornaram-se amaldiçoados como 'sanguessugas' e 'usurários', vivendo das dívidas dos cristãos. A Idade Média foi uma era de perseguição sem precedentes aos judeus, pontuada por conclamações ocasionais à moderação por papas esclarecidos. Os cruzados decidiram que era parte de sua missão atormentar e matar judeus na

---

157. Leandro Konder. *Kafka – Vida e obra*. Rio de Janeiro: José Álvaro, 1966.

ida e na volta da Terra Santa; a prática de conversões e batismos forçados, em particular de meninos judeus, tornou-se disseminada."[158] Acusadas de promoverem rituais de magia para provocar a peste negra, comunidades inteiras de judeus foram massacradas por multidões de católicos enfurecidos. O papa Paulo IV instituiu no século XVI o confinamento dos judeus em guetos e, em horrível antecipação do que fariam os nazistas quatrocentos anos depois, submeteu-os ao uso de distintivos amarelos – até a cor seria a mesma![159] O antijudaísmo religioso forjou a caricatura grotesca dos judeus como seres maléficos, endemoninhados, dados a sacrifícios rituais de crianças cristãs, gananciosos e sorrateiros – imagem que infundiu horror a sucessivas gerações de fiéis simplórios e que também seria retomada pelo nazismo.

A partir do século XVI, outras posturas racistas estiveram a serviço das sucessivas ondas de expansão colonialista europeia na América, África e Ásia, tentando fazer parecer "moral" a truculência, a apropriação violenta das terras, a conversão religiosa forçada, o sequestro, a escravização e o genocídio de povos "primitivos" ao redor do globo.

Ao longo do século XIX, o racismo foi absorvendo uma tintura cientificista do positivismo em voga e, malgrado a imprecisão/inconsistência científica da noção de raça humana, ganhavam respeitabilidade estudos de antropologia, biologia e história que operavam com esse conceito como ferramenta teórica. Engendrava-se e disseminava-se, sob túnica pretensamente "científica", toda sorte de teorias racistas – justificadoras tanto do colonialismo como da supremacia social burguesa no planeta. Até na descoberta e no estudo de fósseis humanos pré-históricos havia quem buscasse sugestões de suporte ao racismo. "Pois os ancestrais mais identificáveis e mais remotos – principalmente o homem de Neanderthal – eram claramente mais simiescos e culturalmente inferiores que os seus descobridores. Logo, se algumas raças existentes poderiam ser demonstradas como estando mais próximas ao macaco do que outras, não iria isso provar sua inferioridade? O argumento é frágil, mas era um apelo natural para aqueles que queriam provar a inferioridade racial, por exemplo, dos negros em relação aos brancos – ou melhor, de qualquer um em relação aos brancos. (A forma de macaco poderia ser discernida pelo olho do preconceito até nos chineses e japoneses, como testemunham muitos desenhos da época.)"[160]

Às vezes, apontavam-se razões geográficas ou climáticas para naturalizar

---

158. John Cornwell, *op. cit*, p. 38.
159. *Idem*, p. 39.
160. Eric J. Hobsbawm, *A era do capital*, op. cit., pp. 368-369.

situações de conquista e opressão: climas quentes, por exemplo, conformariam povos "indolentes", incapazes de criar civilizações refinadas, sendo preciso que os povos "laboriosos" (brancos, certamente) dos climas frios ou temperados os submetessem à força e os obrigassem ao trabalho. Nenhuma palavra sobre como floresceram ricas culturas na Mesopotâmia, no Egito, na península arábica, na Pérsia, na Índia, no Sudeste asiático, na Nigéria, em Mali, Benin, no Zimbábue, no México, na América Central, no litoral peruano e em outras paragens de clima quente.

Outras vezes, explicações para o comportamento humano transitavam entre o reducionismo biológico e o darwinismo social, fortalecendo ideias de hierarquia moral ou intelectual entre biotipos, raças, classes e culturas. O psiquiatra italiano Cesare Lombroso publicou em 1876 o livro *O homem criminoso*, em que, buscando uma explicação médica para a conduta criminosa – o que certamente inovava em relação à abordagem meramente moral –, terminou, contudo, refém do organicismo: o criminoso é um doente, predisposto à delinquência por causas hereditárias e doenças psicológicas e, por isso, existiria o criminoso nato, que poderia ser reconhecido por traços anatômicos, fisiológicos e patológicos repetitivos, compondo fisionomias criminosas. Vê-se logo que essas ideias não demoraram para serem tomadas como validação científica a antigos preconceitos contra biotipos das classes sociais subalternas, além de contribuir para popularizar práticas de craniometria racial que os nazistas logo adotariam com entusiasmo para reconhecer raças "inferiores". Na passagem para o século XX, adquiriam prestígio noções de eugenia científica, que quase sempre resvalavam na defesa de higiene (purificação) racial. Em vários países surgiram leis restritivas de casamentos inter-raciais e de imposição legal de esterilização cirúrgica de doentes mentais.

Mas, em sentido mais estrito, pertence ao francês Gobineau a paternidade do racismo com pretensão "científica": em seu livro *Ensaio sobre a desigualdade das raças humanas* (1855), em que defendeu a aristocracia contra a democracia, esse escritor erigiu a raça como categoria explicativa da história e da cultura humanas (determinismo racial). Haveria uma raça "ariana" ou "nórdica" que, por sua manifesta "superioridade" biológica e espiritual em relação a todas as outras, teria por vocação dominar o mundo e dirigir a humanidade. Mais tarde, nos primeiros anos do século XX, Houston Chamberlain (um inglês que adotou a nacionalidade alemã) popularizou na Alemanha o mito do arianismo com um texto em que identificava diretamente os alemães com a raça superior. Nada melhor para o amor-próprio germânico de classe média: essas noções rapidamente se combinaram com o antigo e enraizado antissemitismo alemão, passando a conferir-lhe, a partir daí, "suporte" racial e não mais apenas religioso. Os judeus, raça inferior e perniciosa, seriam responsáveis pela destilação do marxismo internacionalista, do próprio capitalismo e da arte moderna degenerada, com o propósito de debilitar o glorioso projeto nacionalista alemão. Hitler, evidentemente, depositou essas ideias e esses sentimentos no *Mein Kampf* e ampliou suas ressonâncias a milhões de mentes receptivas, amarguradas pela derrota e humilhação nacional na Primeira Guerra Mundial.

Em 1930, o principal ideólogo do Partido Nazista, Alfred Rosenberg (em 1934 seria encarregado da Educação Ideológica Nazista), publicou o livro *O mito do século XX*, em que, retomando formulações de Gobineau, Chamberlain e do próprio Hitler, levou a extremos o determinismo racial. Defendeu a natureza racial dos valores, da moral, até da ciência, consumando assim a ruptura teórica com o conceito universal de ser humano que, tendo sua construção histórica impulsionada pelo Iluminismo, fora ampliado pelo marxismo com a inclusão dos trabalhadores. Para Rosenberg, a raça superior ariana teria saído do norte da Europa em época remota e "difundiu-se na Antiguidade para o Egito, a Índia, a Pérsia, a Grécia e Roma, dando origem às civilizações antigas, que decaíram porque os arianos se misturaram com raças inferiores. Todas as ciências, artes e instituições fundamentais da vida humana foram criadas por essa raça. Em oposição a ela está a antirraça judaica, que criou os venenos da raça, que são a democracia, o marxismo, o capitalismo, o intelectualismo artístico e até mesmo os ideais de amor, humildade e igualdade difundidos pelo cristianismo, que representa uma corrupção romano-judaica dos ensinamentos do ariano Jesus"[161]. Como não houvesse qualquer possibilidade de demonstrar a historicidade dessa fábula racista, os próprios nazistas apresentaram-na como mito fundador, emanado e sustentado pelo que chamaram de *força vital da raça*.

Não importava que Cristo tivesse sido um judeu, assim como não importava que essa e todas as outras narrativas racistas, mesmo à luz do conhecimento histórico e biológico da época, já não tivessem qualquer consistência científica. Importava, isso sim, é que o nazismo semeava em solo fértil.

---

161. Nicola Abbagnano. *Dicionário de filosofia*. São Paulo: Martins Fontes, 1998, pp. 822 e 823.

A colheita

Além de sua versão nazista alemã, outras variantes de movimentos fascistas, que já vinham tomando fôlego desde meados da década de 1920 (na Itália, em Portugal, no Japão etc.), se disseminaram pela Europa: a "Guarda de Ferro" romena, a "Cruz em Seta" húngara, a "Falange" espanhola, a "Croix de Feu" francesa, a "União de Fascistas" britânica etc., para não falar de congêneres menos "respeitáveis" na América Latina, como os fascistas católicos da Ação Integralista Brasileira, de Plinio Salgado. No campo contrário, porém, as correntes políticas que, em breve, seriam mais duramente golpeadas pelo fascismo (os comunistas e social-democratas) dificilmente conseguiam se entender para opor resistência comum à ascensão fascista, ao passo que os partidos liberais, à exceção dos da Inglaterra, dos Estados Unidos e de um ou outro país menos importante, definhavam por toda parte. O Vaticano e as igrejas protestantes da Alemanha deixaram-se neutralizar, perdurando acusações de simpatia, complacência ou omissão diante do fascismo.

Na Itália, onde o movimento fascista ascendera ao poder em 1922, o Vaticano aparou as arestas com esse regime pelo Tratado de Latrão, assinado com Mussolini em fevereiro de 1929. Por essa concordata, a Itália cedia nos seguintes pontos: reconhecia o catolicismo como religião oficial, permitia que a Igreja impusesse o Código de Direito Canônico a seus fiéis no país, aceitava a validade dos casamentos celebrados na Igreja, entregava ao papa a soberania sobre a "cidade" do Vaticano (alguns quarteirões de Roma), a propriedade sobre templos e alguns prédios fora desses limites, além de pagar ao Vaticano uma indenização por ter confiscado em 1870, no auge do movimento de unificação italiana, vastos territórios pontifícios. Em contrapartida, "o poderoso e democrático Partido Popular Católico (...) foi proibido, e seu líder, dom Luigi Sturzo, exilado. Os católicos haviam sido instruídos pelo Vaticano a se retirar da política como católicos, deixando um vazio político no qual os fascistas se expandiram. Nas eleições realizadas em março, depois do Tratado de Latrão, os padres por toda a Itália foram estimulados pelo Vaticano a apoiar os fascistas. O papa falou de Mussolini como 'um homem enviado pela Providência'"[162].

Concordata semelhante seria celebrada em 20 de julho de 1933 entre a Alemanha nazista e o Vaticano. Ela "autorizava o papado a impor novas leis canônicas aos católicos alemães, além de conceder generosos privilégios ao clero e às escolas católicas. Em troca, a Igreja Católica na Alemanha, seu partido político com representação parlamentar e suas centenas de

---

162. John Cornwell, *op. cit.*, p. 131.

associações e jornais abstinham-se 'voluntariamente', seguindo a iniciativa de Pacelli (secretário de Estado do Vaticano, futuro Pio XII), de qualquer ação social e política. A renúncia à ação política pelo catolicismo alemão em 1933, negociada e imposta pelo Vaticano por Pacelli, com a concordância do papa Pio XI, permitiu que o nazismo pudesse se elevar sem qualquer oposição da mais poderosa comunidade católica do mundo"[163]. Nessa época, um terço dos setenta milhões de alemães era católico, constituía a religião mais organizada do país – só a Juventude Católica tinha 1,5 milhão de filiados –, possuía quatrocentos jornais diários (15% da circulação nacional), além de trinta outras publicações com circulação acima de cem mil exemplares, e duas agências de notícias. Seu Partido do Centro Católico era a terceira força política do país, atrás apenas dos nazistas e da social-democracia. Nunca se saberá o quanto dessa vasta força social e política se reduziu ao silêncio apenas por obediência ao chefe máximo de sua Igreja ou por assentimento voluntário – no primeiro semestre de 1933, às vésperas da assinatura da Concordata do Vaticano com Hitler, centenas de milhares de filiados já se retiravam do Partido do Centro Católico para filiar-se ao Partido Nazista. Após a assinatura da concordata, o Partido do Centro Católico dissolveu-se voluntariamente – não sem antes, em 23 de março desse ano, ter assegurado maioria parlamentar para a aprovação da terrível "Lei de Exceção", que concedeu a Hitler poderes plenos para legislar sem o consentimento do Reichstag, dando início à sua ditadura legal de doze anos. As igrejas protestantes da Alemanha também assinaram concordatas semelhantes com Hitler – com iguais consequências políticas.

Assim que se viu com plenos poderes, Hitler tratou logo de resolver uma antiga pendência interna de seu movimento. O pequeno partido inicial (Partido dos Trabalhadores Alemães) a que aderira em 1919 era nacionalista, antissemita, anticomunista e, de um modo confuso, dizia-se também defensor de um certo "anticapitalismo" nunca definido. Daí o nome que adotou em 1921: Partido Nacional-Socialista dos Trabalhadores Alemães. O "socialista" do título decorria do antigo prestígio que as ideias socialistas desfrutavam entre o proletariado alemão – que não podiam ser descartadas muito depressa por um partido que pretendia conquistar exatamente esse proletariado, ainda mais naquela situação de miséria em que se encontravam milhões de alemães. Embora a mera palavra efetivamente nada significasse, acabou atraindo, nos primeiros tempos, até ex--militantes da social-democracia, tanto operários como profissionais de classe

---

163. *Idem*, pp. 18, 123, 144 e 162.

média, seduzidos pela promessa de solução rápida dos tormentos da crise. Essa certa ambiguidade ideológica foi útil ao Partido Nazista até conquistar as grandes massas desesperadas pelo *crash* de 1929. Mas, uma vez no governo, antes que alguém resolvesse levar a sério a palavra "socialista" inscrita no nome do partido, Hitler eliminou esse risco ao seu modo preferido: em 30 de junho de 1934 promoveu a carnificina conhecida como "noite das facas longas", pela qual exterminou de um só golpe os membros das SA[164] que ainda sustentavam dentro do partido essa tendência enganosamente "socialista".

A liberdade morre na Espanha

O mundo, a partir da década de 1930, tornou-se desolador, e a desolação só iria se ampliar até 1945. A jovem República espanhola, nascida em 1931 com muitas promessas de reformas sociais, foi esmagada na guerra civil (1936-1939) iniciada e vencida pela coalizão direitista comandada pelo general Francisco Franco, apoiado na Igreja Católica, no exército e nos proprietários de terras. Morreu um milhão de espanhóis nesse conflito, numa antevisão da carnificina que seria a Segunda Guerra Mundial que, é claro, a trôpega Liga das Nações não conseguiria evitar.

A guerra civil espanhola rapidamente se converteu num conflito entre, de um lado, as forças da democracia, da República e do progresso social e, de outro lado, o fascismo europeu cada vez mais agressivo. A Alemanha nazista e a Itália fascista não demoraram para escorar os franquistas-monarquistas espanhóis com os equipamentos bélicos mais sofisticados da época e financiamentos fartos. Mussolini enviou para Francisco Franco cerca de 70 mil soldados italianos armados e equipados, navios de guerra, submarinos e aviões de combate. Hitler colocou à disposição do general golpista espanhol companhias completas de tanques, conduzidos por tanquistas alemães, peças de artilharia pesada e a esquadrilha inteira de aviões bombardeiros da sinistra Legião Condor. Até o provinciano ditador católico de Portugal, António de Oliveira Salazar, remeteu quase 20 mil soldados, disfarçados de civis, para fazer um agrado a Franco. A União Soviética, ainda se desembaraçando das consequências do cerco econômico-diplomático internacional, ofereceu suporte limitado aos republicanos, em especial, armas de infantaria, uma reduzida quantidade de tanques e de aviões, assessores militares, e certo aporte financeiro.

---

164. Sigla, em alemão, para Grupos de Assalto, setor paramilitar do Partido Nazista, os "camisas-marrons".

O governo legal republicano dispunha de escassos recursos e de armas insuficientes, mas suscitou o florescimento de uma ardorosa solidariedade internacional, só comparável à da Primavera dos Povos – aquela onda de revoluções populares na Europa, em 1848, quando a revolução de cada país se solidarizava ativamente com as revoluções dos países vizinhos. A partir de 1937, cerca de 40 mil voluntários (principalmente, jovens operários, intelectuais e ex-soldados) de uns sessenta países, viajaram para a Espanha conflagrada e organizaram as Brigadas Internacionais, combatendo ombro a ombro com os espanhóis, na defesa apaixonada da República. O brado de guerra dos brigadistas era: *"Por vuestra libertad y la nuestra!"*. Em contrapartida, a mais afamada *consigna* política dos monarquistas-falangistas da Espanha surgiu em 15 de agosto de 1936, proclamada pelo general direitista Millán Astray durante uma cerimônia dos golpistas em Sevilha: *"Abajo la inteligência! Viva la muerte!"*. Esse brado necrófilo foi assimilado com fervor pelos fascistas hispânicos. Cada brigada internacional de voluntários antifascistas adotava uma denominação que remetia a heróis libertadores, e concebia o seu próprio hino de combate. Como costuma ocorrer em épocas de esperança social intensa, foi fértil a criação de poemas e canções dos republicanos em honra à liberdade e ao sonho revolucionário. Quase trinta brasileiros combateram na Espanha como voluntários contra o fascismo[165].

O golpe militar do general Franco estava previsto para consumar-se em semanas, no máximo meses, mas a tenaz resistência popular por toda a Espanha esticou os combates por quase três anos[166].

[165]. Ainda é incerto o número de voluntários brasileiros, mas estes nomes estão confirmados: tenente Apolônio Pinto de Carvalho, sargento-aviador David Capistrano da Costa, tenente Dinarco Reis, marceneiro sindicalista Roberto Morena, sargento-aviador José Homem Correia de Sá, capitão de Cavalaria Nemo Canabarro Lucas (serviu diretamente no exército republicano na Catalunha), cadete de último ano da Aviação Delcy Silveira, seu irmão ainda estudante ginasial Eny Antonio Silveira, major Carlos da Costa Leite, tenente Joaquim Silveira dos Santos, tenente de Aviação José Gay da Cunha, tenente Alberto Bomilcar Besouchet, cabo de aviação Eneas Jorge de Andrade, tenente da Polícia Militar do Espírito Santo Nelson de Souza Alves, cabo de Aviação Hermeneglido de Assis Brasil, major de artilharia Carlos da Costa Leite (o mais idoso e mais graduado de todos), ex-aspirante de Cavalaria Homero de Castro Jobim (expulso do Exército aos 17 anos, acusado de comunista), tenente-aviador Carlos Brunswick França, jornalista espanhol Ramón Prieto Bernié, advogado italiano Libero Battistelli, o italiano revolucionário profissional Franscesco Leone, o judeu alemão Ernest Yosk, e o judeu romeno Wolf Reutberg, funcionário da Light And Power de São Paulo. Os cinco últimos eram estrangeiros residentes no Brasil. A presença de tantos jovens militares decorreu da decisão do Partido Comunista do Brasil – PCB de enviar para a Espanha os seus quadros com formação militar, recém-saídos da prisão após a malsucedida tentativa de insurreição de 1935. In: ALMEIDA, Paulo Roberto de, Brasileiros na Guerra Civil espanhola: combatentes na luta contra o fascismo. Revista de Sociologia e Política SciELO nº 12, junho de 1999, da Universidade Federal do Paraná.

[166]. Durante as décadas subsequentes, dezenas de obras literárias inspiraram-se no drama da resistência espanhola ao fascismo. Por exemplos, os romances: Por Quem os Sinos Dobram?, de Ernest Hemingway; A esperança, de André Malraux; Não passarão!, de Upton Sinclair; Homenagem à Catalunha (título em Portugal) ou Lutando na Espanha (título no Brasil), de George Orwell; Saga, de Érico Veríssimo; Soldados de Salamina, de Javier Cercas; O Lápis do Carpinteiro, de Manuel Rivas. Há inúmeras outras obras com essa temática.

Vencedora na guerra civil em abril de 1939, a extrema-direita católica promoveu uma metódica carnificina na Espanha e suas colônias. Liberais-democratas, socialistas, anarquistas, comunistas, sindicalistas, e até os padres progressistas do país basco (no restante do país, eram predominantemente monarquistas-franquistas) foram assassinados aos milhares. Tribunais militares de exceção, com envolvimento direto da Igreja Católica, que odiava os "ateus republicanos", funcionaram sem parar durante a maior parte da década de 1940. Seus julgamentos demoravam apenas alguns minutos, o direito de defesa não passava de encenação, e quase invariavelmente terminavam em condenação à morte[167]. Frequentemente, os falangistas[168] nem esperavam por esses julgamentos sumários: invadiam as residências dos republicanos que não haviam fugido do país, agarravam-nos e os fuzilavam nas ruas, ou simplesmente enforcavam-nos em árvores. A fuga dos sobreviventes, principalmente pelas trilhas geladas da cordilheira dos Pirineus, gerou uma diáspora de alguns milhões de espanhóis pelo mundo. Desde o final da guerra civil, continuam desaparecidos os cadáveres de mais de 100 mil pessoas. Fossas coletivas, com ossadas humanas empilhadas, prosseguem sendo encontradas até neste século XXI, principalmente nas cercanias de Madrid, Valência e Barcelona.

Em 26 de abril de 1937, no auge da guerra civil, a aviação alemã, que Hitler colocara a serviço dos franquistas, bombardeou e destruiu a pequena cidade de Guernica y Luno, situada no norte da Espanha, na região basca, em território ainda controlado pelos republicanos. Esse ato de punição massiva contra uma população civil foi, talvez, o primeiro experimento da tática militar de bombardeio de saturação que, muito em breve, seria empregado pelos dois lados envolvidos na Segunda Guerra Mundial. Pablo Picasso transpôs a truculência, o horror e a angústia desse massacre para a tela *Guernica*, de quase oito metros de comprimento, pintada em preto, cinza e branco, como uma fotografia antiga da morte. Só permitiu que ela fosse exposta na Espanha quarenta anos depois, após o término do regime fascista do general Franco.

167. Esses simulacros de julgamentos militares, brevíssimos e com veredictos pré-definidos, foram denunciados no romance La Voz Dormida, de Dulce Chacón (2002), que inspirou o filme de mesmo título (2011), dirigido por Benito Zambrano.

168. Falangistas eram os militantes da Falange Española Tradicionalista de las Juntas de Ofensiva Nacional Sindicalista – FE-JONS, um partido de extrema-direita fundado em fevereiro 1934 por José António Primo de Rivera ao qual, depois, acabaram convergindo os grupos e partidos reacionários que apoiaram a sublevação militar antirrepublicana do general Francisco Franco. A Falange Española combinava elementos ideológicos de catolicismo ultraconservador, monarquismo, corporativismo, defesa exaltada da propriedade privada, antiliberalismo e antissocialismo violentos – em suma, foi a tropa de choque do fascismo espanhol. A partir de abril de 1937, Francisco Franco, comandante do levante militar, autonomeou-se chefe da Falange e erigiu-a em único partido permitido na Espanha durante a sua longuíssima ditadura, até a sua morte, em 1975.

Segunda crise mundial dos direitos humanos

O nazismo e os demais fascismos legislaram e agiram contra a humanidade, praticaram políticas racistas, xenófobas e imperialistas, dividiram pessoas e populações entre as que deveriam viver e as que precisariam ser abolidas, tentaram o extermínio, por métodos industriais, de povos inteiros, e levaram sessenta milhões de seres humanos a morrerem durante a guerra que deflagraram.

Esse período produziu, com brutalidade nunca antes imaginada, a segunda grande crise dos direitos humanos desde a Restauração europeia de 1815-1830, e teve, como se sabe, resultados muito mais funestos que ela. Não porque esses direitos estivessem, até então, sendo respeitados – a própria luta histórica por sua conquista demonstra o contrário. É apropriado, contudo, falar-se numa grande crise dos direitos humanos nessa época, tanto pela extensão, intensidade e atrocidade das violações ocorridas como pela afirmação de uma postura de negar validade à titularidade dos direitos humanos para todos os seres humanos. Isso afastava tanto a noção de que todas as pessoas são naturalmente titulares de direitos (visão jusnaturalista) como as várias concepções, entre elas a marxista, que consideram essa titularidade como resultado do processo histórico de conquistas sociais. Negado isso, quaisquer atentados aos seres humanos podem ser perpetrados sem subterfúgios. Essa expressão – sem subterfúgios – talvez dê uma das chaves para a compreensão da natureza específica daquela crise dos direitos humanos. Não há mais necessidade de "justificar" violações mediante recursos da racionalidade, ainda que racionalidade de fancaria, como era o padrão anterior. Todos os que, real ou supostamente, se interpuserem ao objetivo eleito – salvação da raça, redenção da pátria – se tornam simplesmente obstáculos a serem removidos. Não são humanos ou, se o forem, são de uma espécie inferior. Na hipótese mais benéfica, inassimiláveis. São, em todo o caso, pouco mais (ou pouco menos) que animais – portanto, descartáveis: judeus, comunistas, social-democratas, sindicalistas, dissidentes católicos e protestantes, ciganos, deficientes mentais, eslavos, sérvios e gregos não colaboracionistas etc.

Há um modo muito eficiente de *não entender* o que foi o fascismo do século XX, em particular o nazismo: é só demonizá-lo ou explicá-lo como secreção de mentes "enlouquecidas". Historicamente, não há relevância se Hitler ou Mussolini foram ou não portadores de distúrbios psiquiátricos. Antes deles, e depois deles, existiram loucos que não conseguiram nenhum sucesso. O que importa é que a suposta "loucura" dos líderes fascistas da primeira metade do século passado tinha bases sociais de sustentação, internas e externas à Alemanha e à Itália, tendo se nutrido de ideias e práticas precedentes aceitas por muitos, inclusive nos Estados Unidos: "Sem dúvida, Hitler copiou sua conquista do Leste da conquista americana do Oeste. Durante a primeira metade desse século, a maioria dos estados americanos aprovou leis de esterilização e dezenas de milhares de norte-americanos foram involuntariamente esterilizados. Os nazistas invocaram explicitamente este precedente quando aprovaram suas próprias leis de esterilização. As famosas Leis de Nuremberg, de 1935, tiraram o privilégio dos judeus e proibiram a miscigenação entre judeus e não judeus. Os negros do Sul americano sofreram as mesmas privações legais e foram objeto de uma violência popular sancionada e muito mais espontânea do que os judeus na Alemanha às vésperas da guerra"[169]. Foi todo esse "clima" reinante na época que levou a sociedade branca e burguesa dominante no Ocidente a acatar, com perfeita naturalidade, "a decisão do juiz da Suprema Corte (dos Estados Unidos) Oliver Wendell Holmes, em 1927, sancionando a esterilização dos 'mentalmente incapazes', como precursora dos programas nazistas de eugenia; os elogios de Winston Churchill a Hitler em 1938; as armas vendidas a Hitler pelos gananciosos industriais norte-americanos; e a oportunista absolvição pós-guerra de industriais alemães pelo tribunal militar americano"[170]. A versão fascista-nazista de barbárie só ocorreu porque teve interessados e beneficiários – em primeiro lugar, embora não exclusivamente, o empresariado alemão. Era ostensivo seu empenho, não só de reservar para si o mercado interno alemão, como de retomar os mercados e territórios que perdera na Primeira Guerra Mundial – o nazismo abriu a possibilidade de fazê-lo por meios militares. Aliás, Hitler observava esse traço com grande deleite: "Entre outras provas de superioridade, ocupa o primeiro plano o fato de que o alemão, entre os povos europeus, era o que mais se esforçava por manter o caráter nacional da sua economia e, apesar de todos os maus sintomas, tinha, pelo menos, a coragem de resistir ao controle do capital internacional. Infelizmente, essa perigosa superioridade haveria de mais tarde ser o maior motivo de instigação da Guerra"[171]. Ele estava se referindo à Primeira Guerra Mundial, mas, nesse ponto, a história lhe daria razão: as disputas interimperialistas compuseram mesmo a causa profunda das duas guerras mundiais do século XX.

---

169. Norman G. Finkeltein. *A indústria do Holocausto*. Rio de Janeiro: Editora Record, 2001, p.151
170. *Idem*, p.24, nota de rodapé nº 4, Capítulo I.
171. *Minha luta*, p. 179.

Rompendo com as restrições do Tratado de Versalhes, o governo nazista reanimou a economia alemã, tanto por enormes encomendas estatais de obras às empresas privadas (estradas, usinas de energia, edifícios públicos, conjuntos residenciais) como pelo esforço intensíssimo de rearmamento, que expandiu da noite para o dia a indústria bélica do país e, por consequência, todos os setores da economia que supriam esse ramo. Além de gerar lucros estratosféricos para os capitalistas alemães, isso fez o desemprego despencar ao longo da década de 1930, ampliando o apoio social ao nazismo. Mas houve uma outra vantagem nada desprezível para o empresariado alemão.

Como se sabe, nas dezenas de campos de concentração erguidos pelos nazistas na Europa central, os prisioneiros idosos, as crianças, os doentes e os fisicamente frágeis, após terem bens confiscados, eram imediatamente encaminhados para a morte, geralmente por gás paralisante de funções vitais, e os corpos logo cremados para não restar vestígio. Mas os jovens ou ainda sadios eram primeiro usados como escravos, de modo extenuante, mais de doze horas de trabalho por dia, subalimentados e maltratados durante anos, enquanto resistissem, até que a saúde se deteriorasse, quando encontrariam então igual destino. Eram judeus, comunistas, ciganos, russos, sérvios, dissidentes católicos e protestantes, opositores políticos em geral etc., arrastados como animais de onde quer que fossem agarrados. Estima-se que doze milhões de pessoas foram forçadas a trabalhar como escravas, tanto em indústrias estatais anexas aos campos de concentração como em qualquer outra empresa privada que os "requisitasse" – a grande maioria das empresas alemãs da época, de todos os tamanhos, sob pretexto de escassez de mão de obra devido à guerra, valeu-se desse "expediente" para aumentar seus lucros. Um exemplo: eram escravos a maioria dos dezesseis mil trabalhadores da fábrica da Volkswagen em Wolfsburg, na primeira metade da década de 1940. Outro exemplo: usou milhares de escravos a empresa IG Farben, que produzia as pastilhas de cianureto utilizadas nas câmaras de gás do campo de concentração de Auschwitz e depois da guerra subdividiu-se nas muito conhecidas indústrias Bayer, Basf e Hoechst. Como vampiros modernos, nutridos pelo sangue de milhões de escravos, inumeráveis empresários fizeram fortuna, expandindo seu patrimônio ao ponto de alguns se tornarem gigantes multinacionais. Tudo em louvor ao cínico slogan inscrito na entrada dos campos de concentração: "*Arbeit macht frei*" ("O trabalho liberta").

Já na década de 1950, algumas empresas alemãs, acossadas por denúncias, buscaram abrir novamente as portas do mercado mundial para seus produtos fazendo um gesto de reparação: a IG Farben, a Krupp, a AEG, a Siemens e a Rheinmet reuniram-se e fizeram uma doação de 45 milhões de dólares à Conferência de Reivindicações Judaicas. A Mercedes-Benz e a Nobel, pelas mesmas razões, repetiram o gesto na década de 1980. Em dezembro de 1997, a direção do sindicato de metalúrgicos da empresa alemã IG Metal denunciou que a Daimler-Benz AG, a maior companhia industrial do país, e a Bosch, fabricante de componentes eletrônicos e automobilísticos, tiveram lucros altíssimos com a utilização de mão de obra escrava durante a Segunda Guerra Mundial. De acordo com o sindicato, no final do conflito a Daimler tinha nada menos do que 25 mil trabalhadores escravos. A Siemens AG, outra grande empresa alemã, também foi acusada de beneficiar-se de trabalho escravo naquele tempo. Em 7 de julho de 1998, a indústria automobilística Volkswagen, após ser ameaçada de processo por judeus húngaros, anunciou por seu porta-voz, Bernd Gräef, que criaria um fundo para indenizar a mão de obra escrava que havia utilizado em sua principal unidade durante a Segunda Guerra Mundial, em Wolfsburg. Os escravos eram adolescentes retirados do campo de concentração de Auschwitz, na Polônia, e transportados para aquela empresa. Ao tornar público o anúncio, Bernd Gräef explicou que a Volkswagen fora apenas uma das 12 mil empresas alemãs que usaram trabalho escravo durante aquela época.

    Até filiais de indústrias suíças localizadas na Alemanha se serviram de mão de obra escrava. Aliás, sabe-se hoje que não foi por sua cultuada "neutralidade" que a vizinha Suíça não foi ocupada pela Alemanha durante a Segunda Guerra Mundial: foi conveniente, para ambos os lados, manter aberta uma fronteira amiga. Os nazistas trocavam por franco suíço, moeda conversível no mercado, o ouro saqueado de milhões de vítimas, pois, durante a guerra, o marco alemão quase não era aceito fora dos países ocupados pela Alemanha. No primeiro semestre de 1998, após anos de pressões internacionais, os bancos suíços acabaram reconhecendo que, valendo-se da neutralidade formal de seu país na guerra, participaram de operações sigilosas para receberem depósitos nazistas de valores confiscados de prisioneiros, principalmente judeus e comunistas, eliminados em campos de extermínio. Esse reconhecimento também abriu caminho para a identificação de contas bancárias "adormecidas" havia mais de cinquenta anos nesses bancos, cujos titulares tinham sido assassinados na Alemanha, destinando-se esses valores, a partir do ano 2000, a sobreviventes e descendentes de vítimas que ainda pudessem ser identificadas[172].

---

172. *Folha de S. Paulo*, 21/10/97, pp. 1-3; 16/11/97, caderno "Mundo", p. 21; e 8/7/98, mesmo caderno, p. 12.

Cobaias humanas

Ninguém se iluda: o uso de corpos humanos para experiências médicas, sem o conhecimento das vítimas ou à revelia delas, não foi exclusividade dos médicos nazistas naqueles campos de concentração cercados de arame farpado. Antes, durante e depois do regime nazista, práticas equivalentes às deles foram conduzidas sorrateiramente inclusive em países que proclamam respeitar os direitos humanos. Mas os nazistas, que cometeram no continente europeu experiências científicas atrozes com prisioneiros, foram processados, a partir de 1946, nos julgamentos dos médicos em Nuremberg. Quase todos foram condenados a longas penas de reclusão, ou à prisão perpétua, até à morte por enforcamento. Já os médicos condutores de experiências igualmente hediondas, realizadas em outros países antes e depois do nazismo, desfrutaram do convívio com suas famílias, até o final das suas vidas, sem serem incomodados. Bastam alguns poucos exemplos – todos de domínio público.

Sífilis, gonorréia e câncer

Entre 1932 e 1972, durante 40 anos, o governo norte-americano conduziu uma pesquisa médica na qual centenas de seus cidadãos foram propositalmente deixados sem tratamento para sífilis até a morte, sem serem informados, para que os médicos observassem o progresso da infecção. A Seção de Doenças Venéreas do Centro de Doenças Comunicáveis do Serviço de Saúde Pública dos Estados Unidos selecionou seiscentos homens, todos negros e pobres, sendo 399 portadores de sífilis e 201 sadios, na cidade de Tuskegee, sede do condado de Macon, no estado do Alabama. Avisou-os, vagamente, de que tinham "sangue ruim", mas que passariam a receber tratamento médico adequado e gratuito. Aproximadamente duzentos infectados foram efetivamente tratados, e os demais quatrocentos, enfermos ou sadios, ficaram durante quarenta anos ingerindo pílulas inócuas, simples placebos que lhes davam como se fora medicamento. Como estímulo à permanência no "tratamento", os pacientes recebiam transporte para o local das consultas médicas periódicas, uma refeição quente a cada consulta e a promessa de pagamento às famílias das despesas com o funeral.

Em 26 de julho de 1972, a repórter Jean Heller, da *Associated Press*, publicou no New York Times, jornal de grande circulação, um artigo denunciando o projeto. Dezenas de outros órgãos da imprensa, inclusive do exterior, repercutiram a acusação. No final do mesmo ano, o experimento de Tuskegee foi encerrado. Quase todos os pacientes não-medicados faleceram com sífilis em estágio avançado, disseminada pelos órgãos internos. Ao menos 40 esposas e 19 recém-nascidos foram contagiados. O caso foi relatado e documentado em diversas publicações, com destaque no livro *Bad Blood: The Tuskegee Syphilis Experiment*, escrito por Dr. James H. Jones, historiador de medicina e bioética. Essa obra converteu-se em referência no assunto, e os fatos tornaram-se roteiro do filme Cobaias (1997), de Joseph Sargent[173].

Na ocasião, o governo dos Estados Unidos distanciou-se discretamente da celeuma. Foi necessário passarem-se mais 25 anos e o constrangimento de uma campanha pública, para o governo norte-americano concordar em pedir desculpas formais às vítimas remanescentes e às suas famílias. Em 16 de maio de 1997, o presidente Bill Clinton convidou os cinco últimos sobreviventes para uma solenidade de desculpas na Casa Branca.

Em outro estudo semelhante, desenvolvido entre 1946 e 1948, médicos norte-americanos do governo Harry S. Truman infectaram intencionalmente pacientes com doenças sexualmente transmissíveis, como gonorreia e sífilis, para testar a eficácia da recém-inventada penicilina – mas, desta vez, habilmente, realizaram o experimento na Guatemala, sem vigilância pública. Ao menos 1.300 mulheres e homens guatemaltecos foram infectados e mantidos na completa ignorância, e só metade deles foi tratada com o antibiótico. Eram prisioneiros, pacientes psiquiátricos, soldados e prostitutas. Praticamente, todas as vítimas não-tratadas adoeceram gravemente. Em 83 doentes, as

---

173. Cf. GOLDIM, José Roberto. Caso Tuskegee. In: página do Núcleo Interinstitucional de Bioética do Hospital de Clínicas de Porto Alegre da Universidade Federal do Rio Grande do Sul – HCPA/UFRGS, 1999.

moléstias evoluíram até matá-las. Esta história transbordou da obscuridade somente em 2008, após a publicação de uma pesquisa histórica de autoria da professora Susan Reverby, do Wellesley College, do Estado de Massachussetts. Sob clamor público, o governo dos Estados Unidos instaurou uma comissão de inquérito, que acabou confirmando tudo. Em outubro de 2010, presidente Barack Obama pediu desculpas à população da Guatemala pelo incidente[174].

Mais recentemente, entre 1955 e 1976 (durante mais de 20 anos), centenas de mulheres com lesões pré-cancerosas também foram deixadas sem tratamento para se observar se desenvolveriam câncer cervical. Esse experimento acabou sendo conhecido como The Unfortunate Experiment (O experimento infeliz, em tradução livre). As circunstâncias, a extensão e a duração desse experimento foram publicamente reveladas mediante denúncias promovidas por duas ativistas de direitos humanos, Sandra Coney e Phillida Bunkle[175]. Premido pelo escândalo, o governo dos Estados Unidos pediu desculpas públicas às vítimas remanescentes.

Exposição à radiação atômica

Mas nem só de patógenos antigos sustentou-se a conduta científica imoral de governantes. Nas décadas de 1940 e 1950, o governo dos Estados Unidos expôs deliberadamente à radiação nuclear, de várias maneiras e em diversas ocasiões, milhares dos seus cidadãos, mantendo-os na ignorância, para estudar os efeitos da radiatividade no organismo humano.

Durante a detonação de bombas atômicas experimentais em desertos do país, mais de mil soldados do Exército foram colocados a distâncias calculadas dos epicentros das explosões, de modo a serem preservados das ondas de choque mais fortes, mas submetendo-os a fortíssimas doses de radiação nuclear. Bombas nucleares também foram detonadas nas proximidades de algumas pequenas cidades norte-americanas, em distâncias "seguras" para não destruí-las com os impactos, mas contaminando todos os seus desinformados habitantes. Em outra ocasião, crianças norte-americanas pobres, portadoras de retardo mental, foram alimentadas com guloseimas contaminadas por radiação atômica. Crianças e adultos igualmente pobres foram enganados para, sob diversos pretextos "médicos", concordar

---

174. *Fact Sheet on 1946-1948 U.S. Public Health Service Sexuality Transmitted Diseases Inoculation Study.*
175. BRYDER, Linda. A history of the 'Unfortunate Experiment'. Editora Eurospan, 2009. SWAIN, Frank. É certo usar a ciência nazista para salvar vidas? BBC News, edição digital, 28/07/1919.

em receber injeções de plutônio, substância altamente radiativa. Após essas práticas terem sido denunciadas pela imprensa, e já estando encerradas – ao menos, foi o informe oficial – o presidente Bill Clinton também apresentou, em 1997, desculpas públicas à população.

Talvez o caso atualmente mais conhecido de contaminação nuclear em massa de civis desinformados tenha sido, precisamente, o da primeira bomba atômica detonada no mundo, em 16 de julho de 1945, no deserto da Jornada del Muerto, no estado do Novo México, Estados Unidos, chamada de Teste Trinity, parte do Projeto Manhattan do exército norte-americano. No raio de 25 quilômetros do epicentro da explosão, moravam cerca de 15 mil pessoas, todas pobres e praticamente todas de origem hispânica ou indígena. Nunca foram alertadas, evacuadas ou sequer informadas sobre a explosão nuclear e seus efeitos nocivos sobre a saúde. Não receberam qualquer espécie de assistência médica posterior. Para "não alarmar o público", o governo norte-americano suprimiu qualquer notícia sobre a detonação, e divulgou que o estremecimento e o estrondo colossais, sentidos até a quase 100 quilômetros de distância, haviam sido decorrentes da explosão acidental de um depósito de munições numa "localidade remota". A radiação nuclear contaminou pesadamente tudo no seu entorno: águas superficiais, correntes do lençol freático, águas armazenadas de chuvas, cisternas, os solos, animais, plantas, lavouras, hortas, pastos, rebanhos, moradias, o ar respirado, tudo, enfim. Durante mais cinquenta anos subsequentes, registrou-se uma concentração sem paralelo de incidência de cânceres de todos os tipos naquela população (tumores respiratórios, oculares, cânceres em todas as vísceras, cânceres epidérmicos etc.) e nos seus descendentes[176].

Em 1990, quando só restavam vivas poucas das vítimas, foi aprovada a Lei de Compensação por Exposição a Radiação (RECA, sigla em inglês), mas as pessoas contaminadas no Teste Trinity não foram incluídas no benefício dessa lei. No início do século XXI, filhos e netos dos atingidos em 1945 pela radiação criaram o *Tularosa Basin Downinders Consortium*, associação com o propósito de denunciar as consequências da contaminação. Sua pressão também compeliu o governo dos Estados Unidos a pedir desculpas públicas.

Nenhuma dessas cobaias humanas jamais foi informada sobre os riscos das experiências a que estavam sendo submetidas. Todos esses experimen-

---

176. https://noticias.uol.com.br/ultimas-noticias/bbc/2022/03/07/a-historia-dos-sobreviventes-do-1-teste-de-bomba-atomica-dos-10-irmaos-so-restou-eu.htm?cmpid

tos foram acompanhados durante décadas por cientistas do Exército norte-americano ou do serviço de saúde pública. Não há informação disponível se experimentos semelhantes foram ou continuam sendo desenvolvidos discretamente. Nunca autoridades, membros de governos ou militares dos Estados Unidos foram responsabilizados criminalmente.

A propósito: as detonações atômicas norte-americanas em Hiroshima e Nagasaki, em agosto de 1945, contra o Japão já derrotado na guerra, configuraram a maior carnificina instantânea da história humana – somadas, as duas bombas mataram 250 mil pessoas antes de completar-se o primeiro minuto das detonações. E a observação dos seus efeitos nos corpos dos sobreviventes cativou o interesse dos cientistas do Exército dos Estados Unidos durante mais de cinquenta anos.

Japão: a infame Unidade 731

O Japão, aliás, em se tratando de violações e abusos "científicos" de seres humanos, não se demarcou da Alemanha nazista ou dos sucessivos governos norte-americanos. Foi comum a prática, dentre outras, de vivissecção de prisioneiros[177]. Vivissecção consiste em dissecar um animal ainda vivo e sem anestesia, ou seja, praticar uma intervenção cirúrgica absolutamente invasiva, a frio, mediante mutilação de membros ou remoção de órgãos, com o propósito de estudo anatômico ou fisiológico. Continua sendo realizada em laboratórios com sapos, camundongos, porcos, cães e outros animais sencientes[178]. Mas os japoneses fizeram-no com seres humanos, com prisioneiros vivos e conscientes.

A partir de 1931, quando invadiu a Mandchúria (nordeste da China), até 1945, o exército imperial japonês, por meio da sua infame Unidade 731, implantada na cidade de Harbin e comandada pelo general Shiro Ishii, realizou experimentos "científicos" com mais de 250 mil prisioneiros, na maioria chineses comunistas, ou simples camponeses de todas as idades, aí incluídas crianças e mulheres grávidas. Essas pessoas foram deliberadamente contagiadas com peste bubônica, cólera, febre amarela, tifo, sífilis, antraz e outras moléstias infecciosas graves e incuráveis na época,

---

177. Há abundantes referências na internet sobre as experiências médicas da Unidade 731 do exército imperial japonês.
178. *Sencientes*: os seres vivos dotados de capacidade de sentir emoções básicas, como medo, alegria, dor, prazer, fome, sede, calor, frio, conforto etc. Englobam todos os animais dotados de sistema nervoso ou de estruturas com desempenho análogo.

e deixadas sem quaisquer tratamentos, nem mesmo para dor, até a morte atormentada. Os propósitos desses experimentos eram possibilitar que os médicos do exército observassem, não só o curso das patologias, como também os meios mais eficazes de sua disseminação, informação essa de interesse militar, para o desenvolvimento de armas biológicas de uso contra a União Soviética ou para despovoar territórios em disputa[179]. Os médicos japoneses bombeavam para fora do corpo todo o sangue de doentes infectados por essas moléstias e o injetavam em prisioneiros sadios. Frequentemente, vísceras eram retiradas com os doentes ainda agonizantes, para exame, antes de iniciar-se a decomposição dos tecidos. Em maio de 1945, por exemplo, um grupo de soldados norte-americanos foi capturado quando o seu avião bombardeiro B-29 foi abatido sobre o território japonês. Recolhidos à Unidade 731, ao menos oito deles foram conduzidos à faculdade de Medicina da Universidade de Kyushu, no sudoeste do Japão onde, conscientes e aterrorizados, tiveram fígados, pulmões, rins e porções dos seus cérebros extraídos – tudo a frio, naturalmente. As "cirurgias" aconteciam diante de plateias atentas de professores, alunos da faculdade e oficiais do exército do imperador Hirohito, empenhados em anotações, enquanto os prisioneiros gritavam e morriam aos poucos.

Outras vítimas tinham as mãos congeladas ao extremo, até ficarem quebradiças como galhos secos. Braços ou pernas eram amputados e religados com costuras cirúrgicas a outras partes do corpo, até se desprenderem por necrose, dias depois. Extremidades (pés ou mãos), eram esmagadas mediante compressão por prensas ou golpes de marreta, e deixadas apodrecer para estudo do progresso da gangrena. Disparos de fuzis e de pistolas, jatos de lança-chamas e golpes de baionetas, em presos amarrados em grupos ou isoladamente, eram testados para medir a profundidade de penetração e a extensão dos danos corporais. Moças engravidadas à força por estupros sucessivos, tiveram depois os seus ventres rasgados para a observação dos traumas sofridos pelos fetos. Milhares de presos foram mantidos sem comida e sem água, para registro da duração da vida e dos processos lentos da morte. Quando não se prestavam mais para usos "científicos", essas cobaias humanas eram mortas com um tiro na nuca ou, mais comumente, eram enterradas vivas para economizar balas, ainda se mexendo e gemendo. Nunca foram usados anestésicos nas pessoas durante os 14 anos de atuação da Unidade 731. A grande maioria

---

179. Houve vários casos comprovados de ataques bacteriológicos contra populações civis, com milhares de mortos.

das vítimas eram chineses, mas ao menos 30 por cento delas eram soviéticas, além de contarem-se também mongóis, coreanos e membros de outras nacionalidades dominadas pelo exército imperial nipônico. Nenhum dos mais de 250 mil prisioneiros requisitados pela Unidade 731 sobreviveu. Até 1945, funcionaram no Japão outras repartições estatais que se dedicaram a idênticos propósitos, a Unidade 731 foi apenas a que se tornou mais conhecida.

Uma advertência necessária: este relato sobre o Japão está viciado por autocensura. Certas condutas do exército japonês, insuportavelmente cruéis ou demasiado repulsivas, foram desconsideradas nesta narrativa. Os leitores de estômago forte poderão resgatá-las na vasta bibliografia existente[180].

Ao término da Segunda Guerra Mundial, a Unidade 731 e outras similares foram desativadas. A maioria dos seus cientistas ficou detida por pouco tempo pelo exército norte-americano e jamais foi julgada por crimes de guerra ou por delitos contra a humanidade. Ao contrário, os Estados Unidos entabularam acordos (à época, secretos) com quase todos, a saber: em troca de repassarem ao exército norte-americano as informações científicas obtidas naquelas experimentações humanas, informações úteis para a guerra biológica, esses cientistas receberam imunidade penal. Apenas trinta deles foram efetivamente processados, em 1948, pela vivissecção cometida contra prisioneiros norte-americanos. A maior parte desses acusados recebeu penas leves ou foi absolvida, 4 foram sentenciados à prisão perpétua e 5 condenados à morte. Mas nenhum foi efetivamente executado ou cumpriu prisão perpétua pois, já no início da década de 1950, o general Douglas Mac Arthur, governador militar do Japão, comutou as sentenças. A Guerra Fria impunha-se internacionalmente, e tornara-se conveniente obter a simpatia política da população japonesa. O mesmo ocorreu na Alemanha, onde, apesar dos julgamentos de Nuremberg (1945-46), milhares de nazistas culpados foram deixados livres ou emigraram para os Estados Unidos, a convite do governo, para colaborar principalmente no desenvolvimento de mísseis balísticos. Centenas dos cientistas japoneses liberados pelos Estados Unidos ingressaram na vida civil, ou a ela regressaram, sem qualquer embaraço por suas condutas anteriores. Vários deles tornaram-se catedráticos de importantes universidades do país, até se aposentarem.

---

180. Ver, dentre outros textos, a história da Unidade 731 escrita pelo historiador norte-americano Sheldon Harris, Factories of Death: Japanese Biological Warfare, 1932-1945, editora Routledge, 2002, Abingdon, Inglaterra; e Research on Humans at the Khabarovsky War Crimes Trial, do historiador Boris G. Yudin, pela mesma editora Routledge, 2010, Abingdon, Inglaterra.

Uma quantidade menor de médicos e militares da Unidade 731 foi capturada em 1945 por tropas soviéticas. Foram levados a julgamento em 1949 na cidade de Khabarovsky, no extremo leste russo, localidade próxima ao Japão, sendo condenados a pesadas penas de reclusão.

Durante 40 anos, o governo japonês e as universidades tentaram ocultar ou negar as atrocidades cometidas na Unidade 731. Contudo, alguém sempre acaba falando. No final da década de 1950, o conceituado escritor japonês Shusaku Endo publicou o romance "O mar e o veneno", inspirado naqueles acontecimentos vergonhosos, livro no qual se basearia um filme inquietante lançado em 1986. Em 1979, um daqueles antigos estudantes universitários, o doutor Toshio Tom, publicou um livro confirmando e descrevendo aquelas experiências assassinas. Em 2015, sendo impossível continuar negando acontecimentos que já haviam se tornado de domínio público, a faculdade de Medicina da Universidade de Kyushu inaugurou um espaço em seu museu, onde reconheceu a ocorrência daquelas práticas e, inclusive, expôs os instrumentos cirúrgicos outrora utilizados. Mas nunca autoridades governamentais japonesas pediram desculpas públicas pela conduta combinada do seu exército e das suas universidades. A China, principal país vitimado, mantém uma mostra com quase 6.000 itens de provas daqueles horrores, em exibição permanente no próprio conjunto de edifícios onde funcionava a Unidade 731, na cidade de Harbin, na Mandchúria.

A manipulação lesiva, sigilosa, não-autorizada, e frequentemente mortal, do corpo humano, não se iniciou nem cessou com o nazismo. Basta ser realizada de modo relativamente discreto e, depois, ser negada. Se vier a público, o governo responsável pode pedir desculpas.

O rei que cortava dedos

Até 1880, mais de 80% do território africano ainda estava livre de domínio estrangeiro permanente. Os europeus, por mais de dois séculos, haviam exercido a captura, sequestro e comércio transatlântico de mais de 12 milhões de escravos, mas geralmente agiam em parceria com chefes negros do litoral ocidental, que exerciam sua predação sobre tribos vizinhas ou do interior, ou com traficantes árabes de escravos que atuavam no litoral oriental do continente.

A costa mediterrânea da África estava sob submissão colonial, malgrado os nativos nunca houvessem deixado de oferecer resistência. Os espanhóis ainda combatiam para consolidar o seu domínio sobre o Marrocos, a França nunca deixara de lutar, desde 1830, para assegurar seu controle sobre a Argélia, e o Império Otomano mantinha-se numa estreita faixa costeira da Líbia. No contexto das guerras napoleônicas, os britânicos arrancaram dos holandeses, em 1806, a antiga Colônia do Cabo (África do Sul). Portugal mantinha antigos povoados extrativistas ao longo do vale do rio Zambeze (Moçambique) e forçava para expandir sua presença pela área hoje conhecida como Angola. Mas, em geral, mesmo nessas localidades ocupadas em condição permanente, a presença colonial não ia muito além de uma ou duas centenas de quilômetros em direção ao interior (exceto na Colônia do Cabo), ou de poucas dezenas de quilômetros em alguns pontos das margens dos cursos d'água mais caudalosos. Algumas potências europeias, especialmente Inglaterra e França, também mantinham ilhotas e feitorias fortificadas em minúsculos enclaves no Senegal, Serra Leoa, Costa do Ouro, Lagos e Gabão.

A competição vertiginosa entre as potências europeias pela repartição da África entre si aconteceria entre o final do século XIX e nos anos iniciais do século XX, após o Tratado de Berlim (1884/1885) e outros acordos celebrados entre os poderes europeus, como se fosse um continente despovoado e sem donos. Fuzis de repetição, canhões e as recém-aperfeiçoadas metralhadoras Gatling – de canos giratórios, sobre rodas – iam à frente de cada nova expedição de conquista. Essas armas, que cuspiam chumbo quente em alta velocidade e tinham o poder de desventrar um corpo humano a mais de um quilômetro de distância, suscitavam um terror sobrenatural naqueles povos que ainda se defendiam com arco e flecha. Terminados os combates, compareciam os sacerdotes piedosos de diversas denominações cristãs, para abençoar as glebas conquistadas e os seus conquistadores, e para vergar com os horrores do inferno as almas dos infiéis capturados vivos. O objetivo era difundir a civilização cristã e branca entre os bárbaros, entenda-se: apoderar-se dos recursos naturais de interesse da indústria capitalista dos europeus. Em 1913, após uma repetição de carnificinas pavorosas, cometidas durante mais de vinte anos de invasões por todo o continente, os europeus já haviam capturado e incorporado aos seus patrimônios, 36 países africanos – quase a África inteira – países que, literalmente, haviam inventado, traçando suas fronteiras com lápis e régua sobre mesas em palácios da Europa. O magnata anglófono sul-africano Cecil John Rodes, conquistador implacável, glorificado na Europa como aventureiro romântico e explorador de mundos desconhecidos, proclamou com inexcedível deleite a frase que simbolizou adequadamente o ímpeto dos imperialistas daquela época: "Eu anexaria os planetas, se pudesse!"[181].

Um império colonial para a pequena Bélgica

Havia um país da Europa ocidental ao qual ninguém atribuiria ambições coloniais: a pequena Bélgica. Conquistara sua independência da Holanda

---

181. Os relatos das "aventuras" da conquista da África pelos europeus inspiraram o escritor estadunidense Edgar Rice Burroghs a criar o personagem literário Tarzan, filho de nobres ingleses, criado desde bebê por chimpanzés no coração da floresta congolesa. Apesar da longa convivência com macacos e com os seus amigos pigmeus, a sua "natureza" transcendental de europeu e aristocrata – adulto, descobriria que era o Lorde Greystoke – levou-o a tornar-se o rei branco de todos eles. Superiormente inteligente, corajoso e bonito, Tarzan domina e protege aquele povo atrasado, os animais e a floresta cheia de perigos. Uma metáfora perfeita da fantasia ideológica de supremacia europeia-caucasiana sobre os povos que sucumbiram à colonização branca e cristã na África e na Ásia. Após o retumbante sucesso internacional de Tarzan of the Apes (1913), Edgar Rice Burroghs publicou mais 20 livros com aventuras desse herói, até 1965, incendiando as imaginações juvenis do Ocidente com orgulho europeísta até quase o final do século XX.

apenas em 1830, quando nascera como monarquia constitucional. Contava com uma população que mal ultrapassava os cinco milhões de habitantes, e não tinha um exército capaz de intimidar vizinhos. Mas seu rei, Leopoldo II, um católico fervoroso, era consumido por uma ambição desmedida – ele queria um império para si! Procurou, para conquistar ou comprar, países "vazios" pelo mundo inteiro – nas Filipinas, na China, nas ilhas do oceano Pacífico, em Bornéu, no Vietnã, tentou até comprar uma província no sul da Argentina. Deteve-se na porção centro-ocidental do Continente Negro, cortada por um rio majestoso, um dos maiores rios do planeta, cuja vasta bacia hidrográfica esparrama-se pelas sombras da segunda maior floresta tropical da Terra (1,8 milhões de Km^2). Combinando persistente habilidade diplomática, reiteradas proclamações de seus propósitos filantrópico-humanísticos e, claro, seu ardor em disseminar entre os bárbaros a palavra de Cristo, Leopoldo II terminou por obter o beneplácito das potências europeias para apossar-se, inicialmente em seu nome próprio, de uma vasta região em torno da bacia do rio Congo. Residiam lá acima de vinte milhões de pessoas, de mais de uma centena de etnias, que não faziam a menor ideia de que o seu destino estava sendo decidido a milhares de quilômetros, por pessoas que jamais haviam posto um pé na África. Por decreto real de 29 de maio de 1885, o rei Leopoldo II batizou o "seu" país: *État Indépendent du Congo*.

Era um território imenso, mais de 2,34 milhões de Km^2 – 76 vezes o tamanho da pequena Bélgica, superior à soma da Alemanha, França, Espanha, Itália e Inglaterra juntas! E repleto de bens valorizados na Europa e nos Estados Unidos. Antes de tudo, o marfim, com enorme demanda para a fabricação de teclas de pianos, dentaduras, botões, bolas de bilhar, cabos de talheres, peças de jogo de xadrez, leques, crucifixos, caixinhas de rapé, porta-joias, estatuetas e uma miríade de outros utensílios que se beneficiavam da dureza, durabilidade e beleza das presas de elefantes. Havia também na imponente floresta congolesa um cipó corpulento que chorava uma resina própria para a produção de borracha natural, de mesma qualidade da borracha da floresta amazônica – a borracha sintética demoraria décadas para ser adequadamente desenvolvida. O mundo capitalista tinha grande fome dessa valiosa matéria-prima para a fabricação de pneus, mangueiras, revestimentos para milhares de quilômetros de cabos telegráficos e elétricos, capas para pessoas e máquinas, luvas, calçados, correias para motores, aplicações acústicas e inumeráveis outros empregos em mercadorias de todo tipo. Depois, havia as madeiras de toda cor, de toda dureza, de toda flexibilidade e de toda beleza, que crescem na misteriosa floresta centro-africana. Havia ainda ouro e diamantes, bem como minérios para a florescente indústria europeia: cobre, estanho, urânio, cobalto etc.. Por fim, havia a grande população nativa do Congo, mais de 20 milhões de habitantes, a segunda maior concentração humana da África (atrás apenas da Nigéria) que, na sua maior parte, continuava sobrevivendo no sistema do comunismo ancestral: as terras produtivas, os cursos d'água e as florestas com todos os seus recursos, permaneciam sob apropriação coletiva, para uso comunal, sendo desconhecida a propriedade privada dos bens de interesse comum. Em suma, um tesouro natural imenso à espera de ser apropriado privadamente, e uma grande população à espera de ser disciplinada para o trabalho forçado.

Foi o que Leopoldo II fez sem perda de tempo: absorveu todas as terras, águas, animais, cada árvore e o subsolo inteiro, como propriedades privadas suas, liquidando de uma penada o comunismo antigo, e tornou escrava toda a população do país que acabara de inventar – apesar de a escravidão já haver sido juridicamente abolida em todo o mundo, até no Brasil! A Europa, dos direitos humanos cantados em hinos e em declarações revolucionárias cochilou. Os Estados Unidos, que havia pouco tinham saído de uma guerra civil contra a escravidão, nada fizeram. Afinal, aquele pesadelo se passava com negros boçais, de terras distantes.

Leopoldo II organizou e armou uma temida *Force Publique*, composta de mercenários negros pagos para obrigar os demais negros ao trabalho e para reprimir implacavelmente os que resistissem. A Force era comandada, naturalmente, por europeus brancos. Na passagem do século XIX para o século XX, essa tropa sanguinária chegava a quase 20 mil homens bem armados, era o maior exército da África central. Durante a sua alongada existência, a Force Publique massacrou inumeráveis rebeliões dos nativos – a mais impressionante, de 1897, colocou em pé de guerra cerca de três mil congoleses contra os belgas, resistiu por três anos, e configurou a primeira insurreição guerrilheira da África, antecessora das guerras de guerrilhas que conflagrariam quase todo o continente durante as lutas de libertação anticolonial das décadas de 1950 a1970.

Leopoldo II dividiu o país em distritos administrativos, chefiados por belgas de sua designação. E estabeleceu que cada nativo deveria entregar aos postos de coleta, espalhados pelas margens do rio Congo e seus principais afluentes, uma cota diária ou semanal de marfim, borracha ou ouro – o que fosse designado. Os administradores distritais eram remunerados mediante porcentagens dessas coletas, o que mantinha o seu empenho em fazer com que as cotas fossem disciplinadamente cumpridas. Eles receberam poder de morte e vida sobre os trabalhadores, que eram forçados a labutar até morrer de exaustão ou se suicidar de desespero. Foi intensificado dramaticamente o abate dos paquidermes, e os elefantes começaram a rarear já no início do século XX. De ano para ano, também era preciso penetrar cada vez mais profundamente na floresta, às vezes derrubando matas inteiras, para coletar segmentos dos cipós produtores do látex que, coagulado, convertia-se em borracha. O não cumprimento das cotas pelos trabalhadores escravizados acarretava punições severas: inicialmente, açoitamentos públicos, com os escravos amarrados em galhos de madeira no chão, até o corpo todo sangrar.

Dedos cortados, mãos, cabeças...

Mas chegou um momento em que os mercenários de Leopoldo II começaram a cortar dedos dos trabalhadores, um após outro a cada punição, depois cortar mãos inteiras. Mas logo perceberam que esse tipo de castigo era contraproducente, pois trabalhadores mutilados tornam-se menos produtivos. Então, os mercenários fardados de Leopoldo II passaram a cortar dedos e mãos das esposas e dos filhos dos trabalhadores, cortar dedos e mãos de crianças, às vezes de crianças com cinco anos de idade ou menos! Amputações feitas a frio, a golpes de facão. Chegou a haver punições coletivas, aldeias inteiras foram degoladas ou incendiadas, e os seus ocupantes impedidos de fugir.

"Quando uma aldeia se recusava a coletar borracha, era costume os soldados do Estado ou de companhias privadas, ou às vezes seus aliados, matar todos os habitantes para que as aldeias vizinhas entendessem o recado. Só que alguns oficiais europeus começaram a ficar desconfiados e resolveram tomar precauções. Para cada cartucho entregue a um soldado, passaram a exigir provas de que a bala fora usada para matar alguém, e não 'desperdiçada' com caça ou, pior ainda, economizada para algum possível motim. E a prova mais comum era a mão direita de um cadáver. De vez em quando, ela não vinha de um cadáver. 'Às vezes', contou um oficial a um missionário, 'os soldados usavam o cartucho caçando um animal; depois, cortavam a mão de um homem vivo'. Em algumas unidades militares, havia inclusive o 'guardador de mãos'; seu trabalho era a defumação".

(...)
"Um oficial da Force Publique que passou pelo posto de Fiévez, em 1894, cita o próprio Fiévez contando o que fazia quando aldeias vizinhas não conseguiam fornecer a seus soldados o peixe e a mandioca exigidos: 'Eu fazia guerra contra eles. Um exemplo bastava: cem cabeças cortadas fora e a estação voltava a ser abastecida com fartura. Meu objetivo final é humanitário. Eu mato cem pessoas, mas isso permite que outras quinhentas vivam'". [182]

Era também comum meninas adolescentes, e até impúberes, serem arrancadas das famílias a qualquer hora da noite ou do dia, para ser estupradas na presença dos seus pais pelos soldados da apavorante Force Publique – aliás, muitos daqueles soldados não escondiam que continuavam praticando o canibalismo com regalo. Certos comandantes locais da Force Publique fincavam cercas macabras em torno das suas casas: fileiras de varas com cabeças humanas espetadas, ressecando ao sol em meio a nuvens de mosquitos. Houve ocasiões em que foi necessário aplicar punições exemplares: oficiais belgas não se pejaram em realizar crucificações, como a de Cristo. Um negro com maior resistência física chegava a demorar mais de uma semana para morrer, geralmente por insolação lacerante e ataques de pássaros carnívoros. Não havia tribunais com jurisdição penal sobre os oficiais belgas do rei católico ou sobre os seus pitbulls fardados.

As notícias inquietantes dessas práticas rotineiras foram aos poucos disseminando-se pela Europa e Américas. Mas Leopoldo II e os políticos monarquistas liberais belgas desdenhavam-nas como invencionices dos socialistas. Leopoldo II chegou, inclusive, a encetar perseguições policiais e judiciais contra alguns dos seus denunciantes, bem como a proibir o ingresso no Congo de certos jornalistas intrometidos e de missionários protestantes que se escandalizavam com pouca coisa (os padres católicos geralmente apoiavam o regime de Leopoldo). Em 1902, Joseph Conrad, o escritor polonês-britânico já então célebre, publicou o pequeno e soturno romance *Heart of Darkness* (Coração das Trevas), inspirado nos retrocessos civilizatórios aterradores que havia testemunhado dez anos antes, quando navegara durante seis meses ao longo do rio Congo, como oficial da Marinha mercante – curiosamente, no comando do navio cargueiro *Roi des Belges*[183].

---

182. HOCHSCHILD, Adam. O Fantasma do Rei Leopoldo. São Paulo: Companhia das Letras, 1999, pp.. 175-177.

183. Esse romance foi depois adaptado como roteiro do filme Apocalipse Now, de 1979, dirigido por Francis Ford Coppola.

O romance alcançou sucesso explosivo, foi rapidamente traduzido para uma dezena de idiomas, e até o público leitor belga, mesmo consciente de que se beneficiava do escravismo colonial praticado por Leopoldo II, ficou aterrado com as denúncias e descrições que, malgrado metafóricas, imediatamente lhes soaram familiares e vergonhosas. E tudo se precipitou quando uma freira católica, que exercia o seu mister missionário no Congo, conseguiu contrabandear para a Europa dezenas de fotografias que ela própria havia tirado em surdina. As fotos, insistentemente reproduzidas pelos jornais "socialistas" de todos os países, escancaravam o que a imprensa estrangeira já vinha proclamando quase desde o início do reinado de horror de Leopoldo II no Congo: garotos, meninas, crianças de todas as alturas, em grupos, com os braços erguidos, exibindo as mutilações que haviam sofrido. Algumas crianças, com "apenas" três ou quatro dedos faltando em uma das mãos, ou com todo um relevo de concavidades diaceradas nos lugares onde outrora estiveram plantados os dedos das duas mãos; outras crianças, já sem as próprias mãos. Todas com expressão de desamparo sem fim nos rostos. Numa outra foto, um pai, paralisado pelo horror, não consegue chorar: à sua frente, no chão, estão um pezinho e duas mãozinhas da sua filhinha de 5 anos de idade. Haviam sido decepados naquele instante pela milícia da *Anglo-Belgian Rubber and Exploration Company*, a ABIR. As empresas extrativistas também haviam aprendido a cortar mãos e pés das crianças, isso convinha aos negócios.

A estupefação pública, que já vinha difundindo-se pelos dois lados do oceano Atlântico, forçou os políticos belgas a finalmente se mexer. Não para dar liberdade aos congoleses. Nem os parlamentares, nem a própria população, estavam dispostos a abrir mão de uma colônia que estava enriquecendo a Bélgica e tornando Bruxelas uma das mais belas capitais europeias. Em 1908, o Parlamento deliberou que o État Indépendent du Congo fosse transferido do patrimônio privado do rei e para o domínio público do Estado, onde permaneceu até que o Congo escapasse para a independência, cinquenta e dois anos depois. Enquanto perdurou o clamor mundial, o governo belga implementou certas reformas na relação com os africanos, ao menos suprimindo os castigos mais escandalosamente cruéis e a escravidão muito escancarada. A exploração, a predação e a opressão continuaram por mais cinco décadas. Nenhuma medida compensatória foi concedida aos habitantes do Congo, nenhuma indenização foi paga às centenas de milhares de mutilados, nem para as famílias dos milhões de mortos durante os repetidos morticínios perpetrados para manter aquele povo na subalternidade. Um censo demográfico realizado em 1924 registrou que a população do Congo belga havia caído para 10 milhões de habitantes – ou seja, para a metade, ou menos da metade, daquela encontrada por Leopoldo II na década de 1880. Um genocídio de, ao menos, 10 milhões de congoleses.

Ao receber a administração direta da colônia, a primeira conduta política do Estado belga foi acender fogueiras. Queimar tudo, na Bélgica e no Congo! Não deixar sobrar papéis para documentar a dor dos martirizados ou que permitissem compreender como o país havia enriquecido rapidamente. O jovem Gustave Stinglhamber, ordenança oficial do rei, revelou, anos depois, haver testemunhado que, em agosto de 1908, fornalhas estatais vizinhas ao Palácio Real ficaram acesas durante oito noites e oito dias seguidos, sem interrupção, sujando a cidade com rolos de cinzas negras. "Eu lhes darei o meu Congo", disse Leopoldo II a seu aturdido ordenança, "...mas eles não têm o direito de saber o que eu fiz ali"[184].

O maior triunfo da Bélgica foi este: o esquecimento. Os belgas esforçaram-se para esquecer quase tudo, são um reino feliz. Os demais europeus, praticamente já esqueceram. No restante do mundo, não foi muita gente que chegou a saber.

Patrice Lumumba tinha um sonho

Meio século depois, entre as décadas de 1940 e 1970, a Ásia e a África foram tomadas por ascendentes movimentos anticoloniais, a maioria deles assumindo o formato de insurreições armadas com forte engajamento popular. Povos invadidos, pilhados até a medula, e longamente humilhados, não suportavam mais a opressão dos brancos-europeus-cristãos. E haviam descoberto que conversar com eles nada resolvia. Só lhes restou organizar a violência popular justa para livrarem-se da violência colonial injusta imposta pelos sanguessugas estrangeiros. Se ficassem apenas no diálogo com os colonialistas, teriam ingressado no século XXI como colônias. A Índia foi uma notável exceção, pois o eficiente método político aperfeiçoado por Mahatma Ghandi – desobediência civil generalizada e radical não-cooperação com as autoridades coloniais – mostrou-se adequado às características históricas e sociais de um país severamente cindido em cas-

---

184. HOCHSCHILD, Adam. O Fantasma do Rei Leopoldo. São Paulo: Companhia das Letras, 1999, p. 305.

tas religiosas estanques, que nem dialogavam entre si. Num país com essa fragmentação interna, dificilmente se estabilizaria um movimento armado sob comando centralizado[185].

No dessangrado Congo belga, não chegou a eclodir propriamente uma guerra civil, mas a década de 1950 testemunhou uma sucessão de levantes populares massivos contra os odiados belgas. Esses motins foram conduzidos pelo *Mouvement National Congolais* (MNC), cujo principal líder foi Patrice Émery Lumumba, um líder inspirador e eloquente, ex-prisioneiro político do regime e porta-voz destacado do ardoroso sentimento anticolonial. A Bélgica não conseguia mais evitar o inevitável, e foi forçada a vergar-se ao tufão anticolonial que varria o planeta, sob pena de ver a sua presença na África engolfada num maremoto de sangue. Não teve outra alternativa, senão conformar-se, em junho de 1960, com a independência política do "seu" do Congo.

Patrice Lumumba foi eleito Primeiro-Ministro do novo país, com entusiasmo popular transbordante, proclamando as consignas de união panafricanista anticolonial e irmanação ativa de todas as etnias do Congo – zelosamente cindidas pelo colonialismo – para assegurar que a imensa riqueza mineral do país ficasse em poder dos próprios congoleses, em benefício do seu povo. Mas isso estava exatamente na antípoda dos interesses belgas, franceses, britânicos e norte-americanos, todos empenhados em que suas próprias empresas não perdessem o monopólio desses recursos. Antes que a situação local escapasse do seu controle, essas potências rapidamente articularam uma declaração unilateral de independência da rica província de Katanga, no leste do país, onde se concentra o grosso dos recursos do subsolo do Congo (inclusive, a jazida do urânio usado na bomba atômica detonada pelos Estados Unidos em Hiroshima). Moïse Tshombe, um político testa-de-ferro das empresas mineradoras estrangeiras, autodeclarou-se "presidente" do território em secessão, com ativo apoio armado das mineradoras estrangeiras e do governo da Bélgica. Patrice Lumumba opôs-se à amputação da sua pátria,

---

185. Conforme o hinduísmo, os seres humanos foram criados pelo deus Brahma em castas imutáveis e hereditárias, originalmente referenciadas pela cor da pele, dispostas na seguinte hierarquia:
- brâmanes: sacerdotes, filósofos, professores e intelectuais em geral;
- xátrias: nobres, senhores feudais, chefes militares, juízes e autoridades civis;
- vaixás: agricultores, comerciantes, artesãos, financistas, pessoas economicamente ativas em geral;
- shudras: casta socialmente inferior dos trabalhadores braçais urbanos e rurais e empregados domésticos;
- dalits: extrato social considerado infame (nem casta religiosa era), dedicado a misteres tidos como indignos e impuros, como esgotar fossas sanitárias, recolher das ruas fezes de animais e lixo, trabalhar com carniças e com o preparo de cadáveres para a cerimônia fúnebre. Embora representassem quase 20% da população indiana, os dalits não podiam sequer ser tocados – daí, "intocáveis".

e foi imediatamente acusado de ser amigo dos comunistas e anticristão – os insultos de praxe.

A crise política complicou-se, e um coronel corrupto pró-belga e pró-Estados Unidos, Joseph Mobutu Sese Seko, desferiu um golpe de Estado que depôs e encarcerou o jovem Primeiro-Ministro. Poucos meses depois, em 17 de janeiro de 1961, Lumumba foi sequestrado e sumariamente fuzilado, sem julgamento, por um pelotão comandado pelo chefe da secessão de Katanga, Moïse Tshombe, sob a supervisão presencial de oficiais belgas – que, naturalmente, precisavam certificar-se da supressão física do seu mais temível inimigo. Lumumba tinha 35 anos de idade, e fazia apenas seis meses que havia sido o artífice central da construção da independência política do seu país. Permaneceu na chefia do governo por apenas 84 dias de florescentes esperanças para o seu povo. Não chegou a ver tornar-se realidade o seu sonho de uma África livre, unida, soberana e próspera. Seu corpo foi dissolvido em ácido.

Após o assassinato de Lumumba, a província de Katanga retornou ao Congo. O coronel golpista pró-Ocidente, Joseph Mobutu Sese Seko, exerceu uma ditadura corrupta e sanguinária durante quase quarenta anos – até maio de 1997, sob as bençãos de Bruxelas e Washington. Esse exangue e rico país africano nunca mais teve sossego, democracia, ou controle dos seus recursos naturais. Só uma turbulência política interminável. As potências ocidentais continuam proprietárias de quase tudo por lá. A maioria imensa do povo vive na miséria.

Em 1999, o escritor belga Ludo De Witte publicou em Bruxelas o livro *O assassinato de Lumumba*, que trouxe à luz revelações indesmentíveis sobre a participação ativa do governo belga e de outras potências ocidentais no sequestro, prisão e assassinato de Lumumba. O Parlamento de Bruxelas instaurou uma investigação e comprovou tudo. O governo belga pediu desculpas para a família de Lumumba e para o povo da República Democrática do Congo, denominação adotada pelo país. Em 2007, documentos secretos da CIA, tornados públicos à revelia do governo de Washington, comprovaram o envolvimento dos Estados Unidos em articulações para depor e matar aquele líder congolês. O governo de Washington, com algum constrangimento, teve de reconhecer a sua cumplicidade. Em 2013, foi também demonstrada a coautoria do Reino Unido para depor e matar aquele jovem líder. A impassível rainha Elizabeth II jamais se desculpou.

O calvário do Congo ex-belga foi apenas o vertedouro inicial do caudal de sangue que escorre na África contemporânea. Atiçando, como desde sempre, as rivalidades étnicas que vinham engendrando havia séculos, as antigas metrópoles coloniais europeias e os Estados Unidos muito depressa forneceram armas e atearam guerras civis por toda parte. Na maioria daqueles países que, por breve instante, supuseram haver-se desvencilhado do colonialismo, teriam vida curtíssima os seus jovens governantes, forjados na luta anticolonial, que sonharam com independência nacional e justiça social. Antes de esvair-se o século XX, a maioria da África subsaariana foi capturada por tiranos corruptos e genocidas, servilmente pró-ocidentais. O continente ingressou exangue no século XXI.

O espírito de Patrice Lumumba, emblemático herói das lutas de libertação nacional, ainda vaga pelo continente africano sem encontrar paz. Sabe-se lá para quando ficou adiada a reconstrução da dignidade e da soberania daqueles povos atormentados.

A Bélgica é um país pequeno, próspero e bonito, e Bruxelas é uma das mais belas capitais europeias. Preserva bem as suas paragens históricas e mantém os seus recintos culturais cuidados com esmero. Tem sistemas de transporte metroviário e ferroviário dentre os mais eficientes do mundo. Edifícios centenários magníficos, ótimos restaurantes, lojas refinadas, aprazíveis recantos para lazer. Pessoas elegantemente trajadas caminham por seus bulevares e por suas praças arborizadas e impecavelmente limpas. Sedia a OTAN, compartilha com Estrasburgo a sede do Parlamento europeu, e está plantado em meio a rotas de passagem entre França, Alemanha, Holanda e Luxemburgo, o que torna a cidade modernamente cosmopolita. Seus *Musées Royaux des Beaux Arts* abrigam um acervo artístico de suscitar inveja a qualquer nação culta. O centro de Bruxelas orgulha-se da sua monumental *Grand Place* onde, no entardecer dourado do outono europeu, as pessoas confraternizam abraçadas, comprazendo-se com a brisa friazinha que sopra do Canal da Mancha.

O colonialismo deles – predador, racista, assassino, torpe – não foi muito diferente de todos os outros colonialismos praticados em toda parte por qualquer país da velha Europa branca e cristã. Os belgas talvez tenham sido realmente originais quando inventaram a amputação de dedos das crianças.

O holocausto armênio

Os armênios são um pequeno e altivo povo, com quase 3.000 anos de história, que teve poucas épocas de real sossego. Não há convicção entre os historiadores a respeito da sua remota origem, possivelmente indo-europeia, como tantos povos da Ásia central. Mas, a partir do século VII antes de Cristo, passaram a semear aldeias nas terras que antes haviam pertencido ao lendário reino de Urartu, entre as montanhas do sul do Cáucaso. Esparramaram-se por aquele planalto pedregoso onde as colinas da Mesopotâmia setentrional prestam reverência às cabeceiras sagradas dos rios Tigre e Eufrates. O apogeu da Armênia ancestral ocorreu durante o século I a.C., quando os seus domínios abraçavam toda a alta Mesopotâmia e estendiam-se do mar Cáspio ao mar Mediterrâneo. Mas aquela Grande Armênia foi encolhendo, repetidamente amputada por conquistadores estrangeiros, e nunca mais foi restaurada. Desde então, em sua história multimilenar, alternou períodos de liberdade e de vassalagem.

Os mitos bíblicos garantem que o Jardim do Éden ficava em algum lugarzinho secreto da Armênia antiga, e que o Monte Ararat teria sido o local onde a arca de Noé ancorou, assim que as águas do fabuloso dilúvio começaram a vazar:

> De Éden nascia um rio que irrigava o jardim e de lá se dividia em quatro braços. O primeiro chamava-se Fison (...). O nome do segundo rio é Geon (...). O nome do terceiro rio é Tigre, corre ao oriente da Assíria. E o quarto rio é Eufrates. E o Senhor Deus tomou o ser humano e o colocou no jardim do Éden, para que o cultivasse e guardasse. (Gênesis, 2-10/15).

> Fecharam-se as fontes do oceano e as comportas do céu, e a chuva deixou de cair. Pouco a pouco, as águas foram se retirando da terra (...). No dia dezessete do sétimo mês, a arca pousou sobre os montes de Ararat. (Gênesis, 8-2/4).

Por sua localização estratégica, encravada na confluência de passagens que vêm e vão por todos os lados daquele planalto montanhoso, a pequenina Armênia foi interminavelmente invadida, saqueada e desventrada por todos os impérios que transpuseram aquelas paragens: assírios, gregos, romanos, bizantinos, árabes, mongóis, persas, turcos, otomanos, turcomanos e russos, dentre outros conquistadores cobiçosos. No século XVI, os impérios otomano e persa-iraniano dividiram entre si as terras remanescentes da Armênia antiga. E, nas primeiras décadas do século XIX, o Império Russo apossou-se da porção armênia que continuava sob domínio persa. Desde então, passaram a existir para o mundo uma Armênia turca, na Anatólia oriental, com cristãos ortodoxos rodeados por um maremoto muçulmano, e uma Armênia russa, onde a sensação de sufocamento parecia menor, pois o Czar rezava pela mesma devoção ortodoxa deles.

Após 300 anos de hibernação, a segunda metade do século XIX viu renascer, não só uma requintada literatura em idioma armênio, como também um sentimento nacional independentista cada vez mais impaciente. Ventos nacionalistas sopravam pela Europa central, e as nações subalternas da região tentavam beneficiar-se das rivalidades entre os impérios russo, austro-húngaro e otomano. Em 1877, estalou a revolta armada dos povos balcânicos contra a Turquia. Houve intervenção do Império russo, com ativa participação de soldados armênios-russos nas tropas do Czar. Derrotado, o sultão otomano Abdul Hamid assinou um acordo de paz em março de 1878, resignando-se com a independência das nações balcânicas e comprometendo-se a executar "reformas e melhoramentos" nos distritos da Turquia oriental habitados por armênios. Mas, apenas noventa dias depois, na Conferência de Berlim, convocada pelas potências europeias para regulamentar os resultados do acordo de paz, as precedentes promessas do sultão aos armênios tornaram-se nada mais do que poeira ao vento. Ao retornar dessa Conferência, Khrimian Hairig, negociador dos turco-armênios, proferiu na catedral armênia de Constantinopla esta parábola, que imediatamente foi tornada célebre:

> Na grande mesa da liberdade posta em Berlim, aqueles que tinham colheres de ferro (alusão aos búlgaros, romenos, sérvios, cuja causa contava com o apoio das potências) conseguiram alcançar a panela e saciar-se da apetitosa herissè. Ora, os armênios tinham apenas colheres de papel (vagas promessas) e com colheres de papel não se come herissè.... [186]

---

186. SAPSEZIAN, Aharon. História da Armênia. São Paulo, Paz e Terra, 1988, pág. 96.

Sonhos de libertação nacional

A lição foi aprendida. Inaceitável os armênios continuarem nutrindo ilusões de salvação vindas das potências estrangeiras, ou fiando-se em palavras afáveis do sultão. Se quisessem independência, teriam de prover-se de colheres de ferro. Começam a germinar núcleos de autodefesa armada nas montanhas da Anatólia oriental, e surgiram partidos independentistas, tanto reformistas-liberais, quanto de natureza revolucionário-socialista. Entre 1862 e 1863, ocorreram irrupções nas cidades de Zeitun, Van e Mush, prenunciadoras da rebeldia geral. Em 1894, os altivos montanheses da cidade de Sassoun proclamaram que não pagariam mais os impostos escorchantes exigidos pelas autoridades do sultão e pelos senhores feudais curdos. Durante doze ardentes dias, soldados turcos e bandos de curdos nômades foram lançados pelo governo contra os armênios insubmissos. A matança deixou dois mil cadáveres entre os armênios – e um ódio que não se apagaria nunca mais. Pequenas brigadas de guerrilheiros furtivos passaram a ser acolhidas como heróis da liberdade do povo armênio.

Em setembro de 1895, espoucou o chamado "incidente de Babi Ali": durante um protesto em frente ao pórtico monumental do palácio governamental otomano (a Sublime Porta), em Constantinopla, um estudante armênio, sob intimidação policial, sacou um revólver e alvejou um oficial, que morreu. Esse episódio destravou uma propensão assassina que já vinha transbordando do governo. Uma violência policial enlouquecida tomou conta da cidade, abatendo com furor bestial todos os armênios que fossem identificados. Milhares foram assassinados nos dias subsequentes, e outros milhares, tomados de pavor, refugiaram-se em igrejas, sem comida, por dez dias. Nas províncias, o governo e os jornais instigaram a massa muçulmana de turcos e curdos contra os armênios, transformando, calculadamente, um conflito político em uma guerra religiosa contra os "infiéis" cristãos. A matança recomeçou em toda parte, fora de controle – os jornais turcos da época foram convenientemente vagos nas suas estimativas de cadáveres. Com esses chamados "massacres hamidianos", o déspota Abdul Hamid ganhou para sempre o apelido apropriado de Sultão Vermelho – "vermelho", de sangrento.

Menos de um ano depois, no dia 26 de agosto de 1896, uma ousada ação de propaganda política foi realizada pelos insurgentes: um pequeno destacamento armado da Federação Revolucionária Armênia – FRA ocupou a sede do Banco Otomano, em Constantinopla, entidade depositária dos maiores saldos financeiros ocidentais no país. O comando guerrilheiro imobilizou 140 funcionários e resistiu ao assédio militar por catorze horas, proclamando a exigência de que a reivindicação de independência armênia fosse elevada à arbitragem internacional. O grupo de combate da FRA acabou liberando o banco e, sob a cobertura de diplomatas europeus, foi conduzido ao navio que o transferiu para a França. Nos dias subsequentes, mais de 6.000 armênios foram exterminados em Constantinopla, ante os olhares complacentes da polícia e do exército. Mas os guerrilheiros cobriram-se de glória no coração do povo. Nunca mais a demanda da independência armênia seria desdenhada.

Em 1908, triunfou o golpe de Estado do Partido dos Jovens Turcos, movimento constitucionalista em cujo seio conviviam (mal) duas facções: de um lado, os otomanistas, com certa retórica liberal e aparentemente propensos a trabalhar pela harmonia entre as nações do império; de outro lado, os nacionalistas turcos, marcados por duro corte antiocidental, antirusso e panturquista. A própria Federação Revolucionária Armênia – FRA supôs que podia nutrir esperança: como sinal de boa vontade, determinou que seus combatentes suspendessem o fogo em todo o império. Essa paz unilateral durou um mês. Na cidade mediterrânea de Adana, uma nova conflagração disseminou carnificina e pilhagens por dez dias: duzentas aldeias destruídas e outros milhares de armênios assassinados, numa onda paroxística de violência. Dalí para sempre, o Comitê da União e Progresso, órgão do comando nacional do Partido dos Jovens Turcos, assumiu a política de turquização forçada das minorias étnicas. Enquanto, em 1912, o governo russo desistia do propósito de russificar os "seus" armênios (postura adotada em 1881), os armênios da Turquia foram transformados em culpados por todas as desgraças do império. Em agosto de 1914, o governo criou um esquadrão da morte armado até as unhas, ao qual deu a anódina denominação de Organização Especial, financiado clandestinamente e composto por uma massa de criminosos comuns sob o comando de panturquistas exaltados.

No mesmo mês, o Império Otomano ingressou na Primeira Guerra Mundial interimperialista (1914-1918). Os impérios inglês, francês e russo contra os impérios alemão, austro-húngaro e otomano – esses dois blocos se matando para arrancar colônias uns dos outros, apossar-se de fontes de matérias-primas e monopolizar mercados consumidores. Mas a Turquia já era um império em decadência e, como todo império que vê refletida no espelho a imagem do seu próprio declínio, o Estado otomano enxergava uma ameaça ou traição em cada folha que se desprendesse das árvores. Nos dias derradeiros de 1914, o exército turco amargou, no front de Sarikamish, uma derrota desonrosa face às tropas russas e seu "general inverno". O Comitê da União e Progresso, direção do Partido dos Jovens Turcos, alardeou a notícia de que armênios russos haviam combatido nas forças do czar. Como não?

Eram súditos russos convocados para servir na tropa. Mas, é claro, isso sinalizaria que os armênios da Turquia estariam na iminência de passar-se para o lado do inimigo. Os armênios haviam se tornado um espinho cravado na carne. Era preciso arrancá-lo! Eram os "judeus" da Turquia. Impôs-se, no governo, nos jornais e nas mesquitas, a convicção de que já passava da hora de ser conferida à questão armênia uma solução final.

A "solução final"

Em janeiro de 1915, o governo tomou a decisão de desarmar todos os soldados e policiais armênios, relegando-os a tarefas civis. Isso neutralizou qualquer possibilidade de resistirem, numa óbvia preparação para o que estava por vir. Não demorou, e começou deportação em massa da população armênia: inicialmente, das províncias orientais, supostamente pela proximidade da frente russa. Mas, logo, os armênios de toda a Turquia, às centenas de milhares, passaram ser empurrados à força para o tórrido deserto da Síria, na fronteira sul do país. A cidade de Van, no extremo oriental da Turquia, como não aceitou render-se, foi sitiada e bombardeada pela artilharia do exército turco e pelos facínoras da Organização Especial do governo. A Federação Revolucionária Armênia – FRA sustentou por quarenta dias uma resistência desesperada, com a população passando fome, até a chegada salvadora de centenas de voluntários armados vindos da Armênia russa. Duzentos e cinquenta mil armênios da região de Van foram resgatados do morticínio, cruzando a pé a fronteira, com exército russo cobrindo a sua retaguarda. Foi a "prova" definitiva da traição do povo armênio.

O dia 24 de abril de 1915 ficou gravado para sempre na memória dos armênios como o Domingo Sangrento: 270 líderes culturais e religiosos armênios de Constantinopla foram presos de surpresa. Dias depois, outras 350 personalidades armenianas da mesma cidade foram capturadas. Após um mês de encarceramento, todos foram deportados para o deserto da Síria – e mortos no trajeto! Era o início do extermínio oficial sistemático. Em Istambul, quase 2.400 cidadãos eminentes da comunidade foram enfiados no trem da morte. A perseguição disseminou-se rapidamente pelo país. Era como se caçassem javalis selvagens por toda parte. Tudo planejado com frieza e metodicamente executado pela sinistra Organização Especial.

> Em todas as partes, o esquema de operações é sinistramente o mesmo: eliminam-se primeiro os cabeças da comunidade; em seguida, são as batidas de

casa em casa (...). Os homens aptos são executados sumariamente (...). O que resta, praticamente mulheres e crianças, forma o corpo das longas e cansadas caravanas que vão morrendo aos poucos na marcha para o nada. [187]

Foram organizadas sucessivas caravanas da morte, que deslocaram multidões de mulheres e homens de todas as idades, forçados a marchar a pé em longas fileiras ou bandos, às vezes por centenas de quilômetros, ou empilhados em vagões de gado até quase a sufocação. As pessoas que desfaleciam pelos caminhos, enfermos ou idosos, adultos ou crianças, eram jogadas no rio Eufrates, amarradas em pares ou trios, ou simplesmente abandonadas ao sol à beira das trilhas, para serem devoradas à noite por matilhas de cães ferais e lobos cinzentos. E nada estava interditado: nem é necessário descrever o que acontecia com as meninas adolescentes ou recém-saídas da infância. Quando os progenitores tentavam protegê-las, eram mortos a golpes de sabre – a tiros, na hipótese benigna. Os que chegassem ao final desses percursos de semanas ou meses, extremamente debilitados, tinham um encontro marcado com a morte no deserto abrasador – por fome e sede, insolação severa e exaustão terminal.

Mas não se suponha que os armênios foram abatidos de joelhos. Na maioria dos distritos orientais, houve resistência tenaz, mesmo mal armada e pouco útil: na aldeia rebelde de Chabin-Karahisar, que conteve por um mês o feroz assédio militar turco; em torno de Mush; na insubmissa vila de Sivas; na novamente heroica Sassoun; na insurreta Mussa Dagh, que também sustentou uma resistência impensável por 40 dias; e em inomináveis outros lugares onde os armênios guerrearam até a última criança, ou nos quais não sobrou nenhuma pessoa viva para contar a história.

Em 15 de setembro de 1915, o Ministro do Interior expediu este telegrama para o prefeito turco-muçulmano de Alepo:

Conforme comunicação anterior, o governo, por ordem do Comitê da União e Progresso, decidiu exterminar completamente os armênios habitantes na Turquia. Aqueles que se opuserem a essa ordem e decisão não poderão integrar o quadro governamental. Sem nenhuma consideração, nem mesmo pelas crianças, mulheres ou pelos enfermos, por mais trágicos que sejam os meios de exterminação utilizados, e sem se deixar levar pelos apelos da consciência, é preciso pôr termo à sua existência. [188]

---

187. SAPSEZIAN, Aharon. História da Armênia. São Paulo, Paz e Terra, 1988, pág. 124.
188. SAPSEZIAN, Aharon. História da Armênia. São Paulo, Paz e Terra, 1988, pág. 121.

Na mesma ocasião, o Ministro Mehmet Talaat, da governança do Comitê da União e Progresso, dava mostras inequívocas de já haver perdido a paciência, conforme desabafou para o embaixador dos Estados Unidos, Henry Morgenthau:

> É inútil argumentar. Já liquidamos três quartos dos armênios e não restam mais sobreviventes nem em Bitlis, nem em Van, nem em Erzerum. De agora em diante, o ódio entre turcos e armênios será tão forte, que temos de acabar definitivamente com eles. Senão, serão eles que se vingarão de nós. [189]

Amontoados de cadáveres apodrecendo ao sol podiam ser percebidos entre 1915 e 1916 por todo o sudeste da Turquia. Fornos crematórios eficientes só seriam aperfeiçoados algumas décadas depois.

Mas, afinal, quantos armênios foram exterminados no genocídio? Impossível ter certeza. Esse é o tipo de crime em que os delinquentes se empenham em não deixar registros. Os fatos aferíveis são que, no início de 1915, habitavam na Turquia 1,9 milhões de armênios e, ao final de 1916, só restavam vivos 600 mil deles – sendo metade na Turquia e a outra metade refugiada do outro lado da fronteira, na Armênia russa. O *Livro Azul*, publicado pela Grã-Bretanha em 1916, fez um cálculo equivalente: 600 mil armênios trucidados ao ser capturados (enforcados, degolados, baleados), outros 600 mil assassinados durante os trajetos das caravanas da morte (por sede, pauladas, lançados amarrados ao rio Eufrates), e uns 600 mil conseguiram sobreviver mal e mal. Seguramente, entre 1,2 e 1,3 milhões de pessoas foram assassinadas. Há cifras que chegam a 1,5 milhão de vidas sacrificadas. O mundo civilizado foi cúmplice. De longe, presenciou tudo:

> (...) uma das especificidades do acontecimento mortífero de 1915 é ter sido perpetrado diante dos olhos de representantes da comunidade internacional, como observadores neutros (suíços, americanos, dinamarqueses e suecos) ou funcionários civis e militares alemães e austríacos em atividade na Turquia. Estes múltiplos relatórios permitem que as associações de auxílio aos refugiados e a imprensa deem a conhecer ao mundo que, em vez de uma simples deslocação de uma população em zona de guerra, estamos na presença de um homicídio coletivo praticado à escala no país. [190]

---

189. SAPSEZIAN, Aharon. História da Armênia. São Paulo, Paz e Terra, 1988, pág. 121.
190. BRUNETEAU, Bernard. O século dos genocídios. Lisboa: editora Instituto Piaget, 2004.

Ao final da guerra mundial, o governo dos jovens turcos desmoronou e os políticos do Comitê da União e Progresso, que haviam concebido e executado o genocídio, fugiram sorrateiramente para exílios secretos no exterior, carregando as fortunas que saquearam dos cofres do Estado turco. Evadiram-se na noite ventosa e fria de 1° de novembro de 1918, outono no hemisfério norte, escondidos a bordo do navio torpedeiro alemão Lorelei.

A Federação Revolucionária Armênia - FRA não perdeu tempo. Compôs uma lista com 200 nomes dos principais responsáveis pelo holocausto: dirigentes do Comitê da União e Progresso, os chefes da infame Organização Especial, esbirros da polícia, oficiais do exército e colaboradores civis notórios. Num segredo que ficou bem guardado até a década de 1970, a FRA executou a Operação Nêmesis – nome da deusa grega da justiça e da vingança. Nos primeiros anos da década de 1920, pequenas equipes de jovens patriotas armênios foram localizando e executando, um a um, os membros do alto escalão do governo genocida fujão – um em Roma, dois em Berlim, mais um em Tíflis, em todo lugar onde estivessem foragidos. O triunvirato governamental macabro – Ismail Enver, Ahmed Dejemal e Mehmet Talaat – esteve entre os primeiros criminosos a serem encontrados e justiçados fora da Turquia pelos revolucionários. Centenas, milhares de matadores de armênios escaparam – mas não os seus chefes.

Pelo Tratado de Sèvres (agosto de 1920), as potências vencedoras da grande guerra finalmente formalizaram a paz com a Turquia e, claro, despedaçaram entre si o vasto império colonial otomano. Hienas despedaçam a carniça. O Tratado também possibilitou que as terras turco-armênias se fundissem às da contígua República da Armênia, que havia proclamado a sua independência da Rússia em 1918. A Turquia, evidentemente, logo despacharia tropas para atropelar esse acerto que não lhe convinha.

O Tratado de Sèvres continha uma cláusula de responsabilização do Estado turco pelo genocídio armênio. Tal cláusula não só desapareceu do tratado subsequente, o de Lausanne, como também foi incorporado a ele um anexo garantindo a imunidade aos perpetradores turcos do primeiro genocídio do século XX. Por isso, Hitler podia dizer em 1939: "quem afinal fala hoje do extermínio dos armênios?".[191]

---

191. SOTELO FELIPE, Marcio. Ditadura Militar, Crimes Contra a Humanidade e a Condenação do Brasil Pela Corte Interamericana de Direitos Humanos. IN: Revista Jurídica do Curso de Direito da Universidade Estadual de Santa Cruz - UESC (Ilhéus, Bahia), volume XVII, págs. 89-113, publicada em 2017.

Hitler fez essa declaração durante um discurso para os seus generais no dia 22 de agosto de 1939, alguns dias antes de invadir a Polônia e iniciar a Segunda Guerra Mundial. Já tinha em mente, é claro, deslocar ou exterminar os povos "inferiores" da Europa central e oriental, que ocupavam as terras necessárias ao "espaço vital" germânico. O bem-sucedido massacre e confinamento dos pele-vermelhas dos Estados Unidos nas últimas décadas do século XIX, com a irresistível expansão do país até o Oceano Pacífico, e o ostensivo genocídio dos armênios em 1915-1916, foram suas inspirações diretas.

No final de 1991, quando a União Soviética deu por encerrada a sua existência, a ex-República Soviética da Armênia tornou-se a atual República da Armênia, um país pequeno, ainda privado das históricas terras turco-armênias, e sem acesso ao mar. Tem parcos 30 mil km² – um pouco menor do que a Bélgica – onde vive uma população de pouco mais de 3 milhões de habitantes. Outros 7 milhões de armênios e seus descendentes dispersaram-se numa diáspora por mais de cem países, principalmente após o holocausto de 1915. Sua capital, Erevan, conta com 1,2 milhões moradores. Foi fundada em 782 a.C., é uma das cidades continuamente habitadas mais antigas do mundo. Localizada à margem do rio Razdan, um curso d'água de índole pacífica, Erevan veste-se de muitas flores na primavera e, no geral, agracia os seus moradores com um clima ameno, malgrado invernos inconvenientemente gelados. Seu horizonte é dominado pela imponente visão do monte Ararat, que zela para que o seu cume, a mais de 5 mil metros de altitude, conserve-se nevado e luminoso durante a maior parte do ano.

A tortura sem fim

A tortura coexiste com a civilização desde tempos imemoriais. A sua história remonta ao escravismo dos impérios antigos e à democracia ateniense, onde era regularmente empregada para castigar escravos e rebeldes em geral[192]. Depois, na Idade Média, a Inquisição católica aprimorou um conjunto de suplícios para compelir hereges, endemoninhados e bruxas a confirmar tudo o que os salvadores das suas almas suspeitassem sobre eles[193]. O *Malleus Maleficarum*, meticuloso manual de torturas escrito pelos monges dominicanos alemães Heinrich Kramer e James Sprenger, Inquisidores Plenipotenciários nomeados em 1484 pelo papa Inocêncio VIII, foi um dos livros mais influentes da cultura ocidental ao longo dos trezentos anos sequentes. No Brasil, está publicado sob o título de *O Martelo das Feiticeiras*. Nos anos derradeiros do mesmo século XV, quando as caravelas europeias cruzaram o oceano e apoderaram-se de novos mundos, as torturas embarcaram junto, como os ratos, a varíola e a cruz. A tortura alastrou-se,

---

192. No Direito Romano, o escravo não era qualificado como ser humano, era um animal. Seu proprietário podia forçá-lo a trabalho extenuante ou abusá-lo de qualquer forma, até matá-lo, sem consequências jurídicas. Mas, se alguém ferisse ou matasse um escravo alheio, cabia indenização ao seu dono por perda ou por dano à propriedade. Salvo exceções, essa sempre foi a condição jurídica dos escravos, em todos os países, em todas as épocas. No século I a.C., eclodiu a maior revolta de escravos do império romano: 120 mil sublevados, dentre eles 40 mil combatentes que conseguiram se armar. Liderados pelo gladiador trácio Spartacus, confrontaram vitoriosamente as bem adestradas legiões romanas durante quase 3 anos. Estiveram a ponto de conquistar a cidade de Roma e quase vencer o que foi denominado Terceira Guerra Servil. Ao serem finalmente massacrados, os 6.000 insurretos sobreviventes foram crucificados ao longo da Via Ápia (entre Cápua e Roma). Durante mais de uma semana, foram morrendo por insolação severa, sede, fome e ataques de pássaros carniceiros. Mais do que matá-los, era preciso puni-los exemplarmente, e em público.

193. Para uma consulta rápida, acessar Torturas Medievais – 22 técnicas assustadoras usadas na Idade Média, in: www.segredosdomundo.r7.com/torturas-medievais.

tanto para submeter os gentios à palavra de Deus, como para convencê-los a revelar a procedência daqueles pequenos cascalhos amarelos com que ornavam os seus corpos. Durante os mais de três séculos de persistência do escravismo colonial nas Américas, torturavam-se os nativos e os pretos indolentes ou fujões. Tornou-se banal cidades brasileiras erigirem em sua praça central um pelourinho. Quem se detém hoje para refletir sobre o significado desse marco urbano antigo? Entre o fecho do século XIX e a aurora do século XX, quando as potências europeias combinaram entre si a sua última temporada de expansionismo colonial na África e Ásia, a tortura novamente seguiu junto, como o cão de guarda do poder branco e cristão civilizador do mundo. Ao longo do século XX, os métodos de torturar não cessaram de florescer, especialmente nas ditaduras, atualizados pelos modernismos técnicos disponíveis.

Em 1964, os militares brasileiros desventraram a ordem constitucional, obviamente com retaguarda civil: o empresariado urbano e rural, a CNBB, OAB, ABI, os grandes jornais[194], as redes de TV e rádio, e uma classe média induzida ao pânico. Essa precedência liberticida dos generais brasileiros qualificou-os também como espelhos em que logo se mirariam outras ditaduras que, em breve, se alastrariam, como ervas venenosas, por esta parte do mundo. Agredir ou torturar presos comuns para intimidar, extrair confissões ou castigar, sempre foram condutas quase usuais em corporações policiais, antes e depois das ditaduras. Mas, no regime militar, apesar da censura aos meios de comunicação, as torturas alcançaram crescente repercussão, dentro e fora do país, porque atingiram muitas personalidades das camadas médias, como jornalistas, artistas, políticos, líderes estudantis ou de movimentos sociais, professores, intelectuais em geral.

Os torturadores e seus afazeres

Em regra, os torturadores são oficiais das Forças Armadas, oficiais das polícias militares, delegados da polícia federal ou das polícias civis, investigadores ou carcereiros. Claro que a maioria dos militares e dos policiais não se tornou torturadora. A natureza dessa ocupação certamente atrai psicopatas, mas a maior parte desses algozes, malgrado perversa – não o

---

194. Com a isolada exceção do diário democrático e nacionalista Última Hora, dirigido pelo jornalista Samuel Wainer, mas que tinha circulação comparativamente restrita.

fossem, não suportariam esse encargo insano por muito tempo – é plenamente imputável. Exercem a tortura em situações de acato hierárquico, facilitado por rancor ideológico e, às vezes, com incentivo financeiro ("prêmios por resultados"). Usam codinomes para ocultar a identidade. Muitos dos torturadores procedem dos serviços de informações[195].

O padrão de conduta é a mais ou menos repetido, os interrogadores recebem os prisioneiros aos urros: "você acaba de entrar no inferno", "você não vale mais nada", "aqui, você fala ou morre" etc. O prisioneiro é despido, geralmente à força. Assim exposto, há quem, só pelo pânico e pela gritaria no entorno, já revele aos interrogadores o que lhe indagam – antes de tudo, nomes e localização de companheiros. Outros prisio-

---

195. Os principais desses serviços no Brasil:
- CIE ou CiEx, Centro de Informações do Exército, atual Centro de Inteligência do Exército – CIE
- CENIMAR, Centro de Informações da Marinha, atual Centro de Inteligência da Marinha – CIM
- CISA, Centro de Informações de Segurança da Aeronáutica, atual Centro de Inteligência da Aeronáutica – CIAER
- SNI, Serviço Nacional de Informações, atual Agência Brasileira de Inteligência – ABIN
- DPF, Departamento de Polícia Federal, com sede em todas as capitais e principais cidades brasileiras
- DOPS, Delegacia de Ordem Política e Social, depois transformada em DEOPS – Departamento Estadual de Ordem Política e Social. Delegacias criadas pelos Estados a partir da década de 1920 para atuar contra a "agitação social". Desde década de 1930, com suporte em Convênios entre o governo federal e os estaduais, passaram a vigiar, investigar e produzir inquéritos de crimes contra a ordem política e social – em suma, repressão política. Tornaram-se, desde logo, temíveis centros de tortura e assassinato de opositores, característica que se intensificou pesadamente após o golpe militar de 1964. Ao término da década de 1970, a ditadura militar já estava bastante desmoralizada na população e internacionalmente e, nas primeiras eleições diretas para governadores desde 1964, realizadas em novembro de 1982, apesar dos muitos cerceamentos autoritários, foram eleitos dez governadores democratas – dentre eles Leonel Brizola (RJ), Franco Montoro (SP) e Tancredo Neves (MG). Mas, antes de tomarem posse (março de 1983), o governo federal rescindiu aqueles antigos Convênios, e a Polícia Federal apossou-se dos arquivos dos DEOPS estaduais. Os arquivos permaneceram na PF até serem "limpos": suprimiram as listas de informantes e os indícios mais veementes de assassinatos de presos políticos. Restituídos aos Estados, atualmente compõem os acervos de arquivos públicos estaduais. Malgrado o expurgo das informações mais brutais, remanesceram nesses registros milhares de transcrições de interrogatórios, relatórios de informantes, fotografias, fichas de presos etc. – um maremoto de resquícios, que permitiram esclarecer inumeráveis crimes que a ditadura tentou esconder. Nos estertores do último governo militar, os DEOPS foram extintos – em SP, foi mediante um dos primeiros decretos de Franco Montoro, assim que tomou posse como governador.
- OBAN, Operação Bandeirantes, criada pelo governador de SP Abreu Sodré, em julho de 1969. Unificou localmente todos os órgãos de repressão civis e militares da ditadura, sob o comando de oficiais do exército. A ação repressiva exitosa da OBAN induziu à sua replicação nas principais capitais do país, a partir de meados de 1970, sob a denominação de DOI/CODI.
- DOI/CODI – Destacamento de Operações e Informação/Centro de Operações de Defesa Interna. Principal aparato militar de captura, tortura, assassinato e ocultação de cadáveres de opositores à ditadura. Subordinado diretamente ao comando do Exército de cada região, houve unidades do DOI/CODI em SP, RJ, PE, DF, PR, MG, BA, CE, PA e RS, mas atuavam em todo o país. Rivalizavam com os DEOPS em perversidades contra presos, mortes sob torturas intermináveis ou pura execução, e ocultação de cadáveres. Em SP, funcionou em anexo à delegacia de polícia da rua Tutóia, 921. Foi extinto em 1985, no apagar das luzes do último governo militar.

neiros, primeiro precisam passar pelo "amaciamento da carne" ou "pau louco": socos e pontapés pelo corpo todo, com repetidas aplicações de "telefone" – o torturador, com as mãos dispostas em conchas, espanca simultaneamente os dois ouvidos da vítima, não sendo incomum haver ruptura de tímpanos e desfalecimento. Se o "pau louco" não for suficiente, o preso é submetido a tratamentos tidos como geralmente exitosos, em especial sessões longas ou descontinuadas de choques elétricos convulsivantes nas partes mais sensíveis do corpo, como a região genital, o ânus, os canais auditivos, lábios, gengivas e língua, pontas dos dedos, mamilos, umbigo, solas dos pés etc. As descargas são aplicadas principalmente por meio de um dínamo, que produz uma corrente a partir do giro rápido ou intermitente de uma manivela ("pimentinha"), ou de um botão rotatório de tensão ascendente ("alta fidelidade"). Em situações de urgência, fora do quartel e sem esses instrumentos à disposição, qualquer fio conectado à rede elétrica é usado, embora a amperagem alta eleve consideravelmente o risco de morte por ataque cardíaco, o que frustra a obtenção de informações. Nos recintos próprios de interrogatórios, o mais comum é o prisioneiro receber os choques elétricos imobilizado em dois tipos de equipamentos. O mais imediato, é o preso ser atado com cintas de couro à "cadeira do dragão", uma cadeira revestida internamente com placas metálicas, às vezes com a cabeça enfiada num balde de lata que distribui a corrente elétrica pelo crânio, face e pescoço. E, claro, com os genitais à mostra, para alcance fácil. Para procedimento mais demorado, o prisioneiro é pendurado no "pau de arara": com os pulsos amarrados aos tornozelos, e um cano de ferro atravessado pelo espaço entre os braços e dobras dos seus joelhos, o seu corpo é suspenso do solo, apoiando-se esse conjunto pelas pontas dos canos sobre duas mesas. Essa posição, com o corpo pendurado para trás e a cabeça tombada para o chão, força o púbis e as nádegas a permanecerem em exibição para o alto. Com o cativo assim imobilizado e suas intimidades totalmente expostas, os torturadores ocupam-se dos choques elétricos.

Além da rotina dos choques elétricos, são empregadas múltiplas formas de tormentos, variando conforme a predileção do interrogador. Afogamentos sucessivos (*waterboarding*) com mangueiras engasgadas na garganta, ou com capuzes continuamente encharcados, ou ainda com a cabeça seguidamente mergulhada em baldes de água, até empurradas para dentro de vasos transbordantes de urina e fezes. Emprego de dispositivos transtornadores da consciência e produtores de severa perturbação emocional, como a "geladeira", cubículo em que o preso, sentado e manietado, é submetido por longas horas, ou dias, a um revezamento de frio enregelante (beirando a zero grau) e superaquecimento escaldante, sempre com alto-falantes produzindo ruídos altíssimos. Exposição a um jacaré ou a uma serpente num ambiente estreito. Surras com palmatórias de madeira. Empalar o preso com cassetete dentado ou cabo de vassoura. Alicates, para esmagar o que quer que seja. Agulha sob as unhas. Injeções de pentotal de sódio, um alucinógeno tido como "soro da verdade" (muitas vezes, falha, causando somente náusea insuportável). A tortura moral potencializa diabolicamente a tortura corporal: crianças, até bebês, recebendo descargas elétricas na presença dos seus pais (fizeram isso!), esposas sendo estupradas na frente dos maridos, crianças forçadas a assistir seus pais urrando sob os tormentos, casais obrigados a supliciar um ao outro – o que for útil para infundir terror no prisioneiro, desmoralizá-lo perante si mesmo, fazê-lo desapossar-se do autocontrole e revelar o que não queria. Em regra, todas as torturas são aplicadas com privação de sono, de água e de alimentos, e com as vítimas vendadas ou encapuçadas, invariavelmente nuas.

Se o cativo for mulher, a predileção dos interrogadores certamente é por torturas sexuais, não se descartando estupros, aos quais não raro são submetidas as mulheres jovens. Empurrar um rato vivo para dentro da vagina da prisioneira e mantê-lo ali até sufocar – isso foi feito. Ou baratas vivas. Ameaças de repetição do estupro. Por aí, vai.

A Doutrina de Segurança Nacional, um potente veneno ideológico indutor de maniqueísmo político e intolerância ideológica, destilado no Pentágono e difundido no Brasil pelos cursos e publicações da Escola Superior de Guerra-ESG, e por todas as academias de formação de oficiais (assim como pelas instituições latino-americanas equivalentes), foi sorvida à embriaguez por militares e policiais. A Doutrina explicava que, a partir do início da Guerra Fria, no final da década de 1940, o novo inimigo de cada país seria interno, os traidores da pátria disseminados na população: os movimentos por transformação social e os opositores das ditaduras, especialmente os de esquerda. Elementos insidiosos, precisariam ser logo identificados, isolados e extirpados. Brutalizar prisioneiros políticos foi decorrência natural desse modo de pensar e sentir. Já não era raro brutalizar prisioneiros comuns.

Mas a relação de condutas de tortura até agora indicada está longe de ser acabada, é incompletamente exemplificativa. Só o dossiê Brasil Nunca Mais descreve 283 variações de torturas utilizadas pela ditadura brasileira. Mas todas as modalidades aqui mencionadas foram comprovadamente aplicadas em incontáveis prisioneiras e prisioneiros pelos agentes do regime militar brasileiro (1964/1985), conforme vasta documentação oficial disponível em instituições públicas e privadas, inclusive milhares de testemunhos[196].

Todas essas variantes de sevícias, e outras mais, foram também exaustivamente empregadas pelas demais ditaduras militares da América Latina do século XX – exceto, talvez, o nosso tão familiar "pau de arara", que os torturadores brasileiros se vangloriam de ser uma ferramenta de tecnologia autenticamente nacional. Parece que têm razão: há uma célebre pintura de Jean-Baptiste Debret, da Missão Artística Francesa (1817), mostrando um escravo sendo castigado na cidade do Rio de Janeiro por meio de um pau-de-arara.

A doutrina francesa de tortura

A tortura, praticada por funcionários do poder público como método para extrair informações, intimidar ou castigar – até matar, se preciso – foi intensamente empregada pela Gestapo e por todas as polícias fascistas europeias, assim como em todos os países ocupados pelas tropas

---

196. Alguns dos dossiês mais profusamente documentados:
- Comissão Nacional da Verdade - CNV. Relatório Final: http://cnv.memoriasreveladas.gov.br
- Comissão de Familiares de Mortos e Desaparecidos Políticos. Dossiê dos Mortos e Desaparecidos Políticos no Brasil. Imprensa Oficial do Estado de São Paulo: 2009
- ARNS, Dom Paulo Evaristo. Brasil: Nunca Mais. Editora Vozes. São Paulo: 1985.
- Comissão Especial Sobre Mortos e Desaparecidos Políticos da Secretaria Especial dos Direitos Humanos da Presidência da República. Direito à Memória e à Verdade. Brasília: 2008.
- Assembleia Legislativa do Estado de São Paulo, Comissão da Verdade do Estado de São Paulo "Rubens Paiva". Relatório Mortos e Desaparecidos. São Paulo: 2015. http://comissaodaverdade.al.sp.gov.br
- Assembleia Legislativa do Estado de São Paulo, Comissão da Verdade do Estado de São Paulo "Rubens Paiva". *Infância Roubada – Crianças atingidas pela Ditadura Militar no Brasil*. São Paulo: 2014.
- Prefeitura do Município de São Paulo, Comissão da Memória e da Verdade. Relatório. São Paulo: 2016.
- Câmara Municipal de São Paulo, Comissão Municipal da Verdade Vladimir Herzog. Relatório Final. Imprensa Oficial do Estado de São Paulo: 2013
- Site Documentos Revelados: https://documentosrevelados.com.br/
- Site do Grupo Tortura Nunca Mais-RJ: https://www.torturanuncamais-rj.org.br
- Site do Memorial da Resistência: http://memorialdaresistencia.org.br
- TIBURCIO, Carlos, e MIRANDA, Nilmário. Dos filhos deste solo – Mortos e desaparecidos Políticos durante a ditadura militar: a responsabilidade do Estado. Boitempo editorial. São Paulo: 1999.
- GODOY, Marcelo. A Casa da Vovó – Uma biografia do DOI-CODI (1969-1991), o centro de sequestro, tortura e morte da ditadura militar. Alameda Casa Editorial. São Paulo: 2014.

de Hitler, para quebrar física e moralmente os combatentes dos movimentos de Resistência e seus apoiadores. Foi aplicada quase indiscriminadamente pelo exército imperial japonês durante a invasão e ocupação nipônica da Mandchuria (nordeste da China, 1931-1945)[197]. Torturas foram largamente empregadas pelo exército colonial francês contra os combatentes da guerra de libertação nacional do Vietnã (Primeira Guerra da Indochina, 1946/1954). Sem interrupção, tormentos de todo tipo foram servidos pelos militares norte-americanos aos guerrilheiros que se opunham à intervenção gringa no Vietnã, Laos e Camboja, durante a Guerra do Vietnã (Segunda Guerra da Indochina, 1955/1975)[198]. Os suplícios foram novamente empregados pelos, já então, experientes oficiais franceses contra os combatentes anticoloniais da Guerra de Independência da Argélia (1954/1962), torturas essas que foram estrepitosamente denunciadas ao mundo pelos próprios intelectuais franceses. Tornou-se deploravelmente célebre o depoimento pelo qual o jornalista anglo-argelino Henry Alleg, ex-diretor do principal jornal crítico ao colonialismo francês na Argélia (as autoridades franco-argelinas haviam fechado o seu jornal), descreveu, em 70 angustiantes páginas, os 70 dias em que permaneceu sendo torturado por jovens oficiais franceses. Seu depoimento foi publicado na França em fevereiro de 1958, sob o título de La Question, e a primeira tiragem, de 60 mil exemplares, esgotou-se em algumas semanas. Um mês após lançado, o governo francês, irritado com a repercussão, proibiu a circulação do livro. Mas era tarde, o "estrago" moral e político na imagem da França já estava feito. A proibição só

---

197. ESCRAVIDÃO SEXUAL – Sequestrar dezenas de milhares de meninas e adolescentes chinesas durante a década de 1930, e forçá-las à escravidão sexual em prostíbulos das tropas de ocupação japonesa na Mandchuria, foi uma contribuição singular do exército do Japão para a galeria de horrores da humanidade. Logo depois, com a deflagração da II Guerra Mundial (1939-1945) e a expansão imperialista do Japão sobre a Coréia, leste da China, Filipinas, Malásia e centenas de territórios insulares do oceano Pacífico, a escravidão sexual de meninas e adolescentes nos bordéis militares japoneses foi estendida para essas novas possessões, sob a anódina denominação de Programa das Damas de Conforto. Só na Coréia do Sul, cerca de 200 mil mocinhas foram capturadas e tornadas escravas sexuais do Exército japonês. Para não faltar escravas, o programa acabou incorporando o sequestro até de jovens japonesas pobres. Era alto o índice de mortalidade entre as escravas sexuais, por doenças venéreas não-tratadas, gravidez desassistida, estupros truculentos, moléstias decorrentes da desnutrição crônica e outros pavores. Em 2015, após uma combinação diplomática com a Coréia do Sul, o governo de Tóquio emitiu um pedido público de desculpas e prometeu destinar recursos para um fundo de amparo às últimas escravas sobreviventes – umas poucas senhoras octogenárias ou nonagenárias.

198. Os oficiais militares norte-americanos foram inicialmente treinados em técnicas de tortura segundo os ensinamentos compilados no chamado Project X, um programa executado pelas unidades da Army Foreign Intelligence. Em seguida, ainda na década de 1960, passaram a ser treinados conforme as torturas sistematizadas no KUBARK – Counterintelligence Interrogation – July 1963, manual metodizado a partir dos interrogatórios de guerrilheiros vietnamitas capturados. Conferir em: BANDEIRA, Luiz Alberto Moniz. Formação do Império Americano. Rio de Janeiro, editora Civilização Brasileira, 2014, p. 709.

serviu para chamar mais a atenção pública para o livrinho, que logo foi traduzido para dezenas de idiomas. Houve várias edições brasileiras, sob o título de A Tortura.

A bem da verdade, nenhuma potência imperial deixou de valer-se de torturas no século XX para submeter os insurgentes e resistentes que, na África e na Ásia, combateram pela liberdade de suas nações. Vários dos países que se libertaram erigiram memoriais, para que não se perca o registro daquele horror que lhes foi imposto pelos civilizadores brancos e cristãos da velha Europa e dos Estados Unidos.

Com base na sua experiência em colônias da Ásia e África, principalmente no Vietnã e na Argélia, oficiais franceses chegaram a desenvolver uma tal "doutrina francesa" de tortura. Combinava crueldade física extrema e tormentos psicológicos, em revezamento. O coronel francês Paul Ausaresses, veterano das guerras nessas duas colônias, foi adido militar da Embaixada da França no Brasil entre 1973 e 1975, ocasião em que, por ser reconhecidamente um especialista no assunto, deu um ciclo de palestras sobre técnicas de torturas na Escola Nacional de Informação – ESNI, em Brasília, e ministrou cursos teórico-práticos sobre o mesmo assunto no Centro de Instrução de Guerra na Selva, em Manaus – nestes, inclusive, teve como alunos agentes da DINA, a sanguinária polícia política da ditadura chilena do General Augusto Pinochet. Em 2001, esse oficial francês, então general reformado, publicou o livro Service Spéciaux – Algérie 1955-1957, no qual sustentou que técnicas de tortura são uma eficaz arma de combate intensamente utilizada por sucessivos governos franceses. Em seguida, em depoimento ao livro Escadrons de la Mort, L'École Française (Esquadrões da Morte, a Escola Francesa), da pesquisadora Marie-Monique Robin, Paul Ausaresses relatou detalhadamente a exportação de técnicas de tortura para os militares do Brasil e de outros países da América do Sul. A partir de 2004, a pesquisadora Leneide Duarte-Plon também desenvolveu uma minuciosa pesquisa, que incluiu uma entrevista concedida após muita insistência pelo general Aussaresses, na qual revelou as conexões entre as formas de torturar dos militares franceses e de seus colegas brasileiros. O resultado do trabalho de Leneide Duarte-Plon foi publicado no Brasil, em julho de 2016, sob o título A Tortura como Arma de Guerra – Da Argélia ao Brasil (editora Civilização Brasileira).

A escola norte-americana de torturadores

Em meados do século XX, os Estados Unidos já haviam acumulado e sistematizado um acervo colossal de técnicas de tortura[199], e passaram a ministrar cursos intensivos a militares e policiais estrangeiros, especialmente das ditaduras da América Latina, na sua sinistra Escola das Américas. Criada em 1946, e baseada no Canal do Panamá, os manuais de tortura dessa Escola, descobertos e denunciados por jornalistas já na década de 1980, deixaram exposto que os torturadores brasileiros nem eram assim tão inventivos: a maioria do que fizeram veio das lições recebidas dos norte-americanos. Em 1996, o próprio Pentágono foi constrangido a admitir que ensinava torturas na sua Escola das Américas. No século XXI, essa escola de tormentos ainda funciona, com cursos praticamente iguais aos de antes, sob títulos alterados. Transferiu-se para Fort Bening, no estado da Georgia e, desde 2001, mudou de nome: agora, chama-se Western Hemisphere Institute for Security Cooperation. Sob pressão internacional, seus currículos tornaram-se mais discretos, não usam mais a palavra "tortura", mas continuam a ensiná-la. Até ONGs norte-americanas, como a School of America Watch – SOAW, denunciam que as modificações foram cosméticas. Entra governo, sai governo, o ensino da tortura – e a sua prática – continua integrando a política exterior dos Estados Unidos.

Muitos desses especialistas norte-americanos também deram cursos itinerantes de tormentos. Como moviam-se com desenvoltura e confiantes, alguns acabaram sendo desmascarados. Um dos mais notórios foi Daniel Anthony Mitrione, agente do Federal Bureau of Investigation – FBI. Sob a fachada de especialista policial da United States Agency for International Development – USAID, atuou como conselheiro de segurança de ditaduras latino-americanas, exercendo a específica atividade de professor de torturas. Ficaram famosas as suas "aulas práticas" em São Paulo e no Rio de Janeiro, perante atentas plateias de fardados, nas quais usava, como cobaias perplexas e horrorizadas, presos políticos amarrados em cadeiras do dragão ou pendurados em paus-de-arara. Em seguida, "Dan" Mitrione

---

199. Além do anterior manual KUBARK, o exército norte-americano logo adotou um novo manual de torturas, o Human Resource Exploitation Training Manual – 1983, que incorporou os "conhecimentos" adquiridos nos interrogatórios de guerrilheiros capturados na América Latina. Em depoimento perante o Senado, o procurador-geral Alberto Gonzales "(...) confirmou que a CIA não estava proibida de usar torturas ou qualquer método desumano, desde que fosse fora dos Estados Unidos". Conferir em: BANDEIRA, Luiz Alberto Moniz. Idem, ibidem, pp. 709-710.

deslocou-se ao Uruguai, para colocar os seus serviços docentes ao dispor da ditadura de lá. Foi capturado e executado a tiros em 10 de agosto de 1970, em Montevidéu, por um comando guerrilheiro do Movimento de Libertação Nacional - Tupamaros[200].

Os torcionários brasileiros ficaram em paz

Militares e policiais brasileiros experimentados em assuntos de tortura também passaram a atuar como professores de sevícias no Chile logo após o golpe militar de setembro de 1973, que derrubou o presidente Salvador Allende. Alguns deles foram reconhecidos circulando pelo Estádio Nacional do Chile, no final daquele ano, que na ocasião estava sendo utilizado como campo de concentração pelos generais de Pinochet – o estádio chegou a reunir quase 8 mil presos políticos de uma só vez.

No Brasil, o montante de prisioneiras e prisioneiros políticos torturados durante os 21 anos da ditadura militar – mulheres e homens, adultos e crianças – está na casa das dezenas de milhares, por insuficientes e truncados que sejam os registros remanescentes. Uma estimativa considerada conservadora, da *Human Rights Watch*, refere 20 mil pessoas seviciadas por agentes públicos naquela época. A Comissão Nacional da Verdade-CNV, em seu Relatório Final entregue ao governo federal em 10 de novembro de 2014, identificou 377 torturadores, fardados e civis[201]. Pela quantidade de martirizados e de cadáveres que deixaram atrás de si, sobressaíram-se dois personagens especialmente sinistros: entre os militares, o Coronel, então Major, Carlos Alberto Brilhante Ustra (codinome: Dr. Tibiriçá), comandante do DOI-CODI de São Paulo no auge do seu período repressivo (1970-1974); e, na parte civil, o Delegado Sérgio Fernando Paranhos Fleury (usou vários codinomes), chefe do Esquadrão da Morte de São Paulo e Delegado do DEOPS paulista na década de 1970.

200. A imprensa da época noticiou que o presidente Richard Nixon enviou como seus representantes ao funeral de Dan Mitrione o seu próprio genro, David Eisenhower, e o Secretário de Estado, William Rogers. Não demorou, e Frank Sinatra e Jerry Lewis, artistas festejados, fizeram um show em benefício da família do mestre das torturas. Em contrapartida, o cineasta greco-francês Costa-Gravas baseou o roteiro de seu filme Estado de Sítio (1973), estrelado pelo ator Yves Montand, na captura e execução de Mitrione pelos guerrilheiros tupamaros. O filme desvela o papel de Dan Mitrione na difusão de técnicas de tortura no Brasil e no Uruguai.

201. A relação de 377 implicados (torturadores diretos, chefes de equipes, mandantes e cúmplices) pode ser consultada – com nomes e sobrenomes, postos militares e cargos nas polícias – no site https://documentos-revelados.com.br/LISTA OFICIAL DE TORTURADORES DA DITADURA MILITAR.

Identificar e denunciar quase quatrocentos torturadores certamente configurou um esforço exitoso e louvável da Comissão Nacional da Verdade-CNV. Provavelmente, essa relação ainda será expandida, pois torturar era uma conduta disseminada, em meio à completa sensação de impunidade. Pouquíssimos daqueles criminosos – algumas dezenas – foram acionados criminalmente pelo Ministério Público Federal, e somente por acusações de sequestro e ocultação de cadáver, que possuem natureza jurídica de crimes permanentes e, portanto, só se esgotam no tempo com o aparecimento do cadáver da vítima ou com a morte do réu. Nenhum deles foi criminalmente condenado em instância final. Nenhum deles dormiu uma única noite numa cela.

Nos demais países sul-americanos, ao contrário, a impunidade dos criminosos das ditaduras não durou muito tempo. Na Argentina (30 mil mortos/desaparecidos), após derrotada a ditadura militar (1976-1983), centenas de policiais e de oficiais militares foram condenados e encarcerados por crimes contra os direitos humanos cometidos naquele período. Os quatro chefes militares da ditadura – generais Roberto Viola, Leopoldo Galtieri, Jorge Rafael Videla e Reynaldo Bignone – foram sentenciados à prisão perpétua ou a longas penas de prisão (caso do general Reynaldo Bignone, condenado a 25 anos de reclusão). Morreram sob privação de liberdade, com idades avançadas. Continuam presos na Argentina dezenas de condenados que já ultrapassaram os 90 anos de idade. Um deles, o general Santiago Omar Riveros, ex-comandante do sinistro Campo de Mayo, talvez o maior e mais infame centro de torturas e extermínio da ditadura argentina (houve no país mais de uma dezena de centros de suplícios e morte), foi condenado à prisão perpétua por mais de 40 crimes comprovados. Cumpriu no cárcere 20 anos da sua pena e agora, aos 99 anos de idade (em 2022), gravemente enfermo, aguarda a visita da morte em prisão domiciliar. Na Argentina, o Poder Judiciário e as forças democráticas agiram vigorosamente, apesar de toda a documentação sobre a ditadura haver sido queimada, por ordem do general Bignone, logo antes de passar o governo para o presidente eleito Raúl Alfonsín. No Brasil, malgrado incinerações semelhantes, muita coisa escapou da vigilância dos militares e acabou sendo preservada, principalmente nos arquivos estaduais dos DEOPS. Para não falar dos dossiês que os generais ocultaram em quartéis e outros esconderijos. Mas os sucessivos presidentes da República após 1985, assim como o Poder Judiciário brasileiro, não tiveram a coragem cívica de exigir que fossem entregues.

No Chile, Uruguai, Peru, Bolívia, na Guatemala, até no Paraguai, mais de mil militares de todas as patentes, e policiais de todos os níveis hierárquicos, foram e continuam sendo processados, condenados e aprisionados por torturas, estupros, homicídios e desaparecimento de cadáveres de prisioneiros políticos durante as respectivas ditaduras. Nesses países, não triunfou a impunidade dos esbirros das ditaduras.

No Brasil, com uma única exceção, até quem financiou a repressão política durante a ditadura militar nunca foi incomodado. A OBAN e o DOI-CODI eram financiados por verbas federais sigilosas (os "decretos secretos", não publicados) e, principalmente, por grandes empresas nacionais e estrangeiras. A Comissão Nacional da Verdade – CNV, em seu Relatório Final, recolheu (página 328 e seguintes) os nomes de algumas delas: Bradesco, Banco Mercantil de São Paulo, Grupo Ultra, Camargo Corrêa, Grupo Objetivo, Grupo Folha, Ford, General Motors, General Eletric, Mercedes Benz, Volkswagen, Siemens, Light, Nestlé etc., dentre dezenas de outras. Em contrapartida, avulta este registro dignificante: mesmo no auge das violências e das intimidações da ditadura militar, dois conhecidos empresários paulistas recusaram-se a colaborar financeiramente com os aparelhos de repressão: José Mindlin e Antônio Ermírio de Moraes. O principal arrecadador de finanças para a OBAN e, depois, para o DOI-CODI, foi o empresário dinamarquês-brasileiro Albert Henning Boilesen, presidente do grupo empresarial Ultragaz, cofundador do Centro de Integração Empresa-Escola – CIEE, e um dos diretores da FIESP. Apreciava assistir sessões de tortura no DOI-CODI. Foi executado a tiros em São Paulo no dia 15 de abril de 1971, numa ação conjunta do Movimento Revolucionário Tiradentes (MRT) e da Ação Libertadora Nacional (ALN). Sua história está narrada no documentário Cidadão Boilesen (2009), dirigido por Chaim Litevski.

O Brasil é o único país das Américas que, tendo passado por uma ditadura, poupou os seus agentes públicos de acertar com a sociedade a conta pelos crimes infames que cometeram. Não é de se estranhar a naturalidade dos hábitos violentos da sua polícia. A cientista política norte-americana Katheryn Sikking, doutora pela universidade de Colúmbia e com carreira acadêmica na universidade de Harvard, publicou em 2012 uma pesquisa (The Justice Cascade) que realizou em mais de 100 países de 4 continentes, que passaram por ditaduras durante o século XX, inclusive o Brasil. Seus resultados comprovaram estatisticamente que, nos países que processaram e condenaram os agentes públicos responsáveis por crimes como tortura, estupro, assassinato, desaparecimento forçado e ocultação de cadáveres, o nível contemporâneo de violência das respectivas polícias é consideravelmente inferior ao dos países em que os agentes criminosos das ditaduras ficaram impunes. A impunidade judicial dos militares e policiais, que ontem perpetravam violência ilegal contra presos políticos, estimula o prosseguimento da mesma violência ilegal que as polícias desses países continuam cometendo hoje contra os seus cidadãos.

A autoanistia política dos ditadores

O maior obstáculo jurídico-político no Brasil para a persecução penal dos agentes públicos que cometeram graves violações de direitos humanos contra adultos e crianças durante a ditadura, consiste numa idiossincrasia político-jurídica contrária, que formou maioria no Supremo Tribunal Federal – STF.

A lei brasileira de anistia política – lei 6.683, de 28 de agosto de 1979 – de iniciativa do último general-presidente da ditadura (João Baptista Figueiredo), concedeu uma anistia parcial aos perseguidos políticos e, de cambulhada, recompensou com uma anistia geral os agentes públicos que haviam cometidos delitos seríssimos durante a repressão . O pretexto adotado no texto foi de que os crimes daqueles agentes públicos seriam "conexos" aos anteriores crimes políticos dos oposicionistas anistiados. Uma barbaridade jurídica, uma vez que, até pela legislação vigente naquela época, torturar, estuprar, assassinar e ocultar cadáveres eram crimes comuns e, destarte, não guardam qualquer liame com os anteriores crimes políticos dos ativistas da oposição. Não há conexão entre ambas as espécies de crime. A propósito, era de se esperar que aquele Congresso Nacional aprovasse qualquer coisa que os ditadores mandassem. Afinal, estava traumatizado por sucessivos fechamentos forçados (outubro/1966, dezembro/1968 e abril/1977), havia sido mutilado por centenas de cassações de mandatos de deputados e senadores e, por fim, só foi autorizado a funcionar novamente com uma maioria governista artificialmente montada – os senadores "biônicos", inventados no "pacote de abril" de 1977 e não eleitos pela população, compunham um terço do total do Senado. Mesmo assim, aquele projeto de uma anistia enganosamente "mútua" ou "bilateral", supostamente fruto de um jamais entabulado "acordo da sociedade", foi aprovado na Câmara dos Deputados por apenas 206 votos a 201, uma diferença de cinco votos. Quase foi rejeitado!

Ademais, no terreno específico da garantia da vida e da incolumidade de pessoas detidas, o Brasil já havia aderido aos comandos do direito internacional desde 1914, quando ratificou a Convenção de Haia sobre o respeito aos princípios humanitários e às chamadas "leis da humanidade" durante as guerras, com a obrigatoriedade de preservação da vida e da integridade de prisioneiros. Depois, em 1945, o Brasil subscreveu a Carta de criação da ONU, documento fundado na busca da paz e na defesa dos direitos fundamentais da pessoa humana – a começar exatamente pela vida e pela integridade física. Na mesma época, o direito internacional engendrou a figura dos "crimes de lesa-humanidade", porque afetam não só as suas vítimas imediatas, mas a própria humanidade. Esse tipo penal foi proclamado no estatuto do Tribunal de Nuremberg, confirmado pela ONU em 1946. Foi acolhido pela Convenção internacional contra o Genocídio (1948) e pelas Convenções de Genebra (1949), subscritas pelo Estado brasileiro. Assim, ao menos desde 1946, para dizer o mínimo, a figura dos crimes de lesa-humanidade já havia ingressado no ordenamento jurídico brasileiro, proveniente do direito internacional. Já era norma cogente (de cumprimento obrigatório), com plena eficácia jurídica, quando sobreveio o golpe militar de 1964 – o que, desde logo, nos ensina algo sobre a eficácia política do direito.

A noção jurídica de "crimes de lesa-humanidade" foi depois absorvida pela Convenção mundial Contra a Tortura e Outros Tratamentos ou Penas Cruéis, Desumanos ou Degradantes (1984) e pelas Convenções Interamericana (1994) e Internacional (2006) Sobre o Desaparecimentos Forçado de Pessoas, assim como pelo Estatuto de Roma (1998), que criou o Tribunal Penal Internacional – TPI. O Estatuto de Roma estabeleceu a competência do TPI para julgar quatro espécies de crimes de extrema gravidade: os crimes de genocídio, de guerra, de agressão e os crimes contra a humanidade. Os crimes contra a humanidade configuram o terrorismo de Estado, isto é, delitos de suma gravidade cometidos por agentes dos poderes públicos ou pelos que agirem por sua ordem. Seu enunciado está no artigo 7º do Estatuto de Roma:

> Para os efeitos do presente Estatuto, entende-se por "crimes contra a humanidade" qualquer um dos atos seguintes, quando cometidos no quadro de um ataque generalizado ou sistemático contra qualquer população civil: homicídio, extermínio, escravidão, deportação ou transferência forçada de uma população, prisão ou outra forma de privação da liberdade física grave, tortura, agressão sexual, escravatura sexual, prostituição forçada, gravidez forçada, esterilização forçada ou qualquer outra forma de violência no campo sexual de gravidade comparável, perseguição de um grupo ou coletividade que possa

ser identificado, por motivos políticos, raciais, nacionais, étnicos, culturais, religiosos ou de gênero, desaparecimento forçado de pessoas, apartheid e outros atos desumanos que causem intencionalmente grande sofrimento, ferimentos graves ou afetem gravemente a saúde mental ou física.

No mesmo sentido, firmou-se nos tribunais internacionais uma jurisprudência incontroversa na compreensão de que estupros, torturas, assassinatos, desaparecimentos forçados de prisioneiros e ocultação de seus cadáveres, cometidos por agentes públicos durante ditaduras, têm a natureza de lesa-humanidade, no sentido do Estatuto de Roma. Não podem ser admitidos perdão ou "esquecimento" para tais delitos, seja pela legislação ou por tribunal de nenhum país. A extinção da sua punibilidade penal só se opera na morte dos agentes responsáveis.

Os crimes contra a humanidade são imprescritíveis e insuscetíveis de anistia. A ratio essendi destes atributos reside no formidável potencial ofensivo, na suprema afronta à moralidade, no princípio da não-repetição, visando proteger as coletividades e a própria sobrevivência da humanidade em sua inteireza. Não podem ser subtraídos da memória dos povos e a anistia (tantas vezes autoanistia) é absolutamente incompatível com sua natureza. Particularmente repugnante a autoanistia, como a brasileira, que permite que os perpetradores de condutas bárbaras, do horror absoluto, perdoem-se a si mesmos[202].

Em busca de construir uma apropriada justiça de transição da ditadura para a democracia, o Conselho Federal da Ordem dos Advogados do Brasil ajuizou, em outubro de 2008, a Arguição de Descumprimento de Preceito Fundamental (ADPF) número 153, pleiteando ao Supremo Tribunal Federal que conferisse à Lei da Anistia de 1979 uma interpretação conforme a Constituição federal de 1988, para declarar que a anistia política, concedida por aquela lei aos crimes políticos e conexos, não se estendeu aos crimes comuns cometidos por agentes da repressão contra opositores do regime militar. Nessa modalidade de ação judicial, é necessário que, antes do julgamento, o Presidente da República expresse ao STF o seu posicionamento, por meio de um parecer jurídico, usualmente produzido pela Advocacia Geral da União – AGU. Pois, nesse caso, em vez de

---

202. SOTELO FELIPPE, Marcio. Ditadura Militar, Crimes Contra a Humanidade e a Condenação do Brasil Pela Corte Interamericana de Direitos Humanos. IN: Revista Jurídica do Curso de Direito da Universidade Estadual de Santa Cruz - UESC (Ilhéus, Bahia), volume XVII, 2017, pp. 89-113.

UM parecer, o então Presidente da República, Luís Inácio Lula da Silva, remeteu SEIS pareceres ao STF. Três deles, a favor de assegurar a anistia política aos torturadores – os pareceres da AGU, do Ministério da Defesa e do Ministério de Relações Exteriores. Três outros, contra anistiar os torturadores: os pareceres dos Ministérios da Justiça, da Casa Civil e dos Direitos Humanos. Três a três. Uma no cravo, outra na ferradura. Uma inconcebível conciliação entre posições antagônicas dentro do próprio governo. O Presidente da República, ele mesmo, inacreditavelmente, não se posicionou. Ficou... neutro!

Em 29 de abril de 2010, no julgamento dessa ADPF, o Supremo Tribunal Federal, por 7 votos a 2, decidiu – também inacreditavelmente – que a Lei da Anistia fora um arranjo "mútuo" e "consensual", decorrente de um "amplo" debate na sociedade, que teria resultado no "acordo político" refletido naquela lei! Portanto, a anistia política valia para ambos os lados, torturadores e torturados![203]

Entretanto, em 1979, quando a Lei da Anistia "bilateral" fora, por um triz, aprovada no Congresso, ninguém sequer cogitava da falácia do tal "acordo da sociedade". Isso só foi inventado 30 anos depois, durante os debates do julgamento da ADPF número 153, exatamente pelos ministros do STF que defenderam a anistia "mútua". Bem ao contrário, a sociedade civil democrática havia reivindicado outra anistia – ampla e geral (não estreita, como foi aprovada) e que beneficiasse apenas as vítimas dos crimes da ditadura. Em setembro de 1979, chegava ao auge a campanha popular pela anistia geral aos perseguidos políticos e, alguns dias antes da votação no Congresso, foi realizado o Dia Nacional de Repúdio ao projeto da ditadura, com atos públicos em várias capitais – o de São Paulo, aconteceu na emblemática Praça da Sé, sob a liderança da OAB. A ditadura nem teve condições políticas de reprimir.

Poucos meses depois, esse entendimento do STF, afrontoso à jurisprudência dos tribunais internacionais, foi fulminado pela Corte Interamericana de Direitos Humanos – CIDH. Em acórdãos precedentes, vertidos em casos análogos (casos Almonacid Arellanos, do Chile, e Barrios Alto, do Peru), a CIDH já havia confrontado essa tese, mais política do que

---

203. A esdrúxula tese da "bilateralidade" da anistia política foi sustentada com entusiasmo pelo Relator do processo, ministro Eros Grau. Aderiram a essa tese os ministros Gilmar Mendes, Carmem Lúcia, Ellen Gracie, Marco Aurélio Melo, Cézar Peluso e Celso de Mello. Divergiram, defendendo que, eventualmente, os criminosos da ditadura poderiam receber punição judicial, os ministros Carlos Ayres Britto e Ricardo Lewandovsky.

jurídica, da bilateralidade das anistias na América Latina. Mas, em 24 de novembro de 2010, ao deliberar especificamente sobre a lei brasileira – no Caso Gomes Lund e Outros contra o Brasil (Guerrilha do Araguaia) – essa Corte proferiu, uma sentença que dissipou a polêmica conclusivamente:

> Ponto Resolutivo 3. "As disposições da Lei de Anistia brasileira que impedem a investigação e sanção de graves violações de direitos humanos são incompatíveis com a Convenção Americana de Direitos Humanos, carecem de efeitos jurídicos, e não podem seguir representando um obstáculo para a investigação dos fatos (...) nem para a identificação e punição dos responsáveis, e tampouco podem ter igual ou semelhante impacto a respeito de outros casos de graves violações de direitos humanos consagrados na Convenção Americana de direitos humanos[204] ocorridas no Brasil.
> Ponto Resolutivo 9. "O Estado deve conduzir eficazmente, perante a jurisdição ordinária, a investigação penal dos fatos do presente caso, a fim de esclarecê-los, determinar as correspondentes responsabilidades penais e aplicar efetivamente as sanções e consequências que a lei preveja, em conformidade com o estabelecido nos parágrafos 256 e 257 da presente Sentença"[205].

Por justiça, fique registrado que a Advocacia Geral da União (AGU) e o Ministério das Relações Exteriores, que representaram o Brasil nesse processo perante a CIDH, guerrearam com fervor – afortunadamente, sem resultado proveitoso – para livrar a responsabilidade do Estado brasileiro e evitar a condenação que por fim recebeu. Essa, aliás, tem sido invariavelmente a postura oficial de todos os governantes brasileiros, desde o fim da ditadura militar, nos processos judiciais em que o país tem sido réu por violações de direitos humanos.

Impunidade para sempre no Brasil?

A esse respeito, avulta um exemplo – dentre outros que, com o tempo, se multiplicaram – que só evidencia essa propensão dos governantes

---

204. Convenção Americana Sobre Direitos Humanos (Pacto de San José da Costa Rica), adotada na Conferência Especializada Interamericana sobre Direitos Humanos, em San José da Costa Rica, em 22 de novembro de 1969, e ratificada pelo Brasil em 25 de setembro de 1992.

205. A íntegra desta Sentença pode ser encontrada no sítio eletrônico da Corte Interamericana de Derechos Humanos – http://www.corteidh.or.cr. Há também a versão em português, publicada pela Comissão da Verdade do Estado de São Paulo Rubens Paiva, da Assembleia Legislativa – ALESP. Recomenda-se a leitura atenta dessa sentença, pois trata-se de peça jurídico-política da melhor qualidade sobre o tema.

brasileiros. Em 1995, o Congresso Nacional aprovou a lei 9.140, que reconheceu como mortos os militantes políticos que, entre 1961 e 1979, desapareceram após serem presos por agentes públicos, e instituiu o pagamento de indenizações aos seus familiares. A União passou a pagar essas reparações, conforme disposto na lei. A rigor, em casos como esses, a União, após pagar essas indenizações, estaria juridicamente obrigada a ingressar com ações de ressarcimento contra aqueles agentes, para compeli-los a restituir os valores que, por culpa deles (os assassinatos dos presos), o erário vinha sendo obrigado a desembolsar. Esse tipo de ressarcimento regressivo contra servidores públicos transgressores ocorre todos os dias na administração pública, até por motivos corriqueiros. Por que o governo federal nunca usou o mesmo critério em defesa do patrimônio público, no caso das indenizações políticas que pagou?

Pois foi necessário esperar o Ministério Público Federal tomar essa iniciativa: em 2008, o MP federal ajuizou uma Ação Civil Pública (8ª Vara da Justiça Federal de SP) contra os dois ex-comandantes do DOI-CODI de São Paulo, Carlos Alberto Brilhante Ustra e Audir dos Santos Maciel, visando responsabilizá-los financeiramente pelas reparações que a União havia pago aos familiares de sessenta e quatro prisioneiros assassinados naquele centro de horrores durante o período em que foi dirigido pelos dois militares. Citado para responder à ação (o DOI-CODI integrava a Administração federal), o presidente da República, Luís Inácio Lula da Silva, representado pela Advocacia Geral da União, alinhou-se, assombrosamente, com a defesa dos dois militares, requerendo a completa improcedência da ação. Reitere-se: nesse caso, nem se tratou de processo penal para punir agentes da ditadura, foi uma mera busca de recuperação financeira para o Estado. Mesmo assim, o governo federal escolheu poupar os dois militares. Na mesma ação, o MPF também requereu que a União tornasse públicos os arquivos do DOI-CODI/SP daquele período. O governo federal, na sua contestação, comunicou que isso não seria possível pois, "(...) conforme informado pelo Comando do Exército, tal documentação já foi destruída". O bordão de sempre. Esta Ação Civil Pública se ainda se delonga (2024) em seu percurso pelos degraus do Poder Judiciário.

O Supremo Tribunal Federal não se abalou em dar cumprimento à sentença de 24 de novembro de 2010 da Corte Interamericana de Direitos Humanos. Continuou mantendo a interpretação da Lei da Anistia que acolheu o ponto de vista da ditadura, deixando os violadores de direitos humanos a salvo, para sempre, do processo penal.

Mas, sob o alento dessa sentença da CIDH, o Partido Socialismo e Liberdade – PSOL ajuizou no STF, em maio de 2014, uma nova Ação de Descumprimento de Preceito Fundamental (ADPF). A ADPF 320 busca que o Estado brasileiro simplesmente cumpra a sentença da CIDH, para não mais continuar abrigando a impunidade dos agentes públicos que cometeram crimes de lesa-humanidade durante a ditadura. O Procurador-Geral da República (chefe do Ministério Público Federal) juntou aos autos um vigoroso parecer, defendendo a procedência jurídica do pedido formulado pelo PSOL na ação. Instados a se manifestar, o Advogado Geral da União (subordinado à Presidência da República) e o Congresso Nacional discordaram frontalmente do pedido. Escolheram, mais uma vez, ficar do lado da impunidade. Quanto à senhora Presidente da República, Dilma Vana Rousseff, desta vez não ficou neutra: ela também opôs-se ao pedido suscitado pelo PSOL. A ADPF 320 cochila (2024) nas mãos do ministro-Relator desde 2014.

O que esperar das forças armadas do Brasil? Antes de tudo, destaque-se que passaram por um rigoroso expurgo: quase 7.000 oficiais, suboficiais e soldados das três Armas foram sumariamente expulsos no pós-1964, por serem trabalhistas, socialistas, nacionalistas ou simples legalistas anti-golpe. Desde então, as academias de formação militares foram convertidas em filtros para só destilar o pensamento único mais reacionário: "(...) foi implementado um processo de doutrinação política e ideológica como parte da formação profissional das forças, que consolidou uma visão complacente com a ditadura. Um exemplo dessa doutrinação ideológica é o grande número de citações de obras que não têm nenhum valor científico do astrólogo Olavo de Carvalho em monografias de bacharelado em ciências militares da Academia de Agulhas Negras[206]". Uma rasteira falsificação da História, escorada num anticomunismo obsessivo até a cegueira, empenha-se em incutir nos cérebros dos jovens alunos fardados que o golpe de 1964 foi desferido para "salvar" a pátria, que movimentos sociais em favor da igualdade real são obra de "inimigos internos", e que os Estados Unidos são uma "potência amiga", sendo, por conseguinte, justificada a subalternidade. O fato bruto é que a ditadura brasileira foi encerrada em 1985 mediante uma negociação entre os generais e os círculos político-econômicos dominantes, e nenhum governante posterior ousou alterar os currículos

---

206. FARIA, Luiz Augusto Estrella. Sobre heróis e tumbas. In: sítio eletrônico A Terra é redonda, edição de FARIA, Luiz Augusto Estrella. Sobre heróis e tumbas. In: sítio eletrônico A Terra é redonda, edição de 25 de abril de 2022, acessado na mesma data, às 18:59 horas.

das academias militares. Nelas, não se ensina o estrito respeito às instituições democráticas, aos direitos humanos, ou a liberdade de pensamento.

Os governantes que ocuparam os palácios de Brasília após a saída dos generais foram todos esquivos ou ambíguos. Ou coniventes. Até as Recomendações da Comissão Nacional da Verdade (ver ANEXO no final deste livro), que facilitariam a transição do país para uma democracia menos insegura, permanecem, a maioria delas, acumulando poeira. E certamente foi débil o empenho da sociedade brasileira em bater-se por justiça.

Em breve, morrerão em paz os últimos agentes do Estado que, ainda anteontem, violaram gravemente os direitos humanos no Brasil. Devem os violadores de hoje perder noites de sono?

Um rumor
sem rumo claro

Terminada a Segunda Guerra Mundial, foi criada, em 26 de junho de 1945, pela Carta de São Francisco, a Organização das Nações Unidas, retomando o caminho interrompido da extinta Liga das Nações. A ONU não nasceu como organismo democrático: ficou assegurado ao pequeno grupo de Estados militarmente mais fortes, com assento permanente no seu Conselho de Segurança, o controle das decisões pelo exercício do direito de veto. Porém, ante o balanço aterrorizante que os vencedores da guerra fizeram das atrocidades dos vencidos, impôs-se à comunidade internacional o resgate da noção de direitos humanos. A Carta de São Francisco, logo no seu artigo 1º, colocou como preceitos, entre outros, os seguintes: "Desenvolver relações entre as nações, baseadas no respeito ao princípio da igualdade de direitos e da autodeterminação dos povos, e tomar outras medidas apropriadas ao fortalecimento da paz universal; conseguir uma cooperação internacional para resolver os problemas internacionais de caráter econômico, social, cultural ou humanitário, e para promover e estimular o respeito aos direitos humanos e às liberdades fundamentais para todos, sem distinção de raça, sexo, língua ou religião..." Iniciaram-se, então, os trabalhos que redundaram na Declaração Universal dos Direitos Humanos, adotada pela resolução número 217 da Assembleia Geral das Nações Unidas, em 10 de dezembro de 1948.

O contexto mundial em que essa Declaração foi redigida explica muito do seu conteúdo – em especial, porque se tornou impossível continuar recusando o *status* de direitos humanos aos chamados direitos econômicos, sociais e culturais. A União Soviética, apesar de recém-devastada pela segunda vez em pouco mais de vinte anos (teve milhares de cidades e aldeias incendiadas ou bombardeadas pelo exército nazista) e apesar da sangria humana que novamente sofrera (mais de vinte milhões de vidas perdidas, um terço de todas as mortes causadas no mundo inteiro pela Segunda Guerra Mundial), foi um dos países vencedores do conflito. Os exércitos alemães, que no início da invasão haviam conseguido ocupar toda a porção ocidental do país, chegando, em dezembro de 1941, a apenas vinte e dois quilômetros de Moscou, não resistiram à persistente contraofensiva russa e, de recuo em recuo, foram empurrados de volta à Alemanha. Foi exatamente o Exército Vermelho soviético que, em 2 de maio de 1945, antes de qualquer outra força ocidental, penetrou na outrora arrogante Berlim ariana – Hitler suicidou-se quarenta e oito horas antes de presenciar tamanha "humilhação". Além disso, organizações guerrilheiras de esquerda haviam composto o grosso das forças da maioria das resistências nacionais à ocupação nazista no continente, facilitando o avanço dos exércitos aliados ao fustigarem os flancos e a retaguarda dos contingentes militares alemães na Itália, França, Bélgica, Grécia, Polônia e em outros países. Na Iugoslávia e na Albânia, fortaleceram-se a ponto de promoverem insurreições vitoriosas para expulsar as tropas invasoras. De sua parte, por onde passava, o Exército Vermelho promovia seus aliados locais (Polônia, Romênia, Tchecoslováquia, Hungria, Alemanha Oriental) – exatamente, aliás, como estavam fazendo as tropas anglo-americanas nos países do *front* ocidental. Ao término da guerra, constituiu-se na Europa o que ficou conhecido como um "campo socialista". O movimento operário também ressurgia por toda parte das cinzas do fascismo. Assim, na recém-fundada ONU e na Declaração prestes a ser aprovada, não seria possível ignorar os pontos de vista da União Soviética, de seus aliados na Europa e do renascido movimento dos trabalhadores. Nesse ambiente, o embaixador Bogomolov, representante soviético na comissão que elaborou a proposta de Declaração, colaborou ativamente na redação dos artigos concernentes aos chamados direitos econômicos, sociais e culturais do texto submetido à Assembleia Geral da ONU[207].

Retrato pintado em cores

A Declaração Universal dos Direitos Humanos de 1948 inicia-se com um preâmbulo contendo sete considerações, a primeira das quais aponta o espírito geral do documento: "o reconhecimento da dignidade inerente a todos os membros da família humana e de seus direitos iguais e inalienáveis é o fundamento da liberdade, da justiça e da paz no mundo". Nas considerações seguintes, o preâmbulo deplora os "atos bárbaros" que resultaram do desrespeito desses direitos; proclama a aspiração humana à liberdade e à vida sem temor; clama pela proteção dos direitos sob o "império da lei", admitindo, porém, "como último recurso, a rebelião contra a tirania e a opressão"; defende a amizade entre as nações; reafirma o primado da dignidade da pessoa humana e sustenta a igualdade entre homens e mulheres; anuncia o compromisso dos Estados membros da ONU de respeitar os direitos humanos; e sustenta a importância de uma compreensão comum desses direitos e liberdades. Seguem-se, então, os trinta artigos da Declaração propriamente dita. Os vinte e um primeiros artigos arrolam e atualizam, segundo a compreensão da época, os tradicionais direitos civis e políticos (direitos e garantias do indivíduo). Entre os artigos 22 e 28 são enunciados os direitos econômicos, sociais e culturais de modo abrangente. O artigo 29 registra a responsabilidade do indivíduo em relação à sua comunidade e as condições de exercício de seus direitos. Por fim, o artigo 30 veda qualquer interpretação da Declaração de modo a "destruir" os direitos e liberdades nela estabelecidos.

Assim, por um lado, a Declaração Universal dos Direitos Humanos de 1948 inaugurou o *direito internacional dos direitos humanos* (até então não havia nenhum documento internacional que se dedicasse ao assunto com tanta abrangência e importância) e, por outro, fundou a concepção contemporânea de direitos humanos que, ambiciosamente, visa integrar os direitos civis e políticos, que vinham se desenvolvendo desde o século XVIII (especialmente após a Declaração francesa de 1789), aos chamados direi-

---

207. Philippe de la Chapelle. *In*: José Afonso da Silva, *op. cit.*, p. 269.

tos econômicos, sociais e culturais, demandados nos séculos XIX e XX pelo movimento operário (e que se instalaram definitivamente na cena mundial após a Declaração russa de 1918). O cerne da Declaração de 1948 consiste no reconhecimento de que compõem o âmbito dos direitos humanos todas as dimensões que disserem respeito à vida com dignidade – portanto, em direito, deixam de fazer sentido qualquer contradição, ou hierarquia, ou "sucessão" cronológica ou supostamente lógica entre os valores da liberdade (direitos civis e políticos) e da igualdade (direitos econômicos, sociais e culturais). Sob o olhar jurídico, os direitos humanos passaram a configurar uma *unidade universal, indivisível, interdependente e inter-relacionada*.

Apesar do evidente desequilíbrio entre os conjuntos de enunciados da Declaração – vinte artigos sobre direitos civis e políticos e apenas seis sobre direitos sociais –, foi, certamente, um progresso que os direitos econômicos, sociais e culturais tivessem sido, finalmente, admitidos no solene rol dos direitos humanos pela "comunidade internacional". É claro que isso não se tornou sinônimo de coexistência pacífica entre as duas óticas incidentes na Declaração: a liberal e a socialista. Produzido no contexto da correlação mundial de forças do pós-guerra, esse documento enceta uma conciliação formal (isto é, normativa) entre essas duas visões de mundo. Mas o mundo prático onde ele deveria ser aplicado, além de seguir dividido em classes sociais com interesses contraditórios entre si, estava também cindido entre países de regimes socioeconômicos divergentes em disputa. Os desdobramentos logo deixariam isso claro.

A Declaração de 1948 foi uma "recomendação" da Assembleia Geral da ONU aos Estados – um compromisso moral, embora solene, mas não uma lei. A comissão que a redigiu havia planejado que, em seguida, a ONU deveria produzir um amplo pacto dos direitos humanos (este, sim, exigível dos países signatários), seguido de instrumentos para sua aplicação. Mas o bloco de países capitalistas, liderado pelos Estados Unidos, firmou a posição de que os direitos civis e políticos podem ser aplicados e exigidos desde logo dos governos (seriam "autoaplicáveis"), ao passo que os direitos econômicos, sociais e culturais só aos poucos poderiam passar da teoria à prática (seriam "programáticos").

Resultado: após dezoito anos de tensos debates, em vez de um pacto, a ONU produziu dois, aprovados por sua Assembleia Geral em 16 de dezembro de 1966: o Pacto Internacional dos Direitos Civis e Políticos e o Pacto Internacional dos Direitos Econômicos, Sociais e Culturais. Ambos detalham e ampliam, nos seus respectivos campos, em textos longos, os direitos proclamados na Declaração de 1948. Mas, além de sua simples existência paralela já abrir portas para quem quisesse sustentar a diferença de eficácia jurídica entre eles – havia sido essa a intenção do bloco liderado pelos Estados Unidos –, um certo dispositivo desses documentos parecia mesmo pôr em dúvida a indivisibilidade e interdependência dos direitos humanos. O artigo 2º do Pacto dos Direitos Civis e Políticos enfatiza o compromisso dos Estados-partes de "... garantir a todos os indivíduos que se encontrem em seu território e que estejam sujeitos à sua jurisdição os direitos reconhecidos neste Pacto..."; ao passo que o Pacto dos Direitos Econômicos, Sociais e Culturais, também no artigo 2º, alude ao compromisso dos Estados de "... adotar medidas (...) que visem assegurar progressivamente..." os direitos contemplados nesse instrumento. Impossível passar despercebida a diferença de densidade entre ambos os "compromissos" – também como fora o propósito do bloco ocidental.

Mas diversos instrumentos internacionais produzidos posteriormente reiteraram a noção unificada e integrada de direitos humanos. Por exemplo, a importante Conferência Mundial dos Direitos Humanos, realizada em Viena em junho de 1993, adotou uma extensa Declaração e Programa de Ação (quarenta páginas que completam e atualizam a Declaração de 1948), que, no item I.5, anuncia com veemência: "Todos os direitos humanos são universais, indivisíveis, interdependentes e inter-relacionados. A comunidade internacional deve tratar os direitos humanos de forma global, justa e equitativa, em pé de igualdade e com a mesma ênfase". Isso pareceu encerrar a controvérsia jurídica – o que não significou, é claro, que as condições de vida da maioria da humanidade, globalmente considerada, tenham melhorado de modo persistente desde então.

Uma perspectiva instigante aberta pela Declaração de 1948: se os direitos humanos forem mesmo considerados *universais* (isto é, inerentes a todas as pessoas, independentemente da nacionalidade), a noção tradicional de soberania absoluta de cada país é, evidentemente, atingida, pois, então, a questão dos direitos humanos suplanta o interesse interno de cada Estado para, no limite, admitir até mesmo hipóteses de intervenção externa em seu amparo. Podem ser interessantes as possibilidades – conter tiranos torturadores, interromper genocídios – abertas por essa janela. E óbvios os riscos – se bem que as potências econômicas, no passado como no presente, nunca se deixaram tolher por angústia jurídica ou falta de bom pretexto: sempre que soou a voz de seus interesses imperiais, remeteram tropas, canhoneiras navais, mísseis ou aviões bombardeiros (a menos que houvesse receio fundado de retaliação). A noção de direitos humanos universais conduziu igualmente à ponderação de que o próprio indivíduo, como sujeito de direitos, deve ter os seus direitos humanos protegidos também na esfera internacional, e não apenas por tribunais e aparelhos nacionais. Assim, de meados do século XX para cá, além de cerca de uma centena de instrumentos internacionais (entre declarações e tratados mais específicos[208]), surgiram também instituições e mecanismos internacionais de proteção dos direitos humanos, quase sempre criados por tratados internacionais. No início deste século XXI, já passavam de quarenta. Merecem destaque, por sua importância, a Corte Europeia e a Corte Interamericana de Direitos Humanos.

Ademais, nas últimas décadas do século passado, desenvolveu-se o que se convencionou chamar de *direitos da solidariedade* ou direitos difusos da humanidade inteira, como o direito ao desenvolvimento, à paz, ao meio ambiente sadio e equilibrado etc., que igualmente geraram novas declarações e novos pactos. Também nesse caso não seria necessária uma pesquisa muito longa para evidenciar que o processo social tendente a alcançar a vigência real desses direitos continuou longe de ser como piquenique numa

---

208. Dentre os instrumentos internacionais mais abrangentes, destacam-se: Convenção para a Prevenção e a Repressão ao Crime de Genocídio (1948); Declaração Americana dos Direitos e Deveres do Homem (1948); Convenções de Genebra sobre a Proteção das Vítimas de Conflitos Bélicos (as quatro são de 1949); Convenção Europeia dos Direitos Humanos (1950); Convenção relativa ao Estatuto dos Refugiados (1951); Convenção sobre a Eliminação de Todas as Formas de Discriminação Racial (1965); Pacto Internacional dos Direitos Civis e Políticos (1966); Pacto Internacional dos Direitos Sociais, Econômicos e Culturais (1966); Convenção Americana sobre Direitos Humanos (1969); Convenção Relativa à Proteção do Patrimônio Mundial, Cultural e Natural (1972); Declaração de Estocolmo sobre o Meio Ambiente Humano (1972); Convenção para a Proteção do Patrimônio Mundial, Cultural e Natural (1972); Convenção sobre a Eliminação de Todas as Formas de Discriminação contra a Mulher (1979); Carta Africana dos Direitos Humanos e dos Direitos dos Povos (1981); Convenção contra a Tortura e Outros Tratamentos ou Penas Cruéis, Desumanos ou Degradantes (1984); Convenção de Viena para a Proteção da Camada de Ozônio (1985); Declaração do Direito ao Desenvolvimento (1986); Convenção sobre os Direitos da Criança (1989); Convenção Internacional sobre a Proteção dos Direitos de Todos os Trabalhadores Migrantes e seus Familiares (1990); Convenção sobre a Diversidade Biológica (1992); Convenção-Quadro das Nações Unidas sobre Mudança do Clima (1992); Declaração e Programa de Ação da Conferência Mundial de Direitos Humanos realizada em Viena (1993); Convenção Interamericana para Prevenir, Punir e Erradicar a Violência contra a Mulher (1994); Convenção Interamericana Sobre o Desaparecimento Forçado de Pessoas (adotada pela Assembleia Geral da OEA em Belém do Pará, em 09/06/1994, e promulgada pelo Brasil pelo Decreto federal 8.766, de 11/05/2016); Declaração de Pequim (1995); Estatuto de Roma do Tribunal Penal Internacional (1998); e Convenção Interamericana para a Eliminação de Todas as Formas de Discriminação contra Pessoas Portadoras de Deficiência (1999). Além desses documentos, foram também celebrados, sob o patrocínio da Organização Internacional do Trabalho (OIT), cerca de duas centenas de convenções relativas à proteção dos trabalhadores.

ensolarada manhã de domingo. Embora digam respeito a temas que os modismos introduziram em todos os salões, interesses econômicos poderosíssimos opõem-se a eles.

Ao longo da segunda metade do século XX, a grande maioria dos países aderiu aos instrumentos internacionais do sistema global de proteção dos direitos humanos, além de celebrar pactos e convenções regionais (Europa, África, Américas etc.) com o mesmo propósito. Quase todos os países do planeta incorporaram às suas constituições e disposições infraconstitucionais normas na mesma direção. Isso poderia ser um retrato em cores do melhor dos mundos, se o direito positivo fosse o retrato fiel do mundo.

Contudo, configura-se uma situação em que, entre dispor formalmente de instrumentos jurídicos para a proteção dos direitos humanos e efetivamente levá-los à prática, medeia um abismo que se alarga. Se, no plano jurídico, a antiga contradição entre a liberdade (individualista) e a demanda de igualdade real encontrou caminhos para ser conceitualmente superada, é fácil constatar que nem mesmo no plano jurídico essa "superação" foi incorporada – basta olhar para compêndios de doutrina que insistem em qualificar boa parte dos direitos sociais como meramente "programática" (não exigíveis, não acionáveis judicialmente), ou para as normas legais que os tratam efetivamente dessa maneira ou, ainda, para os tribunais que, com poucas exceções, acatam esse entendimento. Não é sem motivos que aquela contradição, malgrado superada conceitualmente, persiste com tanta força no interior do próprio direito: é que ela não foi ainda superada no terreno mais palpável e mais sensível da vida. Aquela contradição persiste na sociedade. A solução jurídico-conceitual concebida não corresponde à sua efetividade social. O problema não reside no conceito, mas na realidade. À medida que a contradição não for superada na própria sociedade em que vivem as pessoas reais, será preciso atentar com cuidado se aquela fórmula conceitual unificadora, aquiescida hoje por praticamente todos os Estados, não se converterá em novo estratagema de ilusão social. Isso já aconteceu no passado, não chegaria a ser propriamente novo. Mais do que o direito posto, decisiva é a dinâmica das relações sociais que o engendra e lhe imprime eficácia ou o conserva inerte.

Nova escolha?

"Um fantasma ronda a Europa, o fantasma do comunismo." Com essa frase, Karl Marx iniciou seu célebre *Manifesto Comunista* de 1848. Cem anos depois, as classes dominantes de todos os países tinham boas razões para temer que o fantasma do comunismo – ou daquilo que chamavam por esse nome – tivesse passado a assombrar o mundo todo, não só devido à derrota do fascismo, à consolidação da União Soviética e à formação do chamado campo socialista na Europa, como também por uma série de outros acontecimentos que começavam a atormentá-las.

Antes de mais nada, o velho sonho colonial transformava-se rapidamente em pesadelo. Primeiro, os ingleses, após se servirem da Índia durante quase duzentos anos, foram obrigados a se conformar com sua independência em 1947 – o que foi só o prenúncio de sucessivas lutas de libertação nacional nas colônias do império britânico na Ásia e na África. Em 1949, triunfou a revolução liderada por Mao Tsé-Tung na China continental, subtraindo do controle do Ocidente, de um só golpe, quase um quinto da população do mundo. No mesmo ano, a Holanda, não conseguindo dobrar um movimento guerrilheiro que já se estendia havia quatro anos, não teve outra saída senão aceitar a independência da Indonésia, outro país entre os mais populosos do planeta. Não demorou muito e os franceses tiveram de abrir mão do Vietnã após a acachapante derrota de suas tropas na batalha de Dien Bien Phu (1954) – que também foi o sinal de partida para as guerras de independência em suas outras colônias, a começar pela eclosão da insurreição argelina (1954), seguida pela obtenção de independência pela Tunísia e pelo Marrocos (1956), pela Argélia (1962), e assim por diante. Tampouco Bélgica, Itália e Portugal conseguiam dormir em paz naqueles longínquos territórios habitados por "tribos de negros boçais". Não importava que tivessem assinado a Carta de São Francisco e a Declaração de 1948, com a solene proclamação de respeito ao "direito" de autodeterminação dos povos: as velhas metrópoles continuavam remetendo tropas e armas para tentar esmagar rebeliões.

Mas, como as chamas se espalhassem por todos os lados, as potências coloniais (com a isolada exceção de Portugal) terminaram dando-se conta, já ao final da década de 1950, da conveniência de substituírem o colonialismo explícito – isto é, com subalternidade jurídica e controle administrativo-militar direto daqueles territórios – por outra dominação igualmente eficaz, mas operada mediante a "simples" subordinação econômica. Já poderiam ser dispensados os laços coloniais, desde que mantido o controle externo da economia local: propriedade de grandes empresas, bancos, recursos minerais etc., talvez até em sociedade com parte da elite "nativa". Essa modalidade não colonial de dominação imperialista, já presente na maioria do globo, dá conta do que realmente interessa às matrizes: assegura o afluxo ininterrupto de capitais aos países dominantes, na forma de lucros (remetidos pelas filiais de suas empresas), juros (por empréstimos sacados pelos países dependentes) e *royalties* (pagos quase pelo mundo inteiro por uso de patentes de todo tipo) – além de manter montante a maré de perdas internacionais suportadas pelos países subdesenvolvidos em suas relações de trocas comerciais desiguais com os países centrais.

Não bastassem tantas vantagens, a transição para a nova situação de países "independentes" suscitaria a ilusão de autonomia local e permitiria, no médio prazo, o retorno da influência política das ex-metrópoles sobre os governos de suas ex-colônias. Só no ano de 1960 perto de vinte países conquistaram sua independência. Mas, como o campo socialista fornecera desde sempre armas e apoio diplomático aos movimentos anticoloniais, a maioria desses movimentos e dos países recém-formados estabelecia relações cordiais com aquele campo. Às vezes, os novos governantes até externavam simpatias ao "socialismo" – mesmo quando isso não passasse de retórica, como aconteceu em boa parte dos casos, ou de tentativas malsucedidas de "implantá-lo" por decreto (embora, é claro, tenha havido exceções respeitáveis).

Seja como for, a descolonização retirava, literalmente, parte do chão que pisavam os países capitalistas. E, certamente, isso também acontecia, em alguma medida, no sentido político, ao menos logo após a independência: a maioria dessas novas nações uniu-se a alguns outros países subdesenvolvidos (o "terceiro mundo") para fundar, já em 1955, o Movimento dos Países Não Alinhados, que passou a agir como bloco nas assembleias da ONU em defesa de seus interesses nacionais, muitas vezes em choque aberto com interesses norte-americanos ou europeus.

Além disso, entre as décadas de 1930 e 1960, as classes dominantes de boa parte do mundo viram-se premidas, pela consistente pressão sindical e por movimentos de esquerda ascendentes, a concordarem com sucessivas concessões aos trabalhadores, como recurso para afastar o risco de novas revoluções sociais. Em alguns países, como se viu, esse risco fora "afastado" pela ascensão do fascismo. Mas, onde a extrema direita não havia chegado ao poder (e, mais tarde, também em alguns desses países), tomou forma o chamado *Estado de Bem-Estar Social*, um conjunto de políticas de melhoria das condições de vida dos trabalhadores. É bem verdade que isso se mostrou mais viável nos países economicamente centrais, pois, graças aos ingressos sem fim de capitais recebidos por suas empresas dos países economicamente dependentes ou subdesenvolvidos, tiveram incomparavelmente mais recursos à disposição para fazer concessões reais a seus próprios trabalhadores, como majoração salarial, redução significativa da jornada, adoção de legislações trabalhistas amplas e aumento de impostos sobre o lucro e as maiores rendas para permitir ao Estado expandir seus gastos com seguridade social e investir no crescimento do emprego. Com isso, os países imperialistas "exportaram", por assim dizer, parte de suas contradições sociais para os países economicamente submetidos. A parte pobre do mundo terminou contribuindo (novamente) para financiar a construção do bem-estar social na parte rica – uma espécie de transfusão de sangue às avessas, de organismos debilitados para corpos robustos. Por isso, na "periferia" do mundo capitalista, o Estado de Bem-Estar Social foi, antes de mais nada, bandeira sedutora, mais acenada que transposta à prática – contudo, mesmo aí, algumas concessões os trabalhadores obtiveram, pois a conjuntura mundial favorecia suas lutas. Também a irrupção da militância cristã progressista em alguns países – entre os católicos, principalmente após o Concílio Vaticano II (1962-1965) – contribuía para fazer a balança pender um pouco mais em favor dos trabalhadores.

 Esse conjunto de circunstâncias configurava, em meados do século passado, uma correlação mundial de forças francamente favorável à expansão efetiva dos direitos econômico-sociais a contingentes crescentes de seres humanos. Sob a pressão de massas reivindicantes, combinada com o temor ao socialismo, governos social-democratas, nacionalistas, populistas, e mesmo conservadores, promoveram vigorosas intervenções estatais na economia, regulando atividades, direcionando seletivamente políticas tributárias, creditícias e aduaneiras para estimular ou inibir setores inteiros de produção, muitas vezes até envolvendo diretamente o Estado na produção de bens e na prestação de serviços. No período entre o imediato pós-guerra e o início da década de 1970, ampliou-se na maioria dos países, às vezes até significativamente, a presença estatal nas áreas de saúde, educação, trabalho, previdência pública, construção de moradias, assistência social, subsídio alimentar etc. É claro que isso tudo horrorizava os partidários mais ortodoxos do credo liberal – contudo, permitiu evitar, por mais de duas décadas, quedas catastróficas da atividade econômica e reduções dramáticas do nível de emprego, antigo padrão das crises cíclicas do capitalismo.

Todavia, em meados da década de 1960, quando lutas populares ganhavam dinamismo por quase toda parte, até mesmo pela emergência de um forte movimento estudantil em muitos países, já se prenunciava uma inversão desse quadro. Era o auge da Guerra Fria, e aquela vigorosa ascensão popular foi tragicamente detida em dezenas de países pela proliferação de golpes de Estado, invariavelmente com apoio mais ou menos explícito dos Estados Unidos, dando surgimento a um cordão de ditaduras assassinas ao redor do planeta: Brasil (1964), Indonésia (1965), Grécia (1967), Turquia (1971), Bolívia (1971), Uruguai (1972), Chile (1973), Peru (1975), Argentina (1976) – foi bem maior a lista de países tomados naquele tempo pelo horror. Empresários, principalmente de grande porte (mas não exclusivamente), latifundiários, políticos liberais e de extrema direita, vastos setores da assustada classe "média" e militares embriagados pela doutrina de "segurança nacional" destilada pelo Departamento de Defesa dos Estados Unidos deram-se as mãos em várias regiões do planeta para liquidar a democracia formal à qual havia pouco faziam juras de fidelidade.

É certo que antes os Estados Unidos já patrocinavam golpes militares contra governos que não lhes eram simpáticos, mesmo quando estavam longe de serem "comunistas" – por exemplo, no Irã em 1953 (deposição do primeiro-ministro nacionalista Moussadeg) e na Guatemala em 1954 (deposição do presidente reformista Jacobo Arbens). Mas, nas décadas de 1960 e 1970, isso se tornou postura sistemática. A tática anterior de administrar as contradições sociais mediante concessões parciais havia sido substituída, nos países com problemas sociais mais agudos, pela repressão truculenta organizada pelo Estado, sempre que isso fosse avaliado como "necessário". Houve um momento, nos anos 1970, em que se contavam nos dedos de uma só mão os países das Américas Central e do Sul que não se encontravam sob ditadura.

O comprovado intervencionismo norte-americano em todos aqueles processos estrangeiros não constituiu propriamente uma conduta político--militar inesperada. Desde o surgimento dos Estados Unidos como nação independente, em 1776, todas as gerações de norte-americanos participaram de alguma guerra de conquista territorial ou de agressão a outro país ou, ainda, de deposição de algum governo (foram mais de 200 intervenções militares no exterior)[209]. Exceções foram a guerra de 1812, defensiva contra a Inglaterra, e a entrada na II Guerra Mundial, em revide ao ataque do Japão em Pearl Harbour. Quanto ao próprio Brasil, no final de março de 1964, a poderosa VI Frota norte-americana se aproximava da costa brasileira para dar apoio militar aos golpistas, numa campanha que os Estados Unidos denominaram Operação Brother Sam. Essa Operação estabelecia, logo de partida, a ocupação ianque do nordeste brasileiro e o desembarque de milhares de fuzileiros navais nos portos de Santos e Vitória, com o uso do poderoso porta-aviões Forrestal, de quatro destroieres (um deles com mísseis teleguiados), oito aviões de combate, sete aviões de transportes (para tropas de intervenção direta, peças de artilharia e munições), além de quatro navios petroleiros de apoio. Contudo, o rápido sucesso do golpe militar de 31 de março, patrocinado pelos Estados Unidos e executado com eficiência pelos generais brasileiros, tornou desnecessária mais essa ação bélica dos norte-americanos [210].

Anos mais tarde, os golpistas e seus apoiadores retornariam, com certeza, a seus "princípios" democráticos – evidentemente, após completarem a "limpeza do terreno" em seus países naqueles "anos de chumbo", tarefa que desempenharam com aplicada, metódica e sinistra competência.

Na década de 1980, excetuada a África, os processos de "redemocratiza-

---

209. Ao menos três doutrinas políticas providenciaram a justificação ideológica ao expansionismo imperial estadunidense:
- Destino Manifesto: ideia, disseminada nas elites norte-americanas desde a primeira metade do século XIX, de forçar a máxima expansão territorial do país, desde as 13 colônias iniciais da costa atlântica até o Oceano Pacífico, expulsando ou suprimindo os indígenas e os mexicanos que estivessem no caminho, e apoderando-se de suas terras para as sucessivas levas de recém-chegados europeus. O grande país branco em construção deveria perseguir a hegemonia política no mundo, pois a sua grandeza nacional seria um destino manifestado por Deus. O primeiro grande choque militar inspirado na crença do Destino Manifesto foi a guerra de conquista movida pelos Estados Unidos contra o México (1846-1848), pela qual os Estados Unidos se apoderaram de metade do território mexicano. Isso compreende os atuais Estados do Texas, Califórnia, Colorado, Nevada, Utah, Novo México e partes do Kansas, Wyoming, Arizona e Oklahoma. Essa expansão territorial dos Estados Unidos para o oeste no século XIX foi uma inspiração para Adolf Hitler empreender a expansão militar da Alemanha para o leste europeu no século XX.
- Doutrina Monroe: "a América para os americanos". Doutrina enunciada pelo presidente James Monroe, em 1823, repudiando qualquer nova interferência europeia nesta parte do mundo e assegurando a permanente interferência dos Estados Unidos nas três Américas, como potência hegemônica no hemisfério ocidental. Veio daí a noção de que a América Latina seria o "quintal" dos Estados Unidos.
- Big Stick, política do Grande Porrete, proclamada pelo presidente Theodore Roosevelt Jr (1901-1909), legitimando o emprego de força militar nas relações externas, principalmente na América Latina (não só ali), para vergar outras nações aos interesses norte-americanos.
210. Conferir em: BANDEIRA, Luiz Alberto Moniz. *Formação do Império Americano*. 4 ed. Rio de Janeiro: Editora Civilização Brasileira, 2014. BANDEIRA, Luiz Alberto Moniz. O governo João Goulart. São Paulo: Editora UNESP, 8ª edição, 2010, pág. 331. DREIFUSS, René Armand. 1964: A Conquista do Estado. Petrópolis: editora Vozes, 1981. Ver também, dentre outros, o excelente documentário O Dia Que Durou 21 Anos, dirigido por Camilo Tavares (2012).

ção" começaram a avançar – mas quase todos sob gradualismo controlado pelas próprias ditaduras, limitados por compromissos políticos impostos pelos militares e, malgrado entusiasmada presença popular que certamente os acabou acelerando, frequentemente se mantiveram sob hegemonia de políticos liberais.

Além disso, à medida que a década de 1980 se aproximava do final, a tendência à internacionalização dos mercados, velha como o capitalismo (e agora apelidada de "globalização"), se acelerava, por força da necessidade do capital de ascender a novos patamares de acumulação e reprodução ampliada – o que, a partir daquele momento, passou a ser facilitado pelo desenvolvimento de dinâmicos meios técnicos resultantes da conexão das telecomunicações com a informática (telemática). O capital, finalmente, concluía uma trajetória multissecular para realizar a vocação de tornar-se "virtual", seu deslocamento e retorno planetário poderiam doravante operar-se mediante a instantaneidade fulminante de um toque de teclado, e as transações (comerciais, bancárias, bolsa a bolsa, ou de qualquer outra natureza) tornavam-se livres para completar-se em tempo "real".

Foi nessa época que os ideólogos da direita liberal do "primeiro" mundo voltavam os olhos cheios de admiração para os governos socialmente regressivos de Margaret Thatcher, do Reino Unido (1979-1990), e de Ronald Reagan, dos Estados Unidos (1980-1988). A primeira-ministra Thatcher privatizou a maior parte do setor público construído por sucessivos governos trabalhistas anteriores, impulsionou a "desregulamentação" da economia britânica, mesmo à custa do aumento do desemprego, e quebrou de modo inflexível a resistência sindical – uma greve de mineiros, iniciada na Inglaterra em 1984, arrastou-se por mais de um ano, sem obter da "Dama de Ferro", como ficou conhecida, a menor concessão. Já o presidente Reagan reduziu as verbas públicas para programas sociais, adotou também medidas de "desregulamentação" da economia e, apesar de os Estados Unidos estarem em entendimentos com a União Soviética desde o final da década de 1970 para diminuir o risco de guerra atômica, recrudesceu o intervencionismo militar norte-americano no exterior. Certamente, o programa econômico adotado por esses dois governos "neoliberais" (como começavam a ser conhecidos), e outras medidas que dele poderiam ser desdobradas, parecia muito mais apropriado para que a "mão invisível" do mercado conseguisse se desembaraçar dos "constrangimentos" que lhe haviam sido impostos por aqueles governos que, forçados por circunstâncias, cederam no passado a pressões operárias e populares. Na nova conjuntura, essas pressões já haviam sido "disciplinadas" pela truculência em alguns países, ou refluídas em outros por exaustão, embora restassem situações que, mesmo expressando renascimento da vitalidade dos trabalhadores, não chegaram a ultrapassar certos limites tidos como "toleráveis" (casos, por exemplo, da Argentina e, principalmente, do Brasil).

O programa econômico "neoliberal" configurou-se, então, como uma série de "recomendações" emanadas do Banco Mundial (BIRD), Fundo Monetário Internacional (FMI), Organização Mundial do Comércio (OMC) e outras agências internacionais sob controle direto ou indireto dos Estados Unidos e das outras potências capitalistas, com o propósito alegado de "modernizar", "liberalizar" e "integrar" a economia mundial – o que, segundo prometiam, geraria uma era de prosperidade planetária sem paralelo. Eis a nomenclatura mágica que a grande mídia converteu em dogma de fé na última década do século XX:

- "livre" comércio internacional, mediante a completa abertura de cada país a mercadorias estrangeiras (embora os Estados Unidos e a Europa ocidental se mantivessem protecionistas em vários setores de sua economia);
- eliminação de "constrangimentos" governamentais a investimentos estrangeiros (como os "obsoletos" controles nacionais das remessas de lucros ao exterior);
- liberdade irrestrita para a circulação mundial do capital financeiro em sua busca de rendimentos especulativos;
- transferência ao capital privado de tudo o que pudesse "interessá-lo" no setor público ("privatização");
- encolhimento da ação, do tamanho e da presença do Estado na sociedade (o Estado "mínimo");
- "desregulamentação" legal de todas as atividades empresariais, para não inibir a "livre iniciativa";
- redução dos custos da produção (manutenção/elevação da taxa de lucros) por meio da "flexibilização" (precarização) das relações de trabalho, da "renegociação" (retração) dos direitos sociais dos trabalhadores e do descarte do "excesso" de empregados das empresas privadas e do Estado (demissões em massa);
- "estabilização" da economia interna de cada país mediante um sempiterno virtuoso "equilíbrio fiscal", alcançável pela supressão do déficit financeiro estatal (conselho que, misteriosamente, não valia para os Estados Unidos, maior devedor do planeta), o que demandaria cortes das despesas públicas com proteção social;
- permanente "atração de capitais" por meio do oferecimento de juros

estratosféricos para os investidores continuarem comprando títulos da dívida pública (dívida que se expandirá como bolha de sabão);
- E, *last, but not least*, os endividados países subalternos deveriam "honrar", como prioridade absoluta, os pagamentos intermináveis da maré montante de juros e amortizações dos empréstimos financeiros externos a que haviam sido induzidos/compelidos a contrair perante os bancos e agências internacionais – "honra" a ser implacavelmente assegurada, ainda que à custa do círculo vicioso de empréstimos sucessivos, não importa se geradores de desespero social.

Quando, em alguns desses países exangues, destacadamente da África, a espoliação colonial e neocolonial que amargavam há cinco séculos combinou-se com uma só década de políticas neoliberais, reduzindo-os a uma miséria espantosa, seus credores externos terminaram se conformando com a insolvência a que essas nações foram empurradas e, num gesto de "pura" magnanimidade, adequadamente alardeado pelos meios de comunicação, "perdoaram" parte de suas dívidas.

Na América Latina, essa "globalização neoliberal" ganhou velocidade a partir de 1989. Em novembro daquele ano, reuniram-se em Washington representantes do FMI, do Banco Mundial (BIRD), do Banco Intramericano de Desenvolvimento (BID) e funcionários do governo dos Estados Unidos apresentados como "especialistas" em economia latino-americana, além de alguns economistas "notáveis" da própria América Latina. Objetivo: "avaliar" as reformas econômicas neoliberais de diversos governos da região, algumas já muito adiantadas (caso do Chile sob a ditadura de Pinochet). A avaliação produzida por esses "técnicos", de puro encantamento com a guinada neoliberal da maioria dos governos dessa parte do mundo, veio a ser conhecida como "Consenso de Washington" – e suas recomendações passaram instantaneamente a ser louvadas com deslumbramento por empresários, políticos e intelectuais conservadores ou recém-convertidos a essas teses "modernas". É claro que, após tanto reconhecimento pelas próprias elites dos países periféricos, o acatamento ao receituário econômico do "Consenso de Washington" converteu-se em pressuposto para que os governos desses países pudessem pleitear programas de "cooperação" financeira àquelas agências, o que levou à adoção daquelas medidas em pelo menos sessenta países ao redor do planeta.

O neoliberalismo logo proclamou a si mesmo como o pensamento final da História, portanto "único" remanescente. E encontrou a paisagem quase inteiramente livre de obstáculos para agir, pois seu nascimento coincidiu com a grande inversão da correlação mundial de forças, no início da década de 1990, que se completava com o desmoronamento do bloco socialista da Europa oriental, seguido da restauração do capitalismo naqueles países.

O socialismo que não deu certo

Para ficarmos no caso paradigmático da União Soviética, já havia algum tempo podiam ser detectados sinais de deterioração econômica e institucional naquele país – desde, ao menos, o final da década de 1970, embora tudo só se acelerasse ao final dos anos 1980. Após a revolução socialista de 1917, principalmente a partir da década de 1930, a centralização dos recursos iniciais, muito escassos, e a adoção de planejamento econômico estratégico mediante "planos quinquenais" – instrumento de gestão estatal até então desconhecido no mundo, que rompia com a lógica do mercado – haviam possibilitado, até o final dos anos 1960, arrancar o país do atraso, industrializando-o, desenvolvendo a ciência e disseminando garantias sociais básicas. Ao entrar na década de 1970, a União Soviética, antes país miserável e atrasado, já atingia o segundo maior produto interno bruto do mundo, logo no calcanhar dos Estados Unidos, alcançara a melhor distribuição social de renda, e seus indicadores de saúde, educação, longevidade e rendimento esportivo, entre outros relevantes, estavam entre os primeiros do planeta. Não se justificava mais a forte centralização das decisões sobre a economia e a administração pública soviética (até mesmo sobre os assuntos de incidência apenas local). De fator inicial de mobilização para o desenvolvimento, a centralização, tornada excessiva, passava a cumprir função de couraça sufocante do progresso tecnológico, industrial, cultural e político. E a burocracia dominante, interessada em preservar privilégios pelo controle do aparato estatal e dos meios de produção a ele incorporados, mantinha bloqueados os canais pelos quais poderia fluir a crítica popular, e erros que poderiam ser corrigidos agravavam-se continuamente. A ênfase na indústria de base e na agricultura essencial, por exemplo, pôde ser defensável nos primeiros tempos para industrializar o país e alimentar sua população, mas seu prolongamento terminou atrasando muito a diversificação da produção de bens de consumo imediato e conservando insuficientemente a oferta de bens de consumo duráveis. A "classe" burocrática dominante não se dava conta do crescimento da insatisfação popular (ou não se importava), agravada pelo visível contraste com as luzentes vitrines capitalistas ocidentais, em que a abundante oferta de produtos supérfluos e mercadorias suntuárias parecia, assim a distância, tornar menos terrível a desigualdade social circundante.

E havia ainda um sumidouro de recursos que tudo piorava: a corrida armamentista, deflagrada a partir da visão pavorosa das duas explosões atômicas norte-americanas em agosto de 1945 nas cidades japonesas de Hiroshima e Nagasaki – somadas, foram mais de 250 mil vítimas em alguns segundos, quase todas civis, das quais cento e sessenta mil mortas imediatamente, configurando o maior morticínio instantâneo da história da humanidade. Quando as bombas foram detonadas, o Japão já estava quebrado militarmente, sem fontes de suprimentos, a indústria destruída, fome e doenças alastrando-se por todo o país. Mas os EUA tinham interesse em testar essas bombas em cenário militar real, com o propósito óbvio de intimidar a União Soviética. Quase em seguida, sobreveio o desenvolvimento da bomba de hidrogênio dos Estados Unidos, incomparavelmente mais ofensiva, e logo surgiriam os aviões bombardeiros estratégicos B-29 e os mísseis balísticos de longo alcance. Essas armas de aniquilação de massas recolocaram na ordem do dia a possibilidade de destruição militar da União Soviética. Ainda cambaleante pela devastação sofrida na Segunda Guerra Mundial, o país foi colhido pela armadilha da Guerra Fria, que o forçaria a uma interminável e dispendiosa corrida armamentista com os países capitalistas pelos próximos quarenta anos – à custa de extenuante sangria de recursos, desviados, evidentemente, do atendimento a demandas sociais.

Diferentemente dos Estados Unidos e demais metrópoles econômicas ocidentais, que financiavam essa competição militar não só com recursos locais, mas também com os ingressos bilionários de capital (lucros, juros, royalties, amortizações de empréstimos etc.) continuamente remetidos a suas empresas pelos países dependentes e subdesenvolvidos – dois terços do planeta.

Mas a camada burocrática dirigente do Estado soviético se expandia sem cessar, imensa e improdutiva, perdendo aceleradamente laços com a sociedade. Substituindo os trabalhadores no poder, monopolizando o poder, foi tornando inteiramente estranho aos trabalhadores o Estado que estes haviam fundado em 1917. O que, nos primeiros tempos da Revolução, poderia ser tomado como distorções de um processo se consolidou irreversivelmente como um processo de distorções. As reformas na política (*glasnost*, "transparência") e na economia (*perestroika*, "reestruturação") promovidas a partir de 1985 pela corrente da burocracia representada por Mikhail

Gorbatchov, reformas alegadamente voltadas à descompressão política, modernização das empresas públicas e combate ao desperdício, mediante a reintrodução "parcial e sob controle" de leis de mercado no país – o que, supostamente, dinamizaria a economia e corrigiria suas distorções –, redundaram no oposto: desorganização da produção social, desabastecimento geral e retorno socialmente doloroso, após sessenta anos, da inflação e do desemprego. Numa palavra, restauração descontrolada das leis de mercado. Ao término da década de 1980, a economia estatal soviética, à míngua de avaliação e controle popular, já sucumbira a um torpor irrecuperável, o que tornou aguda a disputa política entre as várias frações da burocracia pelo controle do aparelho estatal. Os dirigentes do país estavam desacreditados e, mal entraram os anos 1990, a crise política evoluiu de modo fulminante para a crise institucional. Aproveitando-se de uma desastrada tentativa de golpe precipitada em agosto de 1991 por uma facção rival, a ala da burocracia interessada na restauração do capitalismo, representada por Boris Yeltsin, populista hábil, conseguiu aglutinar uma multidão em torno de si. Lançando mão da retórica da "democracia", assenhoreou-se rapidamente da situação e passou a agir sem perda de tempo para liquidar o que pudesse restar de socialismo no país aturdido. Não tardaria para que essa neófita "democracia" fosse colocada à prova: como o recém-eleito parlamento russo resistisse ao programa radical de desestatização e regresso acelerado ao capitalismo, chegando a votar a destituição constitucional de Yeltsin, o mundo assistiu pela televisão, em 1993, a esta cena: tanques do exército cercaram e bombardearam o prédio do parlamento, mais de trezentos deputados e funcionários mortos. Consumava-se a "transição". Os trabalhadores, sem rumo, não moveram um dedo para deter o desmoronamento da estrutura institucional que não reconheciam mais como sua.

Todo o restante campo socialista do Leste europeu, com variações não--essenciais, havia adotado, desde o final da década de 1940, o mesmo modelo de Estado fortemente centralizado e de economia "socialista" controlada só pela burocracia estatal. Tal como a União Soviética, esse "campo" também ruiu ao seu próprio peso, como castelo de areia, na mesma época.

Certamente, não é o caso de derivarmos aqui à discussão sobre a natureza do regime que existiu na União Soviética e no seu "campo" – socialismo burocrático, socialismo "interrompido", Estado Operário"degenerado", capitalismo de Estado etc. –, e muito menos de promovermos o inventário de causas da agonia da principal experiência revolucionária do século XX. O fato histórico é que, no seu epílogo melancólico, se restauraram, como pesadelos superpostos, tormentos antigos e modernos do capitalismo: empobrecimento rápido da população, enriquecimento rápido de uma voraz burguesia (renascida, em grande parte, da própria burocracia estatal), desordem econômica, deterioração acelerada dos serviços públicos, desemprego massivo, insegurança social, ruptura abrupta e degradante do padrão de vida de mais de cem milhões de pessoas, corrupção generalizada e crime organizado associado a monopólios econômicos.

Em julho de 2001, o Banco Mundial, algo constrangido, divulgava uma avaliação no sentido de que 26% dos russos já viviam abaixo da linha de pobreza e que, ineditamente, o país "experimentava" uma redução de sua população, com as mortes ultrapassando os nascimentos em cerca de 700 mil pessoas por ano – situação só encontrada antes em países sob guerra generalizada.

Na passagem para o século XXI, exibia-se todo tipo de mercadorias nas vitrines de Moscou, até mesmo as luxuosas e supérfluas. E não era difícil viajantes estrangeiros depararem nas ruas dessa bela e antiga cidade com anciãos humilhados implorando por esmolas. Ou com meninas, já sem orgulho eslavo, oferecendo-se por alguns dólares. A Rússia ingressou no novo século recuada à segunda categoria no cenário internacional – exceto por seu arsenal, como no tempo dos czares.

A Rússia, principal país remanescente do desmembramento da União Soviética em 15 países, ocorrido em 1991, não se precipitou num colapso econômico catastrófico com o fim do regime pró-socialista graças aos seus descomunais recursos naturais, intensamente demandados pelo mercado mundial. Maior país do planeta (17 milhões de Km^2, o dobro do Brasil), mas com uma população proporcionalmente pequena, 150 milhões de pessoas em 2024, a Rússia situa-se entre os maiores detentores mundiais de reservas de petróleo e gás natural, dispõe de incalculáveis e diversificados recursos minerais na vasta Sibéria, além de ser o segundo ou terceiro maior produtor mundial de trigo, e o segundo maior produtor de fertilizantes químicos. A enorme faixa boreal do seu território ainda abriga a taiga siberiana, a maior floresta do planeta – só a porção russa da taiga equivale a uma vez e meia o tamanho da floresta amazônica. Até o aquecimento global do planeta vem beneficiando economicamente a Rússia. Por um lado, possibilita o aproveitamento de imensas novas terras agricultáveis na Sibéria, antes geladas. Por outro lado, o derretimento progressivo das plataformas de gelo do oceano Ártico já possibilitou a implantação de um Corredor Marítimo Norte, uma autêntica Polar Silk Road, rota essa que, auxiliada pelos monstruosos navios quebra-gelos russos movidos a energia nuclear, já diminuiu pela metade a distância que navios petroleiros e cargueiros antes precisavam vencer no percurso entre a Ásia e a Europa pelo oceano Ártico. A Europa inteira, grande parte da Ásia e da África, e até países das três Américas, inclusive o Brasil, são consumidores ávidos dos abundantes e muito valorizados produtos básicos extraídos ou produzidos nesse país enorme.

    Mas o fator decisivo da recuperação econômica da Rússia no século XXI foi que ela recebeu, como principal legado da ex-União Soviética, uma população universalmente alfabetizada, com alto índice de escolaridade universitária e elevada proporção de profissionais científica e tecnologicamente qualificados. Malgrado a traumática restauração do capitalismo, a partir de 1991, tivesse imposto grave regressão econômico-social à nação, inclusive dispersando pelo mundo incontáveis cientistas altamente preparados, ainda restariam centenas de milhares deles na Rússia, em todas as áreas dos saberes científicos. Cedo ou tarde, eles constituiriam o alicerce para a reanimação do país.

Direitos econômico-sociais: impasses e recuos

O esboroamento do chamado campo socialista, o desnorteamento e refluxo das lutas sociais na maior parte dos países e o retorno triunfal (embora passageiro) da ideologia (neo)liberal de "livre" mercado configuraram, na década final do século XX, uma nova correlação mundial de forças que, ao contrário daquela que existira em meados desse século, se revelou imediatamente desfavorável à efetividade prática dos direitos econômicos, sociais e culturais, passando a atingir também os direitos civis e políticos. Aliviadas, com razão, sentindo-se de mãos livres pela primeira vez em mais de meio século, as classes dominantes, tangidas agora pelo acirramento internacional da concorrência entre os grandes monopólios empresariais, trataram logo de ensaiar passos para "retomar" ao menos uma parte do que, por força de pressões, haviam cedido nos cinquenta anos anteriores. O movimento de redução da desigualdade social que, malgrado desuniforme no espaço e descontínuo no tempo, vinha progredindo em várias partes do mundo entre as décadas de 30 e 70 do século passado, mesmo fora do campo socialista, embora já estivesse desacelerado, foi abruptamente detido na entrada da década de 90. Salvo exceções muito localizadas, a desigualdade manteve-se no mesmo patamar em algumas regiões, tendeu a ampliar-se em outras e, em outras ainda, aprofundou-se dramaticamente.

A nova etapa econômica mundial intensifica a internacionalização dos mercados e derruba barreiras ao livre trânsito de mercadorias, de dados e de capitais, não de pessoas. A preferência da "globalização" neoliberal, finalmente assumida sem os constrangimentos de outrora, é por coisas, não por pessoas – a menos, evidentemente, que se trate de pessoas proprietárias de coisas. Reanima-se a contradição entre uma "igualdade" meramente jurídica reservada aos de baixo e a liberdade econômica (esta, real) das elites.

A riqueza mundial cresceu sete vezes entre 1948 e 1996, mas o número de pobres no mundo triplicou nesse período. Os 20% mais pobres do planeta detinham, ao término do século XX, apenas 1,1% das riquezas geradas, ao passo que os 20% mais ricos já monopolizavam 82% dos ingressos mundiais. A quantidade de pobres cresce continuamente cerca de 25 milhões de pessoas por ano. Na Europa oriental e na ex-União Soviética, as pessoas que vivem na pobreza passaram de 4 milhões em 1987 para 120 milhões em 1997[211]. Por outro lado, os 447 indivíduos bilionários do planeta já concentravam em suas mãos, no início do século XXI, renda equivalente à de metade dos habitantes da Terra (3 bilhões de pessoas) e as duzentas maiores empresas multinacionais dominam 28% do valor produzido no mundo, enquanto empregam apenas 1% da força de trabalho[212]. A concentração de riqueza (em regiões, países, classes) engendra a pobreza mais brutal (em regiões, países, classes) – o que deve ser tomado por "natural", embora cause eventualmente algum incômodo.

Aliás, em termos de desigualdade social e concentração de renda e de patrimônio, o Brasil vem há muito tempo entre os piores países do planeta. O estudo lançado mundialmente em 07 de dezembro de 2021 pelo World Inequality Lab (Laboratório da Desigualdade Mundial), da Escola de Economia de Paris, codirigido pelo economista Thomas Piketty, resgatou o conhecido dado histórico de que os 10% de brasileiros mais ricos sempre detiveram mais de 50% da renda nacional, enquanto, ao contrário, os 50% mais pobres da população mal ficam com 10% da renda gerada no país. Dado alarmante: em 2021, o 1% mais rico já retinha mais de um quarto (26,6%) dos ganhos do país. Quanto à questão patrimonial – riqueza financeira e não financeira, incluídos bens imóveis – a desigualdade social no Brasil é ainda pior: em 2021, os 50% mais pobres possuíam apenas risíveis 0,4% da riqueza patrimonial do país, enquanto os 10% mais ricos eram proprietários de 80% do patrimônio privado. Outro dado alarmante: também em 2021, o 1% de ultrarricos já era proprietário de 48,9% da riqueza

---

211. Índice de Desenvolvimento Humano da ONU, divulgado em outubro de 1997.

212. Divulgado em 1998 no site internacional (www.attac.org) da Associação por uma Taxa sobre as Transações Financeiras para Ajuda aos Cidadãos (ATTAC).

patrimonial nacional. O estudo constatou que a tendência à concentração de renda e de patrimônio – portanto, de aumento da desigualdade social – tem configurado um movimento mundial, com isoladas exceções, e que, sob esse aspecto, a situação internacional já retrocedeu para o nível em que se encontrava há mais de cem anos, durante os primeiros anos do século XX, antes da fugaz existência do Estado de Bem Estar. Estudos análogos, de entidades públicas, privadas ou acadêmicas, vêm recolhendo números e resultados equivalentes[213].

Isso pode ser adequadamente simbolizado pela tragédia que se verifica na África, continente que a "civilização ocidental", após saqueá-lo e destruí-lo, abandonou-o à miséria e às guerras autodilacerantes. Aliás, "a mídia internacional adora explicar que as guerras na África são consequência de diferenças étnicas, particularmente entre os grupos *hutus* e *tutsis*, majoritários na região (central). Aparentemente, a explicação é exata. Basta lembrar a guerra entre os grupos *hutus* e *tutsis* de Ruanda e Burundi, que matou pelo menos 1 milhão de seres humanos, entre abril de 1994 e maio de 1997, além de deixar centenas de milhares em miseráveis campos de refugiados, expostos a todo tipo de peste e desnutrição. Essa 'explicação' étnica é útil, confortável e racista. Útil porque esconde aqueles que lucram com a guerra (incluindo os que vendem armas em troca de diamantes, ouro e outras riquezas); confortável porque apaga as responsabilidades históricas dos países que colonizaram e dividiram a África, exploraram o comércio de escravos, promoveram gigantescos e monstruosos genocídios e construíram, enfim, a imensa miséria daquele continente; racista porque alimenta o estereótipo do negro como um ser 'atrasado' e 'fanático', imerso em lutas étnicas e religiosas"[214].

Ademais, não constitui novidade que, há mais de duzentos anos, aumentos de produtividade decorrentes de inovações tecnológicas ou de novos métodos produtivos estiveram quase sempre a serviço de aumentos do lucro, sobrando resíduos para distribuição social – salvo, é claro, naquelas situações em que a pressão social forçou o distributivismo mais consistente. A ciência e a tecnologia, aplicadas intensivamente à produção, (informática, robótica, microeletrônica, química fina, novos materiais sintéticos, biotecnologia, telemática, nanotecnologia, inteligência artificial etc.), des-

---

213. Os dados mencionados neste parágrafo podem ser conferidos em: <https//www.bbc.com/portuguese/brasil>, edição de 07 de dezembro de 2021, acessada em 16 de junho de 2022.
214. José Arbex Jr. *Quantos diamantes valem os mortos do Congo?*, Caros Amigos. São Paulo: Casa Amarela, julho de 2000.

de as décadas finais do século XX, aumentaram muito, e em relativamente pouco tempo, a produtividade da força de trabalho humana. Por falta de apropriação social desse processo, em vez de reduzir universalmente a jornada de trabalho, ampliando para todos o tempo de lazer e convivência, o que quase sempre se ampliou foi o desemprego – agravado pelas crises econômicas que, desde a década de 1970, retornaram, temíveis e periódicas. Superposta ao antigo desemprego cíclico que acompanha as crises cíclicas, instalou-se a categoria do desemprego *estrutural*, isto é, permanente. O capitalismo tornou-se uma máquina de expulsão maciça de seres humanos do trabalho, sem remuneração. Em 1996 já existia, no planeta azul a que chamamos Terra, 1 BILHÃO de desempregados ou subempregados – cerca de 30% da força de trabalho mundial[215]. Aumentou a liberdade do capital – agora é "global". E diminuiu a liberdade dos trabalhadores, que, para protelar o desemprego, se submetem a condições deploráveis de salário e trabalho – o que, por sua vez, aumenta mais a liberdade do capital para "flexibilizar" a bel-prazer ("precarizar") as relações de trabalho. O capital organiza o ataque a direitos que já se pensava consolidados há muito tempo: primeiro, os direitos sociais retrocederam a uma situação de risco, em muitos casos retrocederam mesmo de fato, e agora começam a retroceder na legislação. Nesse caso, é apropriado dizer que o movimento do direito "retrata" o movimento da realidade.

Com o desemprego estrutural massivo, o modo de produção capitalista tornou socialmente permanente e expansiva a categoria de superpopulação relativa (exército industrial de reserva), consolidando uma situação internacional de bilhões de "homens supérfluos", desempregados para sempre, especialmente nas economias periféricas, homens aos quais, devido à crescente desigualdade material, a sua igualdade jurídico-formal reduziu-se a nada mais do que a um enunciado vazio, uma irrisão. Os apenas lamentáveis programas de requalificação de mão-de-obra não foram capazes de reintegrar à economia senão uma fração insignificante desses trabalhadores descartados – pois os novos meios de produção, extraordinariamente dinamizados pela ciência e pela tecnologia, dão conta de alcançar as metas produtivas anteriores, até de ultrapassá-las, absorvendo uma massa cada vez menor de trabalhadores. Os empregados remanescentes são obrigados a conformar-se com recuos em seus direitos trabalhistas e previdenciários,

---

215. "O emprego no mundo", estudo realizado pela Organização Internacional do Trabalho, divulgado em novembro de 1996. No estudo, os especialistas da OIT alertaram que se acentuava cada vez mais uma "tendência à desigualdade nos salários" e qualificaram como "sombria" a situação do mercado mundial de trabalho.

e a abdicar de conquistas velhas de um século ou mais, submetendo-se a um processo de precarização da relação residual do trabalho.

Nesta etapa de derradeira mundialização do capital, da produção e dos mercados, as unidades econômicas nacionais deixaram de ser compartimentos estanques e passam a operar, no plano internacional, como vasos comunicantes – intercomunicando também os prejuízos impostos à força de trabalho. Intensifica-se, portanto, a contradição histórica entre o capital e os direitos econômico-sociais dos trabalhadores. O capitalismo, não só não consegue mais universalizar os direitos econômico-sociais, como passa a necessitar que entrem em retrocesso e colapso. Seja pelo desemprego expansivo que o movimento contemporâneo do capital agrava continuamente; seja pela insegurança que introduz na existência dos trabalhadores; seja, enfim, pelo rebaixamento das suas condições materiais e espirituais de vida. Essa é a tendência geral observável, malgrado situações localizadas que a ela possam resistir transitoriamente.

Do desemprego disseminado ao capitalismo de plataformas

O desemprego volumoso, a redução dos postos de trabalho e a fraqueza política dos trabalhadores abriram caminho, desde as últimas décadas do século XX, para o incessante surgimento de expedientes de redução do custo da força de trabalho. Não demorou para despontar a ficção jurídica mais óbvia, do falso trabalhador "autônomo". Como, supostamente, dispõe de "autonomia" laboral, só pode demandar o pagamento, pactuado no contrato civil, por sua produção aferível e imediata, nenhum direito trabalhista acessório (horas extras ou noturnas, descanso remunerado, férias, adicionais etc.). Ou, então, numa variante mais elaborada do mesmo estratagema, o falso trabalhador "cooperado". Encena-se uma cooperativa de trabalho, o trabalhador é induzido a filiar-se, e estabelecem-se relações "comerciais" entre empresários tomadores dos serviços e a cooperativa prestadora que, em seguida, repassa o respectivo pagamento a cada cooperado que trabalhou. A suposta cooperativa funciona como biombo ocultador da relação de emprego. Nada de direitos trabalhistas. Surgiu também uma categoria quimicamente cínica, a do trabalhador disfarçado de "pessoa jurídica" (PJ). Para obter trabalho, o infeliz deve submeter-se ao estelionato de constituir uma falsa empresa individual. O trabalho que lhe ofertam seguirá dependente e subordinado, como em qualquer vínculo empregatício, mas a relação jurídica dar-se-á entre... empresas! Essa "pejotização" vem prosperando até mais do que as burlas anteriores.

Ademais, no século XXI o capital engendrou uma nova e astuciosa modalidade de redução do custo da força de trabalho, subalternizando os trabalhadores de um modo malicioso, para extrair mais intensivamente a sua mais-valia: o capitalismo de plataformas (ou de aplicativos). Empresas gigantes, desenvolvedoras e proprietárias de plataformas informacionais on line (aplicativos), não-raro multinacionais, apresentam-se ao mercado como intermediárias tecnológico-comunicacionais entre produtores e consumidores de mercadorias, ou entre prestadores e tomadores de certos serviços. Recrutam e cadastram, aos milhares (crowdwork), trabalhadores supostamente independentes – ditos "empreendedores" – que suportarão de fato o ônus da consumação dessa intermediação comercial.

A empresa-plataforma capitalista livra-se da responsabilidade de providenciar meios físicos de produção (veículos, maquinário etc.), encargo que é transferido aos trabalhadores-intermediadores. A esses trabalhadores incumbe prover e assegurar a manutenção, sempre às suas expensas, dos instrumentos de trabalho adequados a cada negócio – o automóvel, o veículo utilitário de carga, a motocicleta ou bicicleta, o computador, o indefectível telefone celular. A empresa-plataforma detém e retém o que é realmente decisivo, a tecnologia informacional aplicada a essa atividade econômica, ou seja, o código-fonte do aplicativo que conecta os consumidores/tomadores aos produtores/prestadores, e os algoritmos correspondentes. Comanda o ciclo do negócio à distância (às vezes, de outro país). No encerramento de cada transação específica, retém a porcentagem de leão da remuneração que o consumidor da mercadoria ou tomador do serviço pagou ao respectivo produtor/prestador. Os trabalhadores-intermediadores, que fizeram o trabalho pesado, serão remunerados com outra porcentagem, evidentemente pré-fixada pelo mínimo.

Com essa construção engenhosa, aparentemente desaparecem as figuras do empregador e do empregado, e triunfa o embuste ideológico de que os trabalhadores converteram-se em empresários individuais, "empreendedores", uma fantasia conveniente. Isso enseja uma redução drástica do custo da força de trabalho: não se cogita mais de salário, nem de outros direitos trabalhistas-previdenciários, ou de assistência de qualquer natureza ao trabalhador, nem mesmo em caso de acidente no trabalho, adoecimento ou avaria do instrumento usado (automóvel, computador etc.).

Olhando com atenção, o "capitalismo de plataformas" ou uberismo nada mais é do que a precarização da relação de trabalho levada aos confins – é o fim do emprego, não o fim do trabalho. Pelo contrário, aumenta a dependência do trabalhador em relação ao empregador, o trabalho é alongado para uma jornada só limitada pela completa exaustão individual, passa a ser muito mais controlado (é monitorado on line minuto a minuto), o trabalho é multi-terceirizado, reduzido à completa individualização e esvaziado de qualquer vestígio dos antigos laços de solidariedade coletiva. Ao cabo, é um trabalho completamente inseguro, e a experiência já demonstrou que sua remuneração acaba sendo compactada e imprevisível. Um paraíso para as empresas-plataformas, que não se envolvem na produção, distribuição ou prestação de serviços, mas reinam sobre ofertantes e demandantes.

Elas tendem a dominar o mercado de transporte urbano individual de passageiros, de entrega domiciliar de refeições prontas para o consumo ou congeladas, de entrega de compras feitas em supermercados e em lojas em geral, a intermediação da oferta e procura de trabalhos digitais on line sobre qualquer temática, bem como invadir sucessivos ramos econômicos. Ao seu dispor, milhões de trabalhadores ao redor do mundo subalternizados a esse empregador virtual perfeitamente desencarnado, quase um fantasma. Até que superem a ilusão ideológica do suposto "empreendedorismo" e, por fim, desenvolvam a compreensão de que, como outros trabalhadores, encontram-se na posição econômica oposta aos seus patrões virtuais, esses trabalhadores terão dificuldades para engendrar formas de autodefesa coletiva.

Quais direitos "humanos" restarão para multidões descartadas da economia, do consumo, do mercado? Marcharemos inelutavelmente ao cenário imaginado (pressentido?) pela ficção científica? Agrupamentos de seres humanos de primeira categoria vivendo em regiões convertidas em ilhas de riqueza e alta tecnologia, necessidades satisfeitas, sadios, belos, dedicando-se a prazeres sofisticados, embora tensos e algo atemorizados. À volta, mantidos à distância por expansivo aparato de segurança tecnológica e humana, bilhões de "pessoas" de segunda categoria, miseráveis, famélicas, consumidas por moléstias infecciosas retornadas do passado, imersas em ignorância e desespero, matando-se por nacos de pão. No limite instável entre ambos os contingentes, uma classe "média" em processo de encolhimento, atormentada ante a possibilidade de escorregar àquele cenário de pesadelo. Daí, até renascer alguma ideologia de extermínio explícito, será assim tão grande a distância?

Continuamos convivendo com a velha contradição dos tempos da primeira Revolução Industrial: nunca a ciência, a técnica e os meios produtivos dispuseram de tantas e tão concretas possibilidades para dar um fim a velhos males (fome e subnutrição, moléstias infeciosas, carência de habitação, distribuição desigual da educação etc.), mas a triunfante lógica da produção para o mercado e para o lucro privado impede que se libere o uso social dessas possibilidades extraordinárias. Socializar prejuízos, privatizar lucros – a velha fórmula voltou a impor-se com fôlego renovado nas sucessivas crises econômicas que fecharam o século XX e abriram este século.

O declínio das garantias individuais

O século XXI começou, inesperadamente, numa opaca manhã do verão setentrional, no dia 11 de setembro de 2001. Dezenove membros da organização islâmica fundamentalista Al-Qaeda, da vertente sunita, apoderaram-se de quatro aviões de passageiros nos Estados Unidos, no curso dos voos, e lançaram-nos, como mísseis incendiários, sobre quatro alvos urbanos. Duas aeronaves provocaram o desmoronamento sucessivo das torres gêmeas do edifício comercial World Trade Center, na ilha de Manhattan, cidade de New York; outro avião explodiu contra uma das fachadas do prédio do Departamento de Defesa dos Estados Unidos (Pentágono), próximo a Washington; e o quarto aeroplano precipitou-se em uma campina no estado da Pensilvânia (parece que o seu alvo seria a Casa Branca, sede do governo). Ao todo, 2.996 pessoas morreram nos quatro atentados, incluindo os seus 19 realizadores.

Os atacantes de 11 de setembro certamente tiveram propósito político, os alvos escolhidos o demonstram. Mas não eram revolucionários: praticaram uma imolação religiosa, ao preço de uma mortandade. Revolucionários querem viver, empenham-se na mudança da sociedade para que a vida seja melhor. Podem até morrer em combate, mas não fazem da sua própria morte um cálculo político, muito menos quando isto envolva arrastar consigo milhares de civis não-combatentes. Certamente, houve contextos em que os movimentos anticoloniais na África e na Ásia voltaram suas armas para além das tropas invasoras, também contra os civis europeus colonizadores, mas por serem um contingente estrangeiro de ocupação dos seus países[216]. Nada parecido com os quase 3 mil mortos pelas explosões dos aviões nos Estados Unidos em 2001. Mesmo sendo politicamente responsáveis pela eleição dos seus governantes, essas vítimas não poderiam ser sacrificadas pelas condutas imperialistas do seu país – não ao ponto de serem objetos de ataque indiscriminado.

O império se vinga

O presidente norte-americano da época, George W. Bush, valeu-se da comoção pública e proclamou a "guerra ao terror". Uma guerra que teria alcance no mundo inteiro, não se deteria em fronteiras, e desdenharia da ONU e quaisquer organismos multilaterais. Não respeitaria sequer as antigas garantias individuais colocadas em pedestal pela Declaração dos Direitos do Homem e do Cidadão, de agosto de 1789. A "guerra ao terror" dos Estados Unidos contou com a parceria militar das principais potências do bloco político ocidental: Reino Unido, Canadá, França, Alemanha, Itália, Dinamarca, Polônia e Austrália. A ofensiva começou pela invasão do Afeganistão, acusado de abrigar um esconderijo da Al--Qaeda, e submeteu o seu povo a 20 anos de bombardeios (2001-2021). Esse conflito deixaria o país asiático em ruínas, mas terminaria com a derrota militar e política dos Estados Unidos e seus aliados. Saiu-se vitorioso o movimento fundamentalista islâmico dos Taliban, o mesmo que governava o país antes de ser invadido pelos ocidentais. Uma tragédia humana e um fiasco militar. Em seguimento, a coalisão guerreira, quase os mesmos países, detonou a guerra de ocupação do Iraque (2003-2011), sob o pretexto de que o país ocultaria "armas de destruição em massa" – sequer vestígios delas jamais foram encontrados. O Iraque foi devastado, seu regime secular e laico foi derrubado, o chefe de governo, Sadam Hussein, foi capturado e enforcado. Os exércitos invasores mataram mais de 600 mil civis não-combatentes. As imensas reservas petrolíferas do país foram finalmente entregues para empresas estadunidenses e britânicas. Quando as tropas ocidentais se retiraram, não deixaram atrás de si pedra sobre pedra naquele país antes próspero, senão uma guerra civil intermitente entre fações sunitas e xiitas, e a soturna lembrança das condutas

---

216. Esta questão tormentosa esteve muito presente na Guerra de Libertação Nacional da Argélia (1954-1962), retratada no filme A Batalha de Argel (1966), de Gillo Pontecorvo, uma obra-prima do cinema neorrealista.

abomináveis cometidas pelas forças agressoras – notadamente, nas masmorras do país, como no presídio de Abu Ghraib. "A revelação de que soldados americanos estavam brutalizando, torturando e humilhando os prisioneiros amontoados em Abu Ghraib – cárcere situado a 20 milhas a oeste de Bagdá – foi feita pelo importante jornalista Seymour M. Hersh, um dos mais sérios e independentes dos Estados Unidos, o mesmo que denunciou o massacre de My Lai, ao tempo da guerra do Vietnã. Ele obteve um documento confidencial de 53 páginas, escrito pelo general Antonio M. Tagura em fevereiro de 2004, relatando que entre outubro e dezembro de 2003 os prisioneiros iraquianos foram submetidos sistematicamente a 'sadistic, blatant and wanton criminal abuses' em Abu Ghraib, pelos soldados do 372nd Military Police Company e pelos membros da comunidade de inteligência dos Estados Unidos. Algumas das torturas consistiam em quebrar lâmpadas e despejar o fósforo líquido sobre o corpo dos detidos, mergulhá-los em água gelada, bater neles com cabo de vassoura e cadeiras, ameaçá-los de estupro, sodomizá-los com cabos de vassoura, atemorizá-los com cães de guerra e, em última instância, deixar que os mordessem etc."[217].

No arrebatamento da "guerra ao terror", aquela "coalisão da liberdade" comandada pelos Estados Unidos aproveitou para aplicar duríssimas expedições punitivas contra países, povos e movimentos cujo independentismo político há muito incomodava o Ocidente: Líbia, Somália, Iêmen, Etiópia, Palestina, Líbano, Síria etc.. Restaram nações severamente feridas e prostradas. Antes da agressão ocidental, a Líbia era a nação econômica e socialmente mais próspera do continente africano e a mais desembaraçada da influência política norte-americana. O país foi completamente quebrado por bombardeios. Em outubro de 2011, seu chefe de governo, Muammar al-Gadafi, foi encurralado no deserto contíguo à cidade de Sirte por drones da Força Aérea francesa, linchado por revoltosos pró-Ocidente, e enterrado em local secreto. Sobrou uma Líbia fragmentada e sem governo central, dominada por milícias corruptas e truculentas. A população foi depressa empurrada para uma miséria espantosa. Dezenas de milhares de líbios tentaram fugir dos combates cruzando o irascível mar Mediterrâneo em botes infláveis, para alcançar Sicília e Creta. Protagonizaram sucessivos naufrágios.

---

217. BANDEIRA, Luiz Alberto Moniz. *Formação do Império Americano*. Rio de Janeiro: Civilização Brasileira, 2014, p. 707.

Campos de concentração e prisões secretas

Além de agredir militarmente nações frágeis, os estados imperiais também aboliram, na prática, as garantias individuais (direitos à vida, à incolumidade física e psicológica, ao devido processo legal, à intimidade, ao respeito moral, à liberdade pessoal, à locomoção, etc.) de, pelo menos, todos quantos apresentem biótipos não-caucasianos e idiomas não-europeus. Os estados hegemônicos retomaram as práticas de eliminar sumariamente inimigos (abatimentos "cirúrgicos"), sequestrar suspeitos e torturá-los em campos de concentração até a morte, se "necessário". Podem ser campos juridicamente "extra-territorializados", caso de Guantánamo, território cubano sob domínio dos Estados Unidos[218]; ou prisões secretas, em países que ocuparam (Afeganistão, Iraque); ou calabouços clandestinos em Estados conniventes (Paquistão, Egito, Qatar, Polônia, Jordânia, Romênia, Marrocos, Tailândia); ou, ainda, cárceres militares em inacessíveis navios de guerra dos Estados Unidos fundeados em águas internacionais[219]. Ao menos 17 barcos militares de fundo plano, antes usados para desembarque de tropas, receberam jaulas para macacos nos seus porões, dispostas em linha, e converterem-se em prisões flutuantes para prisioneiros políticos. Estão em constante movimento por águas internacionais e fora de alcance de qualquer jurisdição. "Três dessas embar*cações foram identificadas pela associação britânica Reprieve. Trata-se do USS Ashland, USS Bataan e USS Paleliu*"[220]. A esses prisioneiros invisíveis, são descartadas todas as garantias jurídicas, a começar pelas garantias previstas nas Convenções de Genebra para prisioneiros de guerra. Os sequestrados são mantidos indefinidamente nesses desterros clandestinos, sem acusação formal, sem defensor e até sem o reconhecimento oficial de haverem sido sequestrados. Não são prisões. São sumidouros, não-lugares.

Naturalmente, a quase tudo foi providenciada uma vestimenta legal

---

218. "Cerca de 680 muçulmanos, oriundo de 42 países e capturados no Afeganistão, continuavam presos no Camp Delta, Base Naval de Guantánamo (Cuba), havia mais de dois anos após a ocupação do Afeganistão, sem acusação formal, sem julgamento, sem quaisquer direitos, proibidos de receber visitas e assessoria jurídica, apenas classificados, vagamente, como 'enemy combatantes'. Entre eles, havia um adolescente de 16 anos e um velho de 105 anos, mas os militares diziam que tinha apenas 95". BANDEIRA, Luiz Alberto Moniz. Idem, ibidem, pp. 706-707.

219. IRUJO, José María. CIA cria "limbo" para suspeitos de terrorismo. Jornal El País, edição virtual em português, 28/07/2008.

220. MEYSSAN, Thierry. O Segredo de Guantanamo. In: https://www.voltairenet.org/article185290.html. Acessado em 16 de abril de 2022.

oportuna. Já em outubro de 2001, os Estados Unidos editaram uma longuíssima lei (342 páginas), o *Patriot Act*[221], ampliando a margem de ação da Central Intelligence Agency (CIA), do Federal Bureau of Investigation (FBI) e dos serviços secretos de suas forças armadas, liberando-os para vigiar pessoas por quaisquer meios técnicos (telefones, computadores, comunicações por e-mail, por redes sociais ou outros recursos de transmissão de mensagens, captura audiovisual de dados, vigilância física direta etc.), dentro e fora do país, realizar buscas em qualquer local de residência, de trabalho ou de lazer, casas de parentes etc., examinar livros, discos, documentos médicos, financeiros ou de qualquer outra espécie, e deter e interrogar "suspeitos" sem mandato judicial, exercendo a pressão que for necessária – torturas, mesmo. Os termos da lei, genéricos e imprecisos, deixaram praticamente sem limites a ação dessas agências.

Aliás, o Senado americano, em inquérito cujos resultados (232 páginas) acabaram sendo tornados públicos em abril de 2009, concluiu que, em 2002, a então secretária de Estado Condoleezza Rice encarregou-se, pessoalmente, de garantir a aprovação do uso da técnica de afogamento programado, o chamado *"waterboarding"*, contra o suposto membro da rede Al Qaeda, Abu Zubaydah, que foi submetido a esse tormento por 83 vezes. O mesmo relatório registra que, ao também suposto terrorista Khalid Sheiki Mohamed, foram impostos 183 desses afogamentos durante interrogatórios. Ao menos 15 técnicas de torturas a prisioneiros políticos foram aprovadas pelo comando do Exército dos Estados Unidos[222]. O grupo nomeado para tomar essas decisões era formado por seis ocupantes de cargos de confiança direta da Casa Branca[223].

Originalmente, o *Patriot Act*, promulgado pelo presidente republicano George W. Bush, teria vigência por "apenas" quatro anos. Mas, durante esse quadriênio, o Estado norte-americano exultou com essa extraordinária ampliação de poderes. Em 2005, o Patriot Act teve sua vigência renovada por mais cinco anos (ocasião em que incorporou o tipo penal recém-inventado do "narco-terrorismo"), que em 2010 foi alongada novamente, até 2015. Por fim, em junho de 2015, o Senado norte-americano aprovou

---

221. A denominação do Patriot Act corresponde à sigla de *Uniting and Strengthening America by Providing Appropriate Tools Required to Intercept and Obstruct Terrorism Act*.
222. Cf.: Senado expõe cadeia burocrática que autorizou "tortura" nos EUA - 22/04/2009 - Mundo - *Folha de S.Paulo* (uol.com.br).
223. Cf.: MEYSSAN, Thierry, *O Segredo de Guantanamo*, in: https://www.voltairenet.org/article185290.html . Acessado em 16 de abril de 2022.

outra lei, em tudo equivalente, o *USA Freedom Act*[224], que incorporou à "normalidade" institucional, com três alterações irrelevantes, os dispositivos repressivos e de vigilância do Patriot Act. Essa nova lei de repressão e espionagem permanentes foi prontamente sancionada pelo presidente democrata Barack Obama. Em temas essenciais, não há como diferenciar os dois partidos dominantes nos Estados Unidos.

Após constrangidos por recorrentes denúncias veiculadas por jornalistas investigativos ou por inconfidências públicas de seus próprios funcionários governamentais, revelações que repercutiram na imprensa mundial[225], os Estados Unidos acabaram admitindo o cometimento de sequestros, prisões ilegais e torturas, em completo desprezo às garantias processuais. Barack Obama (2009-2017), quando ainda candidato a presidente, anunciou a decisão de interromper esses procedimentos. Não interrompeu. Consentiu na sua continuidade, conforme novas denúncias documentadas. Às vésperas de assumir pela primeira vez a presidência do país, em 2009, Barack Obama também havia feito a promessa pública de que, logo no início do seu governo, fecharia o sinistro campo de concentração para prisioneiros políticos mantido pelos Estados Unidos em Guantánamo, símbolo das mais graves violações contemporâneas dos direitos da pessoa humana. Obama ficou por dois mandatos na presidência, durante 8 anos (até janeiro/2017), e não cumpriu o prometido. Seu sucessor, o republicano Donald Trump (janeiro 2017-janeiro 2021), é claro, nem cogitou do assunto. O democrata Joe Biden (janeiro 2021-janeiro 2025) também se fingiu de morto. Aquele campo de concentração e de torturas, situado num plano jurídico inacessível, continua em funcionamento até a presente edição deste livro.

Leis semelhantes, tão invasivas e quase tão amplas, foram adotadas no Reino Unido (Criminal Justice Act, Prevention of Terrorism Act, e Enquires Act), Itália, França, Alemanha, Espanha e até na Suécia. "Para a corrente principal da política não só dos Estados Unidos, mas do Ocidente, incluída nela a maior parte da mídia, essa concepção de rastreamento e policiamento de opiniões e manifestações não é mais uma situação de exceção, mas um novo normal (...). O mesmo sistema de espionagem está em vigor nos demais dos 'cinco olhos' da aliança de inteligência capitaneada por Washington, a saber: Reino Unido, Canadá, Austrália e Nova Zelân-

---

224. O *USA Freedom Act*, sigla em inglês de *Uniting and Strengthening America by Fulfilling Rights and Ending Eavesdropping, Dragnet-collection and Online Monitoring Act*.

225. Revelações feitas por Edward Snowden, Julian Assange, Chelsea Manning, Jon Kiriakou e outros.

dia. Na França, o atentado ao jornal Charlie Hebdo (07/01/2015) serviu ao mesmo papel do 11 de setembro como pretexto para a aprovação de uma regulamentação análoga, senão pior, pois dá poderes a suas agências para espionar sem autorização da Justiça não só em investigações ligadas ao terrorismo, como em qualquer suspeita de caso criminal"[226].

Tribunais militares de exceção

Em 13 de novembro de 2001, o presidente George W. Bush instituiu por decreto tribunais militares de exceção[227], que podem julgar cidadãos estrangeiros suspeitos de haver participado de ações contra o Estado norte-americano ou cooperado com estas em qualquer parte do mundo, como também acusados de ter prejudicado gravemente os interesses políticos e econômicos do país. Nesses tribunais, não é necessário sustentar as acusações com base em provas, nem mesmo formalizar uma denúncia criminal, ou sequer informar o suspeito das acusações. Não é obrigatório o réu ser orientado ou representado por um advogado. A garantia do habeas corpus foi suspensa. Esses processos podem fluir em sigilo. As provas e confissões obtidas sob tortura, sem validade nos processos criminais ordinários, são admitidas nesses tribunais militares de exceção. A condenação à morte pode ser pronunciada por maioria de dois terços (dois juízes militares, entre três), e não por unanimidade, como é o caso nos tribunais da justiça ordinária. O acusado também não dispõe de nenhuma possibilidade de recurso judicial contra o veredito.

A razão de Estado e o alegado interesse da segurança nacional a tudo precedem, tendo sido preservada a intocabilidade dos seus agentes. Sucessivos governos norte-americanos já asseveraram, em dicção clara e peremptória, que o país não subscreverá o Tratado de Roma (1998), que instituiu o Tribunal Penal Internacional-TPI, incumbido de julgar, em instância derradeira, os crimes imprescritíveis contra a humanidade, o genocídio, os crimes de guerra e a agressão entre países. Na prática, isto significa que o decreto norte-americano dos tribunais militares de exceção colocou todos os cidadãos do planeta sob a jurisdição dos Estados Unidos e, ao mesmo tempo, excluiu todos os cidadãos norte-americanos de qualquer jurisdição internacional.

---

226. COSTA, Antonio Luiz M. C. A era dos bisbilhoteiros. Revista Carta Capital, 10 de junho de 2015, p. 42.
227. CHIESA, Giuletto. O arquipélago de prisões secretas da CIA. Le Monde Diplomatique, edição virtual, 08 de setembro de 2006.

Refugiados: repelidos ou confinados à distância

O século XXI também esclareceu que o direito fundamental de ir e vir entre as nações só mantém eficácia para indivíduos proprietários e consumidores, preferencialmente de pele clara. A Diretiva 2008/115-CE, conhecida como Diretiva de Retorno – ou, para os seus críticos, Diretiva da Vergonha – foi deliberada em junho de 2008 pela unanimidade dos quase 30 países da União Europeia, para criminalizar e promover a extradição forçada, inclusive por mera decisão administrativa, de imigrantes ou refugiados considerados em situação irregular nos países do bloco. Os atingidos pela expulsão ficam proibidos de retornar a qualquer dos países da Europa por um prazo, "em princípio", não superior a cinco anos. Como ato preparatório da extradição, o imigrante pode ser preso sem mandado judicial por até 18 meses. Crianças desacompanhadas podem ser deportadas para qualquer país, até para países distintos da sua origem familiar. Os direitos de refúgio e de asilo ficaram pendentes por um fio, e sempre à deriva das autoridades locais de cada país europeu. Para os refugiados de conflitos armados, de catástrofes naturais, de perseguições nacionais, do desabrigo ou da simples fome, o destino, via de regra, é o repatriamento forçado. Exceções correm por conta de eventuais conveniências dos países hospedeiros. A Alemanha, por exemplo, com a população autóctone em progressiva redução há décadas e em rápido processo de envelhecimento, passa por escassez de força de trabalho qualificada. Admitiu em 2020 o ingresso de milhares de refugiados da guerra entre o governo da Síria e os fundamentalistas do Estado Islâmico, quase todos com idade inferior a 25 anos, a maior parte deles com formação universitária ou receptivos à preparação técnica útil à indústria e aos serviços. A Suécia, sempre bem-apresentada, também admitiu um pequeno contingente de atormentados em fuga.

Mas, de modo geral, o direito à livre movimentação de pessoas só vem recuando no mundo. Paredões de alvenaria ou metálicos, cercas farpadas ou eletrificadas e outras modalidades de barreiras para humanos, experimentam notável incremento neste século. Muros que se alongam continuamente separam Estados Unidos do México, o México da Guatemala, Israel da Palestina e Israel do Egito. A barreira construída pelos Estados Unidos na fronteira com o México já beira 1.500 quilômetros de comprimento e continua se esticando pelo deserto. O Estado de Israel, na verdade, segue construindo três muralhas. A mais célebre delas forma um ziguezague que já tem quase 1.000 quilômetros de extensão, para deixar claro que os palestinos da Cisjordânia não são benvindos no setor ocidental israelense (na construção dessa barreira, Israel aproveitou e engoliu várias áreas historicamente habitadas ou cultivadas por palestinos). Outro muro israelense veda a passagem do Egito para o deserto do Sina. E a terceira barreira interpõe-se entre a faixa de Gaza, onde amontoam-se mais de 2 milhões palestinos, e o deserto do Neguev, território fortificado de Israel. O que esperar da vida em países que se cercam de muralhas e torres de metralhadoras? Esta é a mensagem simples e dura remetida: mercadorias e dinheiro têm livre trânsito pelas fronteiras; quanto aos seres humanos, somente os proprietários de mercadorias ou dinheiro.

As nações ricas, principalmente as europeias e as da América do Norte, até conseguiram certo êxito – não se sabe por quanto tempo – no empenho de impedir que multidões de refugiados em desespero invadissem em massa as suas fronteiras. Mas o que fazem com esses refugiados, que existem aos milhões e aumentam a cada ano? Resposta: desde a última década no século XX, eles vêm sendo confinados à força, indefinidamente, em centenas de campos de retenção, verdadeiros currais humanos espalhados pelo mundo.

Quanto à África, os governos europeus estabeleceram dois planos de contenção humana. O primeiro deles consiste em tentar impedir, quase inutilmente, que bolsões de fugitivos do norte africano atravessem o mar Mediterrâneo e alcancem a Espanha, Itália ou Grécia. Na porção subsaariana do continente, o plano é conter na região do Sahel as massas de expatriados, impedi-los de prosseguir a marcha a pé rumo ao Mediterrâneo. O Sahel compõe uma faixa quase ininterrupta de savanas e estepes razoavelmente verdes, com largura entre 500 e 700 quilômetros, logo abaixo do deserto do Sahara, que cruza a África no sentido do oeste a leste, do oceano Atlântico ao mar Vermelho, numa extensão de 5.400 quilômetros[228]. A entidade Partnership Framework on Emigration, órgão europeu encarregado de propor políticas (anti) imigratórias, coordena e financia medidas logísticas e policiais no Sahel e imediações, especialmente para reforço de fronteiras e retorno forçado de deslocados, e sustenta centros de retenção coletiva de imigrantes em países africanos contratados, países de passagem, como Níger, Ruanda e outros. Na prática, houve militarização das políticas migratórias. A Austrália cumpre função equivalente no seu entorno marítimo. A ilha de Nauru é uma minúscula república da Oceania,

---

228. O Sahel percorre Gâmbia, Senegal, sul da Mauritânia, centro do Mali, norte de Burquina Fasso, sul da Argélia, Níger, norte da Nigéria e de Camarões, centro do Chade, sul do Sudão, norte do Sudão do Sul, Eritreia e partes da Etiópia, Djibuti e Somália.

cujo único recurso natural, uma jazida de fosfato, esgotou-se por extração exaustiva no século XX. Para sobreviver, o pequeno país teve de aceitar ajuda financeira da Austrália, curvando-se, em troca, à exigência de sediar, desde 2001, um centro permanente de detenção, onde são metidos os refugiados de uma centena de territórios insulares que pretendiam ingressar no território australiano. Tornaram-se públicas denúncias de que refugiados foram forçados a permanecer no centro de contenção de Nauru já por cinco anos. Em suma, a ilhota tornou-se praticamente um presídio australiano. O Reino Unido também mantém programas análogos em algumas ex-colônias britânicas, atuais integrantes da Commonwhealth. Os Estados Unidos mantêm centros de retenção humana no Iraque, Jordânia, Afeganistão, Colômbia, Haiti, Peru, Panamá, Honduras, Equador, Belize, Costa Rica, México, Quênia, Ucrânia, Kosovo, Armênia e Tadjiquistão. Tudo, para manter os amargurados e famintos longe das fronteiras do Ocidente.

Todos esses depósitos humanos de apátridas são pouco menos do que penitenciárias a céu aberto. Os refugiados recebem água, alguma comida e barracas para se abrigar em grupos. São privados do direito de ir e vir, vigiados durante as noites e os dias, e não têm qualquer autonomia pessoal ou expectativa quanto ao seu próprio futuro. Comumente, mantêm-se prostrados, todas as esperanças perdidas, esqueléticos, esperando a morte. Mas, às vezes, inesperadamente, irrupções de exasperação fomentam revoltas e debandadas. Não se sabe quantos milhões de infelizes estão apresados nesses cercados humanos quase invisibilizados pela grande mídia do mundo. "O arquipélago global de gulags (de refugiados) é uma resposta bem estabelecida ao colapso da ordem em muitos Estados do mundo e aos efeitos empobrecedores e desestabilizadores de um capitalismo implacável que cambaleia de crise em crise. É um fenômeno global sistêmico que gerou uma forma de intergovernismo baseado na criação de currais humanos transnacionais para a detenção daqueles que já não gozam do mínimo da segurança política da cidadania"[229].

Um novo senso comum anti-humanista

Parece que foi há muito tempo: no entanto, na segunda metade do século XX, lutas por direitos civis, impulsionadas por formidáveis movimentos

---

229. HARRISON, Graham. Os gulags para refugiados do Ocidente. Reproduzido de Jacobin Brasil na Coluna Outras Mídias, do site *Outras Palavras*, edição de 17 de maio de 2022, acessada em 28 de maio de 2022, às 18:05 horas. Conferir em: www.outraspalavras.net

de massas, haviam obtido alguns memoráveis triunfos. Foram os casos da conquista da igualdade civil antissegregacionista pelos afro-americanos nos estados do sul dos Estados Unidos, na década de 1960; da derrota da dominação racista branca pela guerrilha africana na Rodésia (atual Zimbábue) em 1980; do final do apartheid na África do Sul no início da década de 1990; e de apreciáveis avanços em vários países quanto à igualdade de gêneros, direitos das mulheres e direitos de minorias organizadas, como povos originários e os movimentos dos LGBTQIAP+s.

Mas o advento do século XXI tudo deteve. A marcha-à-ré dos direitos individuais, à plena luz do dia, arremeteu-se sob a distraída complacência da ONU e da "comunidade" internacional, exceto pelas denúncias das esperáveis ONGs. Na passagem do século XX para o século XXI, também recuperaram fôlego a rançosa aversão geral europeia a imigrantes pobres do mundo inteiro, a islamofobia e a romanifobia. Até o proletariado europeu, assombrado pelo temor de perder seus empregos para os imigrantes, acabou rendendo-se à xenofobia da extrema-direita, e trocou a solidariedade de classe pela concorrência entre os trabalhadores. O suprematismo branco racista ganhou terreno nos Estados Unidos e na Europa. Boa parte das nações islâmicas ainda sustenta uma combinação tóxica de economia capitalista moderna, monarquias despóticas e fundamentalismo religioso intolerante. Emergiu também uma propensão social-eleitoral em diversos países para variantes de neofascismo (Hungria, Ucrânia, Áustria, Turquia, Polônia, Filipinas etc.), e até se assiste ao regurgitamento de um neonazismo escancarado em vários países, última flor venenosa desta época retrocessiva.

A crise econômico-financeira mundial do capitalismo, que se precipitou a partir de 2008, agravou essas tendências socialmente regressivas mundo afora. O desemprego no planeta deu um salto e a miséria se alastra, assim como as correspondentes concentrações de rendas, de empresas e de capitais. A desigualdade abre precipícios no corpo das sociedades. Bilhões de pessoas, vergadas pelo desalento, desistiram de recuperar ocupação contínua e vencer a miserabilidade, sobrevivem de sobras de mesas alheias. Deixam como herança para seus filhos a certeza da marginalidade social. Até a década de 1970, os filhos dos trabalhadores ao menos nutriam a esperança de que poderiam construir uma vida algo melhor do que a dos seus pais. Desde a década de 1980, os jovens sabem que suas vidas serão mais difíceis e mais incertas do que foram as dos seus progenitores.

Esse processo regressivo das várias dimensões dos direitos humanos contou com a complacência da comunidade internacional e de seus organismos multilaterais, e foi acompanhado com omissão culposa pela grande mídia, numa contínua e silenciosa conformação de um novo senso comum anti-humanista. Não importa quantos tratados internacionais de direitos humanos hajam sido celebrados em salões dourados, brindados com champanhe em taças de cristal. Entenda-se: esses direitos, tão solenemente proclamados, não são "universais" – ou melhor, só o são juridicamente – pois valem apenas para uma parcela da universalidade humana, a parcela que compõe os extratos superiores ou intermediários em riqueza ou poder, não para as multidões de pobres e de desempregados. A estes, são reservados os resíduos sociais: assistencialismo público e caridade privada. E repressão policial, claro.

Caminhando sob nevoeiro

Por um breve momento, pareceu que o traço distintivo do alvorecer do século XXI seria essa dupla superposição de crises, dos direitos econômico-sociais e das garantias individuais. Mas uma terceira crise chegava a galope – agora, ferindo o direito difuso da humanidade inteira de viver num planeta sadio e equilibrado: intensifica-se a degradação ambiental e ganhou velocidade o aquecimento global da Terra.

Estamos degradando o nosso habitat

A severa deterioração ambiental, produzida pelo empenho cego do capital de extrair lucros imediatos da atividade econômica, vinha sendo percebida havia tempos. Envenenamento por agrotóxicos do solo, do subsolo, do lençol freático, dos aquíferos e das águas superficiais – e dos seres humanos, inevitáveis consumidores das águas e dos alimentos de origem vegetal e animal produzidos nessas condições perniciosas. Gado, aves e peixes alimentados com rações corrompidas por hormônios e antibióticos, que se transferem para os humanos e provocam cânceres, resistência a tratamentos de infecções, inflamações crônicas, desarranjos hormonais e outros agravos à saúde. Poluição do ar, cuja respiração não podemos suspender, pelos gases venenosos expelidos pelas indústrias e pelos escapamentos dos veículos movidos a combustíveis fósseis (petróleo, gás, carvão mineral e vegetal). Esterilização das terras agricultáveis, pela prática desgovernada de monoculturas intensivistas, que rapidamente esgotam a fertilidade do solo. Derrubada das florestas e devastação dos ambientes naturais em geral, para a extração irresponsável de madeiras, implantação de pastagens, ou para a sempre fugidia expansão da fronteira agrícola, com os correspondentes avanços do ressecamento do solo e da desertificação[230]. Redução drástica da biodiversidade – extinção, a cada ano mais rápida, de milhares de espécimes – decorrente da dispersão de toxinas agrícolas, da destruição deliberada dos habitats e ecossistemas, da caça predatória e de mudanças climáticas antagonistas às formas de vida atual.

A geologia e a paleontologia evidenciaram que, nos últimos 450 milhões de anos, o planeta já testemunhou cinco épocas ou eventos catastróficos de extinção em massa das formas de vida, mas sempre por causas naturais determináveis[231]. Agora, os cientistas testemunham que, desde o século XIX, vem se desencadeando uma sexta época de supressão da biodiversidade no planeta, a uma taxa muito maior do que seria esperável naturalmente, já configurando, neste século XXI, uma carnificina ascendente e aferível. Foram muitas as publicações científicas que seguidamente constataram o desenvolvimento desse fenômeno. Num estudo conduzido pela Universidade do Havaí, por exemplo, publicado na revista científica Biological Reviews em 10 de janeiro de 2022, foi confirmado que "(...) diferentemente dos outros cinco períodos, causados por eventos naturais, este evento de extinção está sendo causado exclusivamente pela ação humana"[232]. Essa avaliação tornou-se consensual entre os biólogos, zoólogos e botânicos cientificamente idôneos. O quadro é inquietante, pois a extinção de cada espécie induz à extinção das espécies que com ela interagem no ciclo alimentar, deflagrando um processo em cadeia. Seus efeitos são irreversíveis, pois espécies desaparecidas não retornam jamais, impondo-se um empobrecimento geral da complexidade da vida.

Ademais, os recursos da natureza são evidentemente finitos, mas a economia capitalista é escrava da compulsão de forçar a extração e o consumo sem fim, até o esgotamento. Já em 1972, o relatório *Limits to Growth*, produzido pelo grupo de países do Clube de Roma, apontou a insensatez do crescimento econômico e populacional infinitos, porque seguramente esgotarão

---

230. Em 17 de junho de 1994, a ONU adotou a Convenção Para o Combate à Desertificação nos Países Afetados por Seca Grave e/ou Desertificação, Particularmente na África. Esse instrumento foi negociado durante a Conferência das Nações Unidas sobre o Meio Ambiente e o Desenvolvimento (ECO-92), realizada no Rio de Janeiro em 1992. Desde a sua adoção, essa Convenção não passou disto: um pedaço de papel com muitas assinaturas. A adoção das medidas enérgicas e necessárias de prevenção à desertificação choca-se com poderosos interesses econômicos contrários. A desertificação só vem progredindo.

231. As cinco grandes extinções em massa de formas de vida:
- Ordoviciano-Siluriano (443 milhões de anos atrás)
- Devoniano (entre 383 e 359 milhões de anos)
- Permiano-Triássico (há aproximadamente 250 milhões de anos)
- Triássico-Jurássico (há cerca de 200 milhões de anos atrás)
- Cretáceo- Paleógeno (65 milhões de anos atrás, fim abrupto do ciclo vital dos dinossauros não-aviários)

232. SARAIVA, Jacqueline. Sexta extinção em massa já ocorre no planeta Terra e a causa é inédita. Sítio eletrônico www.metropoles.com, edição de 17 de janeiro de 2022, acessado em 23 de abril de 2022

os recursos do planeta e o levarão ao colapso antes de 2070. Os números são fortes. Conforme o Fundo de População das Nações Unidas, a população do planeta chegou a 8 bilhões de pessoas em 2024, obviamente cindidas em desigualdades sociais e regionais extremas. E, desde a década de 1970, a humanidade vem produzindo um déficit ambiental, isto é, vem consumindo – desigualmente, de país para país – mais do que o planeta é capaz de regenerar. Segundo o *Global Footprint Network* (GFN)[233], esse excesso chegou, em 2021, a 74% a mais do que os ecossistemas conseguem suportar, registrando-se, contudo, uma tendência de elevação contínua dessa taxa[234].

Há também uma parceria delinquente que precisará ser superada numa sociedade que decida se libertar da impulsão ingovernável para o lucro e para o desperdício: a obsolescência industrial programada e a publicidade comercial.

Em todos os ramos industriais, disseminou-se o ardil tecnológico da obsolescência programada, ou seja, do encurtamento planejado da vida útil dos equipamentos, dos veículos, das utilidades domésticas e das máquinas em geral. Há laboratórios industriais especializados na realização de testes às avessas de resistência e de fadiga dos materiais, com vistas a envelhecer os produtos mais cedo. Descartar depressa, para vender depressa – eis o lema! Talvez a imagem mais expressiva dessa conduta econômica antissocial seja a da lâmpada mais antiga do mundo, a chamada "Centennial Bulb", um foco de luz elétrica instalado no quartel do corpo de bombeiros da cidade de Livermore, na Califórnia. Essa lâmpada, fabricada em 1897 pela Shelby Eletronic Company e acesa em 1901, permanece em funcionamento, sem interrupções ou reparos, até este terceiro decênio do século XXI, vigiada por câmeras desde a década de 1930. Sua potência diminuiu um pouco com o tempo. Tornou-se um ponto de visitação turística. Ou seja: desde o final do século XIX, a indústria elétrica já dominava uma tecnologia capaz de produzir uma lâmpada para durar mais de 120 anos[235]. Mas o bem-sucedido empenho desse ramo industrial conseguiu reduzir a vida útil das lâmpadas para alguns míseros anos na atualidade, malgrado a adoção da tecnologia LED. O exato inverso de um propósito científico libertador e de um compromisso estatal com o bem-estar humano. A

---

233. Global Footprint Network (GFN) é uma instituição não-governamental e sem fins econômicos, fundada em 2003, com sedes nos EUA, Bélgica e Suíça, destinada a pesquisar e produzir conhecimentos para a defesa ecológica da Terra.

234. NETO, Antônio Sales Rio. A crise planetária e as crises da democracia. Sítio eletrônico *A Terra é redonda*, edição de 23 de abril de 2022.

235. Há muita informação sobre este fato na rede mundial de computadores. Por exemplo: O enigma da lâmpada que funciona desde 1901, https://www.bbbc.com/portuguese/geral-44612144, acessado em 12/04/2022.

prática da obsolescência programada disseminou-se por todos os ramos industriais desde, ao menos, a década de 1920, quando a General Motors assumiu o propósito público de convencer os consumidores a trocar de carros todos os anos, substituindo-os sempre pelo "último modelo". Desde então, proliferaram os lúgubres cemitérios de automóveis nos EUA.

O descarte sistemático de mercadorias e matérias primas, gerador de desperdício e acumulador de toneladas de resíduos poluidores (lixo tecnológico, químico, industrial, orgânico etc.), anda de braços dados com a publicidade comercial, cada vez mais imaginativa e convincente, por meio da qual imagens, sons e sugestões de sedução adicionam à nossa fantasia necessidades falsas, proliferando o consumo compulsivo, ostentatório e referenciado em status social. Nas roupas, a moda impõe substituições anuais de modelos. Nos alimentos, produtos ultraprocessados e saturados de aditivos químicos (corantes, aromatizantes, adoçantes sintéticos, acidulantes, conservantes, derivados de petróleo, aglomerantes, dentre outras porcarias) substituem com desvantagem a nutrição natural, fazendo-nos ingerir cores, sabores e odores falsificados, engendrados quimicamente, e não raro carcinogênicos ou indutores de morbidades permanentes (hipertensão, diabetes, obesidade, aterosclerose etc.). Nas indústrias de hardwares, de softwares, de smartvs, smartfones e assemelhados, os consumidores já são assediados pela tentação de praticar enjeitamentos a prazos cada vez mais curtos, até anuais. Os automóveis da atualidade descartam-se como latas velhas em poucos anos, já na sua fabricação são crescentemente empregados materiais não-duráveis. E a tendência predominante nas indústrias é deixar de fabricar peças de reposição, ao menos quanto aos produtos de uso individual ou familiar: por mínima que seja uma avaria, descarta-se e repõe-se o objeto inteiro. Resíduos plásticos de todos os formatos e composições químicas acumulam montões de rejeitos em terra e aglomeram enormes ilhas tóxicas nos mares. Florestas transformadas em papel/papelão apodrecem ou dispersam-se em fumaça. A ferocidade concorrencial ejeta do mercado as empresas que ousem tentar converter-se em ecologicamente sustentáveis. Desfila diante dos nossos olhos essa marcha sem fim de insensatez ambiental, sanitária e social – conquanto, muito lucrativa.

O aquecimento global da Terra

Ademais, nas últimas décadas do século XX foi emergindo a percepção de que batia à nossa porta uma nova e perigosíssima ameaça às atuais formas de vida: a elevação mortífera da temperatura média no planeta, decorrente do acelerado agravamento do efeito estufa. Algum efeito estufa sempre existiu, é gerado pelo acúmulo na atmosfera de certos gases – dióxido de carbono, metano, ozônio, ácido nitroso, clorofluorcarbono-CFC – que funcionam como uma cobertura retentora que impede a devolução total para o espaço exterior do calor solar que chega à superfície da Terra. Até certo nível, o efeito estufa estabiliza as temperaturas em limites favoráveis à continuidade da vida. Rompido o seu teto, instaura-se o processo de aquecimento global do planeta: a temperatura média eleva-se descontroladamente, interage nocivamente com a atmosfera, a hidrosfera e a biosfera, e passa a gerar morte em massa, em vez de preservar a vida multiforme.

Essa marcha cataclísmica entrou em curva ascendente desde meados do século XX, conforme atestam, dentre outros, os relatórios anuais do Painel Intergovernamental Sobre Mudanças Climáticas da ONU. Seus efeitos vêm sendo observados e medidos pelos cientistas. Confirma-se o implacável derretimento das calotas polares e das outrora sólidas placas de gelo terrestre da Antártida, da Groenlândia, do Alasca, dos arquipélagos do mar Ártico, e dos supostamente eternos depósitos de neves das cordilheiras altas de todos os continentes (Andes, Alpes, Himalaia, Urais, Atlas, Rife, Pirineus etc.), com a decorrente elevação do nível dos oceanos, a sorrateira submersão das faixas litorâneas continentais e o desaparecimento das ilhas de altitude menor. Descongelamento do imensurável *permafrost* boreal[236], com o desprendimento de trilhões de toneladas de gases de efeito estufa que haviam ficado ali encarcerados durante eras geológicas, e a sequente libertação de bilhões de microrganismos potencialmente nocivos, dormentes há séculos ou milênios. Tempestades inclementes e incêndios devastadores por quase toda parte. Furacões e tornados em áreas onde nunca existiram, até no cone da América do Sul. Ressacas persistentes e interrupções recorrentes da navegação nos entornos portuários. Inundações calamitosas, secas prolongadas e outros distúrbios climático-ambientais extremos que nada têm de inesperados.

A cada verão, os agouros do ano anterior convertem-se em pesadelos piores, com temperaturas cada vez mais insuportáveis em regiões outrora amenas. Desde o início do século XXI, nos verões do hemisfério norte, as temperaturas vêm constantemente ultrapassando 40°C, o que era inédito.

---

236. Permafrost: solo e subsolo milenarmente congelados do hemisfério norte, especialmente na Sibéria, Canadá, Alaska e adjacências que, em algumas regiões, pode chegar até a centenas de metros de profundidade. Enquanto congelado, o permafrost retém quase 1,7 trilhão de toneladas de carbono, o que corresponde a quase o dobro do dióxido de carbono (CO^2) presente na atmosfera na terceira década do século XXI.

Na Europa, as mortes por calor extremo aumentam todos os verões. Icebergs do tamanho de cidades desprendem-se de seus ancoradouros naturais árticos e antárticos e são levados pelas correntes oceânicas, como navios fantasmas descomunais. Até os chamados "ecocéticos" e os "céticos do clima" mais honestos gaguejam à busca de explicações que pudessem, supostamente, absolver o modelo industrial capitalista de sua ação deletéria contra a natureza.

Os três principais fatores objetivos responsáveis pelo aumento da concentração na atmosfera dos gases retentores de calor são a queima de combustíveis fósseis (petróleo, gás, carvão mineral e vegetal) pela indústria e pelos veículos de motores a explosão, a derrubada/queimada das florestas e de outros mantos de vegetação, e a criação de gado em geral (bovino, caprino e ovino). A queima de combustíveis fósseis libera dióxido de carbono (CO^2) um gás poderosamente indutor do efeito estufa e sufocante do sistema respiratório humano. As florestas, ao contrário, ao realizarem a fotossíntese, capturam e sequestram da atmosfera imensas quantidades de dióxido de carbono e o aprisionam na forma de celulose e carboidratos, principalmente na sua massa lenhosa. As matas, principalmente as matas tropicais, também abastecem a atmosfera da umidade indispensável ao regime de chuvas e conferem estabilidade à temperatura. Já o gado, dedica-se ao oposto: na digestão dos alimentos, produz metano (CH_4), gás retentor de calor na atmosfera, continuamente liberado pela flatulência e pelos excrementos expelidos pelos ruminantes. Ademais, as bilhões de cabeças de gado no mundo demandam a incessante expansão de áreas para pastos – entenda-se: novos desmatamentos e redução das terras para cultivos de alimentos de consumo humano.

Mais do que em épocas anteriores, o século XXI vem comprovando que a lógica do capital, fundada na produção infinita de mercadorias para acumular lucros infinitamente, conduz à apropriação/destruição interminável e descontrolada dos recursos da natureza. Essa honra ao dinheiro-deus a qualquer custo não consegue modificar a sua natureza de escorpião. É, geneticamente, incompatível com a adoção das medidas – enérgicas, mundiais, restritivas, impositivas e permanentes – que poderiam deter a marcha da degradação planetária e climática e iniciar a reversão desse insensato processo destrutivo. Admite, quando muito, medidas cosméticas ou intervenções pontuais, mesmo assim, se forem também lucrativas. São os casos, dentre outros, das miseráveis "metas" climáticas pactuadas internacionalmente a perder de vista[237], para reduzir as emissões de gases poluentes da atmosfera ou para, supostamente, deter a devastação das florestas e a poluição dos rios e mares; das campanhas pontuais para salvar espécimes bonitinhos eleitos por ONGs e pela mídia; do ínfimo volume de madeira

---

237. Os encontros e pactos internacionais mais relevantes sobre o clima foram os seguintes:
- Primeira Conferência de Estocolmo (1972). A Conferência das Nações Unidas Sobre o Meio Ambiente Humano foi a primeira grande reunião de países e organizações não-governamentais a constatar e advertir sobre a gravidade da degradação ambiental, embora a questão climática ainda não estivesse em sua pauta. Essa Conferência adotou A Declaração de Estocolmo e o Plano de Ação Para o Meio Ambiente Humano. Alertou para o padrão de consumo perdulário e produtor de intermináveis desperdícios das nações ricas do hemisfério norte. E fez aflorar também a percepção internacional de que o Brasil não parecia capaz de preservar o seu patrimônio natural.
- Acordos de Kyoto (1997) – Encontro de governos para estabelecer medidas e metas de redução das emissões de gases produtores do efeito estufa. Mas amarrou-se a um método de ação que logo se mostraria destinado ao fracasso, porque inteiramente dependente das forças em ação no mercado mundial: o comércio de créditos de carbono. Os países que, dali por diante, reduzissem as emissões daqueles gases, geralmente países subdesenvolvidos, obteriam certificados, que poderiam ser comprados pelos países industrializados mais poluidores, o que, hipoteticamente, levaria os países poluidores a financiar contrapartidas preservacionistas de florestas e de outros meios ambientes nos países em desenvolvimento. Na prática, isso significou que os países ricos e poluidores compravam o "direito" de continuar poluindo a atmosfera. A lógica do mercado nunca esteve interessada em metas redutoras da emissão dos gases.
- Conferência de Copenhage (2009), teve resultado praticamente zero, por absoluta falta de disposição das nações industriais em comprometer-se com metas práticas de redução das emissões de gases poluentes.
- Conferências da Organização das Nações Unidas para o Desenvolvimento Sustentável: Eco-92 (1992) e Rio+20 (2012). Realizadas no Rio de Janeiro, com participação de 102 chefes de Estado em 1992, e de praticamente todos os países integrantes da ONU em 2012. Estabeleceram Convenções específicas (Diversidade Biológica, Desertificação, Mudança do Clima, Florestas, Meio Ambiente e Desenvolvimento, e Agenda 21). Seus resultados práticos ainda deixam a desejar.
- Convenção-Quadro da ONU Sobre Mudança do Clima (1992). Resultante da ECO-92, impulsionou o debate intergovernamental sobre o aquecimento global e estabeleceu as sucessivas reuniões da Conferência das Partes (COP, da sigla inglesa).
- Acordo de Paris (2015). Pôs o dedo diretamente na ferida aberta: estabeleceu como meta global evitar que a temperatura média do planeta suba além de 1,5 graus em relação à era pré-industrial, máximo limite tolerável para a vida no planeta. Para isso, os governos subscritores impuseram-se objetivos de redução de emissões de gases de efeito estufa, restrição aos desmatamentos, restauração de matas degradadas e reflorestamentos, adoção de tecnologias "limpas" nas indústrias e nos transportes etc. Mas quase nenhum governo ou país cumpriu integralmente a maioria dessas promessas. O Brasil comprometeu-se a reduzir em até 50%, antes de 2030, as suas emissões de gases de efeito estufa. Ficou muito longe de cumprir essa meta.
- Acordo Regional de Escazú para América Latina e Caribe sobre Acesso à Informação, Participação Pública na Tomada de Decisão e Acesso à Justiça em Matéria Ambiental (março/2018). Único acordo internacional com natureza jurídica vinculante emanado da Rio+20 (2012). Dispôs sobre a cidadania ecológica e o controle social de atividades públicas e privadas predatórias da natureza. Proclamou os princípios da proibição do retrocesso, da progressividade e da equidade intergeracional em matéria ambiental. É o primeiro acordo internacional a prever a proteção dos defensores dos direitos humanos em assuntos ambientais. Normativamente, configurou avanços importantes. A ver na prática.
- Segunda Conferência de Estocolmo+50 (junho de 2022). Provavelmente haja sido o encontro ambiental-climático com maior participação, pois contou com centenas de eventos paralelos, webinars e consultas regionais anteriores à Conferência, que envolveram milhares de pessoas em todos os continentes. Concluiu com uma Declaração que concitou a comunidade mundial a: colocar o bem-estar humano no centro de um planeta saudável para todos e todas; reconhecer e implementar o direito a um meio ambiente ecologicamente equilibrado, saudável e sustentável; adotar mudanças sistêmicas na forma como o sistema econômico atual funciona; e acelerar as transformações de setores de alto impacto ecológico. É cedo para avaliar os resultados dessa Conferência internacional.

com "origem certificada"; da marginal agricultura "orgânica" para o consumo da classe média ilustrada; e das tentativas de reduzir o consumo de combustíveis fósseis mediante a ampliação de monoculturas extensivas (cana, milho, soja etc.) produtoras de biocombustíveis (biodiesel, etanol etc.) – monoculturas que, mecanizadas, expandem o desemprego, degradam o solo e os lençóis freáticos, e apoderaram-se de áreas de cultivo de alimentos, cujos preços ingressaram em curva ascendente mundial desde o final do século XX. A substituição da matriz energética fundada em combustíveis fósseis por energias renováveis e não poluentes, sem gases exasperadores do efeito estufa, e causadoras de impactos agressivos muito menores ao meio ambiente, como as energias eólica, solar, geotérmica, maremotriz e ondomotriz, são soluções tecnicamente óbvias e há muito disponíveis, mas ganham terreno a passo de tartaruga devido à sua lucratividade comparativamente menor. Em contrapartida, poluir, envenenar, devastar, desperdiçar recursos e obrigar o planeta a ferver até quase abrasar são atividades econômicas altamente rendosas. O capitalismo não consegue renunciar a elas.

Se fosse escrever a sua bela literatura nos dias de hoje, Ernest Hemingway teria de alterar o título de uma de suas mais célebres novelas: *As neves do Kilimanjaro*[238]. Esse pico, o mais alto da África, antigo vulcão adormecido, com majestosos quase 6.000 metros de altura, fixou residência no norte da Tanzânia, quase na fronteira com o Quênia, repousando a um pequeno passo da linha do Equador. Até o início do século XX, esteve quase inteiramente vestido com um glorioso manto de neve compactada pelos milênios. Mas, nos últimos cem anos, o aquecimento global já derreteu mais de 90% da sua outrora resplandecente vestimenta branca, que se supunha perene. Resta só um pouquinho de neve, lá no alto. Em poucos anos, o velho Kilimanjaro ficará completamente nu[239]. A novela de Hemingway precisará de uma nota de rodapé para os leitores entenderem o seu título.

A sobrevivência humana neste pequeno planeta

A comunidade científica internacional, por suas instituições autorizadas e pesquisadores idôneos (há negacionistas, a soldo de fábricas de agrotóxi-

---

238. A novela *As neves do Kilimanjaro* tornou-se roteiro do filme de mesmo nome (1952), dirigido por Henry King, estrelando Ava Gardner, Susan Hayward e Gregory Peck. O filme foi várias vezes premiado.
239. Conforme a revista científica multidisciplinar Proceedings of the National Academy of Sciences, edição de outubro de 2009, www.pnas.org . Conferir também em https://projetocolabora.com.br ou em https://www.cnnbrasil.com.br.

cos, de motosserras e de veículos a gasolina e óleo diesel), chegou ao consenso de que, neste século XXI, ingressamos na antessala de uma catástrofe ambiental e climática sem precedentes para a humanidade. O aquecimento global aproxima-se de ultrapassar o ponto de não-retorno, arremetendo a uma elevação descontrolada da temperatura e suscitando um quadro incompatível com a quase totalidade das formas de vida conhecidas, como não ocorria no planeta há pelo menos uns 65 milhões de anos.

"Os cientistas dizem que é culpa do ser humano, que o aquecimento global é resultado da ação humana. Os geólogos dizem que estamos entrando numa nova era geológica chamada Antropoceno. Isto é, uma era geológica em que a situação do planeta, o clima, depende da ação humana e está sendo transformado por ela. Essa explicação é cientificamente correta, mas é um pouco limitada politicamente. Isso porque a humanidade já vive no planeta há algumas dezenas de milhares de anos, desde que apareceu o Homo Sapiens, e o problema do aquecimento global, essa acumulação de gases na atmosfera, vem da Revolução Industrial. Começou em meados do século XVIII, quando esses gases foram se acumulando, e se intensificou enormemente nas últimas décadas, as décadas da globalização capitalista neoliberal. Portanto, o culpado dessa história não é o ser humano em geral, mas um modo específico de desenvolvimento econômico, industrial, moderno, capitalista, globalizado, neoliberal: esse é o responsável pela atual crise ecológica e pela ameaça que pesa sobre a humanidade"[240].

Alcançaremos alguma modalidade de capitalismo "limpo", que deixe de ser inimigo do planeta e da vida que nele se abriga? "O pretenso capitalismo verde não passa de uma manobra publicitária, de uma etiqueta que visa vender uma mercadoria ou, na melhor das hipóteses, de uma iniciativa local equivalente a uma gota de água sobre o solo árido do deserto capitalista"[241]. O capitalismo, por irresistível necessidade imposta pela concorrência inter-monopolista, busca obter a lucratividade máxima em prazo mínimo, não importando se isso deixar ruína, degradação ambiental, desperdício, morte.

Aliás, a propósito de lucratividade, nada se compara à indústria armamentista. Periodicamente, o sistema capitalista necessita engendrar guerras. A criação e a destruição são faces sincrônicas do mesmo sistema social do capital. Tanto direta, como indiretamente, as guerras dinamizam a econo-

---

240. LÖWY, Michael. Razões e estratégias do ecossocialismo. Conferência de abertura do Seminário ABONG 20 Anos, São Paulo, 19-20 de setembro de 2011. ABONG: Associação Brasileira de Organizações Não-Governamentais.
241. LÖWY, Michael. *O que é o ecossocialismo*. 2 ed. São Paulo: Cortez Editora, 2022.

mia inteira do país guerreiro – quando não a destroem – e dos países que vendem armas para as nações briguentas. Uma guerra começa queimando os estoques encalhados de munições e de armas e, ao repô-los, revigora todo o ciclo econômico, desde o consumo acelerado de matérias primas minerais até a ativação intensíssima das indústrias químicas, mecânicas, metalúrgicas, eletrônicas e informacionais mais refinadas. Isso, para não falar na destruição bruta que os combates e bombardeios causam, destruição tão aguardada pelos impacientes empresários da vantajosa indústria monopolista da reconstrução civil. As guerras retiram o sistema capitalista das suas crises econômicas cíclicas. A Grande Depressão, iniciada com a quebra da bolsa de valores de Nova Iorque em outubro de 1929, só terminou efetivamente quando foi dada a partida ao morticínio e à destruição de cidades da Segunda Guerra Mundial. A indústria da matança é incomparavelmente mais atrativa ao capital do que atender às necessidades vitais básicas da humanidade. Trilhões de dólares são gastos todos os anos no mundo com equipamentos bélicos cada vez mais caros e crescentemente mortíferos. Investir uma fração disso em programas de segurança alimentar, de diversificação agrícola e de promoção social bastaria para acabar com a fome do mundo em alguns anos e com a miséria extrema em uma década.

A propósito de fome, um relatório divulgado em 06 de julho de 2022 pela FAO (Organização das Nações Unidas para a Alimentação e Agricultura), registrou que 2,3 bilhões de pessoas no mundo (29% da população global, quase um a cada três indivíduos) estavam, em 2021, afetadas por insegurança alimentar grave, moderada ou extrema, dentre as quais 828 milhões passando fome no sentido mais estrito – isto é, acordam e passam o dia com privação alimentar, sem garantia de fazer uma refeição antes de desfalecer. As regiões mais afetadas estão na África, América Latina e Ásia, mas destacam-se notáveis exceções, como a gigantesca China e a pequenina Cuba, que conseguiram abolir o drama social da fome já no final do século XX. O Brasil, após um curto período fora do Mapa da Fome da ONU (segundo governo Lula e primeiro governo Dilma), retornou a essa condição desde 2015. Essa situação experimentou um movimento alarmante de piora nos anos subsequentes, chegando, em 2021, a mais de 61,3 milhões de brasileiros que enfrentavam algum grau de insegurança alimentar, dos quais 15,4 milhões padecendo de fome severa. O mundo distancia-se cada vez mais de alcançar a meta, definida em 2015 pela ONU, de acabar com a fome até 2030. A estimativa da própria FAO é de que, nessa data, mais de 670 milhões de seres humanos ainda sofrerão de fome severa. Circunstâncias eventuais, como guerra localizada, estiagem intensa ou epidemia, certamente podem agravar o quadro, mas o fator mais decisivo tem sido o acentuado empobrecimento, ou longa permanência na miséria, de parcela montante da população mundial.

O modo de produção capitalista já não tinha mais a quem transferir as responsabilidades pelos danos montantes que causa à natureza deste pequeno astro, em relação ao qual os humanos ainda não encontraram alternativa para viver. E, no mínimo desde meados do século XX, o sistema econômico e social do capital igualmente não tem a quem repassar as responsabilidades pela gradativa transformação da nossa atmosfera numa estufa escaldante, em risco de tornar-se inabitável para a humanidade. O sistema mundial do capital tornou-nos reféns do que os cientistas da natureza já denominam uma tripla crise planetária: poluição generalizada e contaminação por resíduos na terra, no ar e nas águas; aquecimento descontrolado da atmosfera; e perdas irreparáveis dos ambientes naturais e da biodiversidade. "Hoje em dia, somos todos passageiros de um trem, que é a civilização capitalista, industrial, ocidental, moderna. Esse trem está indo, com uma rapidez crescente, em direção ao abismo. Lá na frente, há um buraco que se chama aquecimento global e crise ecológica. Não se sabe a quantos anos de distância se encontra esse abismo, mas ele está lá. Portanto, a questão é parar esse trem suicida e mudar de direção. É o desafio colocado pela proposta ecossocialista"[242].

O sistema econômico e social capitalista nada mais tem de libertador a oferecer à humanidade. Sua lógica de predador insaciável de homens, de coisas e da natureza, sua inescapável obsessão acumulativa-destrutiva, inerente à concorrência descontrolada e à busca do lucro a prazo curto, não lhe permite mudar de rumo, sequer moderá-lo. O capital, agora se sabe, é ingovernável.

Os direitos humanos que realmente preservou desde os tempos da primeira Revolução Industrial são, sobretudo, aqueles direitos civis proveitosos à atividade econômica do sistema, inaugurados pelo liberalismo clássico e retomados com renovada voracidade pelo neoliberalismo, ou seja:
- garantia à propriedade privada dos meios sociais de produção
- preservação da igualdade jurídico-formal entre os sujeitos de direito, para que celebrem entre si contratos e concluam os negócios
- garantia à possibilidade de exploração do homem pelo homem, preferencialmente mediante contrato de trabalho

242. LÖWY, Michael. Razões e estratégias do ecossocialismo. Conferência citada.

- salvaguardas à reprodução ampliada do capital (sobrevalorização do valor), à livre circulação das mercadorias e à livre acumulação de riquezas
- segurança jurídica, afiançada pelo Estado, para que o sistema funcione.

É o quanto basta. Direitos políticos podem ou não existir: tanto faz democracia ou ditadura, liberdades políticas, liberdade de expressão ou neofascismo absurdamente interditivo. O capital não se abala com esses incômodos, reveza-os conforme a conveniência de acumulação de cada conjuntura – isto, a História já demonstrou. Quanto aos direitos econômicos e sociais dos trabalhadores, floresceram quando o capital esteve sob ameaças, trata-se agora de fazê-los regredir, empurrá-los aos poucos de volta ao século XIX.

O capitalismo e sua classe dominante cumpriram um papel histórico transformador, foram alavancas que impulsionaram a humanidade para além do feudalismo, do absolutismo, da produção artesanal e da estagnação pré-científica dos saberes. Livraram os direitos humanos do confinamento filosófico da Antiguidade, convertendo-os, desde o século XVIII, em projeto político de transformação revolucionária da sociedade. Há tempos, contudo, esse modo social de produção passou a cumprir a função de entrave às demandas humanas por liberdade e igualdade reais, e agora arrisca até a nossa sobrevivência. Tornou-se hostil ao pensamento crítico e crescentemente cético da racionalidade. Reduz a democracia política a ritos formais intermitentes, nos quais tanto a representação quanto a soberania popular se esvaziam.

Como sucedeu com os modos sociais de produção anteriores, o capitalismo comparece agora ao final do seu ciclo histórico. Decaiu em crise estrutural, permanente e prolongada, reiteradamente estremecido por espasmos econômicos que, a cada vez, impõem sofrimentos maiores para milhões de pessoas. No crepúsculo do sistema do capital, abre-se uma época de insegurança e inquietações, um tempo de passagem, sabe-se lá para onde. Para um mundo novo?

Para além do capital

Enfim, aqui chegamos, a esta tríplice superposição de impasses dos direitos humanos no mundo. Crise dos direitos econômico-sociais dos trabalhadores, desde a década de 1980. Crise das garantias individuais, a partir do nascimento do século XXI. E, por fim, soturnas ameaças climático-ambientais à sobrevivência humana neste pequeno planeta.

O sistema derivou para um movimento errático, nas cercanias de despenhadeiros profundos. À nossa volta, este nevoeiro espesso, de visibilidade pouca. Ameaças adicionais podem estar de tocaia nessas brumas. Uma delas é o novo fascismo, fera assassina que se reapresenta sempre que as sociedades estremecem. Outro perigo é a conflagração universal, a última das guerras.

Em contrapartida, a bússola da emancipação humana insiste em continuar apontando no sentido de avançarmos para além do capital. É o desafio que a contemporaneidade recoloca ao gênero humano, como nos oferecendo a derradeira oportunidade de revertermos a barbárie social triunfante, dissiparmos a distopia e resgatarmos laços civilizacionais fundados na cooperação e na solidariedade. Energias humanas demoradamente represadas poderão transbordar novamente, em busca de um mundo deveras novo e, quem sabe, ao alvorecer, poderemos participar da confraternização entre igualdade social, libertação individual, salvação ecológico-climática e paz na Terra entre as nações.

ANEXO

ANEXO

Recomendações da Comissão Nacional da Verdade ao Estado brasileiro [243]

1 - Reconhecimento, pelas Forças Armadas, de sua responsabilidade institucional pela ocorrência de graves violações de direitos humanos durante a ditadura militar (1964 a 1985);

2 - Determinação da responsabilidade jurídica (criminal, civil e administrativa) dos agentes públicos que causaram graves violações de direitos humanos ocorridas no período investigado;

3 - Proposição pela administração pública de medidas administrativas e judiciais contra agentes públicos cujos atos que geraram a condenação do Estado em decorrência da prática de graves violações de direitos humanos;

4 - Proibição da realização de eventos oficiais em comemoração ao golpe militar de 1964;

5 - Reformulação dos concursos de ingresso e dos processos de avaliação contínua nas Forças Armadas e nas polícias, para valorizar o conhecimento dos preceitos inerentes à democracia e aos direitos humanos;

---

243. Cf. páginas 964-975 do Relatório entregue pela Comissão Nacional da Verdade-CNV, em 10 de dezembro de 2014, à senhora Presidente da República Dilma Vana Roussef. In: <http://cnv.memoriasreveladas.gov.br>.

6 - Alteração dos currículos das academias militares e policiais, para a promoção da democracia e dos DHs;

7 - Retificação da causa de morte a pessoas mortas em decorrência de graves violações de direitos humanos;

8 - Retificação de informações na Rede de Integração Nacional de Informações de Segurança Pública, Justiça e Fiscalização (Rede Infoseg) e, de forma geral, nos registros públicos;

9 - Criação de mecanismos de prevenção e combate à tortura;

10 - Desvinculação dos institutos médicos legais e órgãos de perícia criminal, das secretarias de segurança pública e das polícias civis;

11 - Fortalecimento das Defensorias Públicas;

12 - Dignificação do sistema prisional e do tratamento dado ao preso;

13 - Instituição legal de ouvidorias externas no sistema penitenciário e nos órgãos a ele relacionados;

14 - Fortalecimento de Conselhos da Comunidade para acompanhamento dos estabelecimentos penais;

15 - Garantia de atendimento médico e psicossocial permanente às vítimas de graves violações de DHs;

16 - Promoção dos valores democráticos e dos direitos humanos na educação;

17 - Apoio à instituição e ao funcionamento de órgão de proteção e promoção dos direitos humanos;

18 - Revogação da Lei de Segurança Nacional;

19 - Aperfeiçoamento da legislação brasileira para tipificação das figuras penais correspondentes aos crimes contra a humanidade e ao crime de desaparecimento forçado;

20 - Desmilitarização das polícias militares estaduais;

21 - Extinção da Justiça Militar estadual;

22 - Exclusão de civis da jurisdição da Justiça Militar federal;

23 - Supressão, na legislação, de referências discriminatórias das homossexualidades;

24 - Alteração da legislação processual penal para eliminação da figura do auto de resistência à prisão;

25 - Introdução da audiência de custódia, para prevenção da prática da tortura e de prisão ilegal;

26 - Estabelecimento de órgão permanente para dar seguimento às ações e recomendações da CNV;

27 - Prosseguimento das atividades voltadas à localização, identificação e entrega aos familiares ou pessoas legitimadas, para sepultamento digno, dos restos mortais dos desaparecidos políticos;

28 - Preservação da memória das graves violações de direitos humanos;

29 - Prosseguimento e fortalecimento da política de localização e abertura dos arquivos da ditadura militar

Bibliografia

ABBAGNANO, Nicola. *Dicionário de filosofia*. São Paulo, Martins Fontes, 1998.

ALLEG, Henri. *A tortura*. São Paulo: editora Todavia. Edição do século XXI, sem data anotada.

ALMEIDA, Paulo Roberto de. Brasileiros na Guerra Civil espanhola: combatentes na luta contra o fascismo. *Revista de Sociologia e Política* SciELO nº 12, junho de 1999, da Universidade Federal do Paraná.

ARBEX JR., José. *Quantos diamantes valem os mortos do Congo?*. In: Revista *Caros Amigos*. São Paulo: Casa Amarela, julho de 2000.

ARNS, Dom Paulo Evaristo. *Brasil: Nunca Mais*. Editora Vozes. São Paulo: 1985.

AUMERCIER, Sandrine; BOYT-BUNEL, Benoît; e HOMS, Clément. Sítio eletrônico www.aterraeredonda.com.br Edição de 15/05/2022

BANDEIRA, Luiz Alberto Moniz. *Formação do Império Americano*. 4 ed. Rio de Janeiro: Editora Civilização Brasileira, 2014.

____. *O governo João Goulart*. 8 ed. São Paulo: Editora UNESP, 2010.

BARRACLOUGH, Geoffrey. *Atlas da História do Mundo*. Publicado originalmente em Londres pela Times Books, 1993, e no Brasil pela Empresa Folha da Manhã S.A., São Paulo: 1995.

BOBBIO, Norberto. *A era dos direitos*. Rio de Janeiro: Campus, 1992.

BONAVIDES, Paulo. *Do Estado Liberal ao Estado Social*. 6 ed. São Paulo: Malheiros, 1996.

BOURGEOIS, Bernard. *Marx et les droits de l'homme*. In: *Droit et liberté selon Marx*. Tradução de Bernadete T. C. Janny. Paris: Presse Univer-sitaires de France, 1986.

BREDIN, Jean-Denis. *O caso Dreyfus*. São Paulo: Scritta, 1995.
BRUNETEAU, Bernard. *O século dos genocídios*. Lisboa: Instituto Piaget. 2004.
BRYDER, Linda. *A history of the 'Unfortunate Experiment'*. Editora Eurospan, 2009.
CHIESA, Giuletto. O arquipélago de prisões secretas da CIA. *Le Monde Diplomatique*, edição virtual, 08 de setembro de 2006.
COMISSÃO Especial Sobre Mortos e Desaparecidos Políticos da Secretaria Especial dos Direitos Humanos da Presidência da República. *Direito à Memória e à Verdade*. Brasília: 2008.
COMISSÃO de Familiares de Mortos e Desaparecidos Políticos. *Dossiê dos Mortos e Desaparecidos Políticos no Brasil*. Imprensa Oficial do Estado de São Paulo: 2009
COMISSÃO Municipal da Verdade Vladimir Herzog. Câmara Municipal de São Paulo. *Relatório Final*. Imprensa Oficial do Estado de São Paulo: 2013.
COMISSÃO da Memória e da Verdade. Prefeitura do Município de São Paulo. *Relatório*. São Paulo: 2016.
COMISSÃO Nacional da Verdade - CNV. *Relatório Final*: http://cnv.memoriasreveladas.gov.br
COMISSÃO da Verdade do Estado de São Paulo "Rubens Paiva". Assembleia Legislativa do Estado de São Paulo. *Relatório Mortos e Desaparecidos*. São Paulo: 2015. http://comissaodaverdade.al.sp.gov.br
____. *Infância Roubada – Crianças atingidas pela Ditadura Militar no Brasil*. São Paulo: 2014.
COMTE, Auguste. *Curso de filosofia positiva*. São Paulo: Nova Cultural, 1996.
____. *Discurso preliminar sobre o conjunto do positivismo*. São Paulo: Nova Cultural, 1996.
____. *Catecismo positivista*. São Paulo: Nova Cultural, 1996.
____. *Curso de filosofia positiva*, volume IV. In: *Comte*. Seleção de textos e tradução de Evaristo de Moraes Filho. São Paulo: Ática, 1983.
____. *Lettres d'Auguste Comte à John Stuart Mill (1842)*. In: *Comte*. Seleção de textos e tradução de Evaristo de Moraes Filho. São Paulo: Ática, 1983.
____. *Opúsculos sobre a filosofia social*, apêndice ao 4º volume de *Sistema de Política Positiva*. In: *Comte*. Seleção de textos e tradução de Evaristo de Moraes Filho. São Paulo: Ática, 1983.
CONSELHO ESTADUAL DA CONDIÇÃO FEMININA. *Dia Interna-*

cional das Mulheres. São Paulo: IMESP, 1996.
CORNWELL, John. *O Papa de Hitler – A história secreta de Pio XII*. 2 ed. São Paulo: Imago, 2000.
DOCUMENTOS Revelados: https://documentosrevelados.com.br/
DREIFUSS, René Armand. *1964: A Conquista do Estado*. Petrópolis: editora Vozes, 1981.
DURANT, Will. *A história da filosofia*. São Paulo: Nova Cultural, 1996.
ENGELS, Friedrich. *Do socialismo utópico ao socialismo científico*. 3 ed. São Paulo: Global, 1980.
FARIA, Luiz Augusto Estrella. Sobre heróis e tumbas. In: sítio eletrônico *A Terra é redonda*, edição de 25 de abril de 2022, acessado na mesma data.
FELIPE, Marcio Sotelo. Ditadura Militar, Crimes Contra a Humanidade e a Condenação do Brasil Pela Corte Interamericana de Direitos Humanos. In.: *Revista Jurídica do Curso de Direito da Universidade Estadual de Santa Cruz - UESC* (Ilhéus, Bahia), volume XVII, 2017, pp. 89-113.
FINKELTEIN, Norman G. *A indústria do holocausto*. Rio de Janeiro: Record, 2001.
GUSDORF, Georges. *As revoluções da França e da América*. Rio de Janeiro: Nova Fronteira, 1993.
GODOY, Marcelo. *A Casa da Vovó – Uma biografia do DOI-CODI (1969-1991), o centro de sequestro, tortura e morte da ditadura militar*. São Paulo: Alameda, 2014.
GRUPO Tortura Nunca Mais-RJ: https://www.torturanuncamais-rj.org.br
HARRIS, Sheldon. Factories of Death: Japanese Biological Warfare, 1932-1945, editora Routledge, 2002, Abingdon, Inglaterra.
HEALE, M. J. *A revolução norte-americana*. São Paulo: Ática, 1991.
HEILBRONER, Robert. *História do pensamento econômico*. São Paulo: Nova Cultural, 1996.
HOBSBAWN, Eric J. *Era dos extremos – O breve século XX*. São Paulo: Companhia das Letras, 1995.
HOCHSCHILD, Adam. *O Fantasma do Rei Leopoldo*. São Paulo: Companhia das Letras, 1999.
IRUJO, José María. "CIA cria "limbo" para suspeitos de terrorismo". *El País*, edição virtual em português, 28/07/2008.
KONDER, Leandro. *Kafka – Vida e obra*. Rio de Janeiro: José Álvaro Editor, 1966.
HITLER, Adolf. *Mein Kampf (Minha luta)*. 8 ed. São Paulo: Mestre Jou, 1962.

HOBSBAWM, Eric J. *A era das revoluções – 1789/1848*. 9 ed. São Paulo: Paz e Terra, 1996.
____. *A era do capital*. São Paulo: Paz e Terra, 1996.
____. *Era dos extremos – O breve século XX*. 2 ed. São Paulo: Companhia das Letras, 1995.
____. *Ecos da Marselhesa*. 9 ed. São Paulo: Companhia das Letras, 1996.
HUBERMAN, Leo. *História da riqueza do homem*. 21 ed. Rio de Janeiro: LTC, 1986.
LEFEBVRE, Georges. *1789 – O surgimento da Revolução Francesa*. São Paulo: Paz e Terra, 1989.
LÖWY, Michael. *As aventuras de Karl Marx contra o barão de Münchhausen*. 4 ed. São Paulo: Busca Vida, 1990.
____. "Razões e estratégias do ecossocialismo". *Conferência de abertura do Seminário ABONG 20 Anos*. São Paulo, 19-20 de setembro de 2011.
____. *O que é o ecossocialismo*. 2 ed. São Paulo: Cortez Editora, 2022.
LOSURDO, Domenico. *Marx – A tradição liberal e a construção histórica do conceito universal de homem*. In: *Educação e Sociedade – Revista Quadrimestral de Ciência da Educação*. Campinas: Cedes, 1996, nº 57.
MALTHUS, Thomas Robert. *Ensaio sobre a população*. São Paulo: Nova Cultural, 1996.
MARSHALL, T. H. *Cidadania, classe social e status*. Rio de Janeiro: Zahar, 1967.
MARTINELLI, Mário Eduardo. *A deterioração dos direitos de igualdade material no neoliberalismo*. Campinas: Millennium, 2009, p. 128.
MARX, Karl. *Contribuição à crítica da economia política*. 2 ed. São Paulo: Martins Fontes, 1983.
____. *A questão judaica*. 2 ed. São Paulo: Moraes, 1991.
____. *O capital*. São Paulo: Abril Cultural, 1983.
MARX, Karl, e ENGELS, Friederich. *Manifesto do Partido Comunista*.
MEMORIAL da Resistência: http://memorialdaresistencia.org.br
MÉSZÁROS, István. *Para além do capital*. São Paulo: Boitempo, 2002.
MEYSSAN, Thierry. "O segredo de Guantanamo". In: www.voltairenet.org . Acessado em 16 de abril de 2022.
MIAILLE, Michel. *Introdução crítica ao direito*. 2 ed. Lisboa: Editorial Estampa, 1994.
MIRANDA, Jorge. *Textos históricos do direito constitucional*. Lisboa: Imprensa Nacional/Casa da Moeda, 1990.
NAVES, Márcio Bilharinho. *Marx, ciência e revolução*. São Paulo: Editora

Moderna e Editora da Unicamp, 2000.
NETO, Antônio Sales Rio. A crise planetária e as crises da democracia. Sítio eletrônico *A Terra é redonda*, edição de 23 de abril de 2022.
NIKKEN, Pedro. *El concepto de derechos humanos*. In: *Estudios Básicos en Derechos Humanos*, v.1, Instituto Interamericano de Derechos Humanos.
PLATÃO. *A república*. São Paulo: Nova Cultural, 1997.
RICARDO, David. *Princípios de Economia e Tributação*. São Paulo: Nova Cultural,1996.
ROUSSEAU, Jean-Jacques. *Discurso sobre a origem e os fundamentos da desigualdade entre os homens*, 2 parte. São Paulo: Nova Cultural, 1997.
SANDRONI, Paulo (consult.). *Dicionário de economia*. São Paulo: Nova Cultural, 1985.
SAPSEZIAN, Aharon. *História da Armênia*. Rio de Janeiro: Paz e Terra. 1988.
SARAIVA, Jacqueline. "Sexta extinção em massa já ocorre no planeta Terra e a causa é inédita". Sítio eletrônico *www.metropoles.com*, edição de 17 de janeiro de 2022, acessado em 23 de abril de 2022.
SIEYÈS, Emmanuel Joseph. *Que é o terceiro estado? – A constituinte burguesa*. 2 ed. Rio de Janeiro: Liber Juris, 1988.
SILVA, José Afonso da. *Curso de direito constitucional positivo*. 3 ed. São Paulo: Revista dos Tribunais, 1985.
SMITH, Adam. *A riqueza das nações*. São Paulo: Nova Cultural, 1996.
SOBOUL, Albert. *A Revolução Francesa*. 7 ed. Rio de Janeiro: Bertrand Brasil, 1989.
SWAIN, Frank. É certo usar a ciência nazista para salvar vidas? *BBC News*, edição digital, 28/07/2019.
SWEEZY, Paul. *Socialismo*. In: Tom Bottomore. *Dicionário do pensamento marxista*. Rio de Janeiro: Jorge Zahar, 1988.
TAPAJÓS, Laís. *Os oito de Chicago*. In: *Movimento*, 25 de abril de 1977, pp. 10 e 11.
TAVARES, Camilo. *Dia Que Durou 21 Anos*. Documentário de 2012.
THOMAS, Hugh. A guerra civil espanhola. Rio de Janeiro: Editora civilização Brasileira. 1964 (2 volumes).
TIBURCIO, Carlos, e MIRANDA, Nilmário. *Dos filhos deste solo – Mortos e desaparecidos políticos durante a ditadura militar: a responsabilidade do Estado*. São Paulo: Boitempo Editorial, 1999.
TOCQUEVILLE, Alexis de. *Cambridge modern history*. vol. VII, p. 72, reproduzido por Leo Huberman, *op. cit.*, p. 146.

TULARD, Jean. *História da Revolução Francesa.* São Paulo: Paz e Terra, 1990.
VÁRIOS AUTORES. *A era da calamidade.* Coleção "História em revista". Rio de Janeiro: Abril Livros, 1998.
VILLA, Marco Antonio. *A Revolução Mexicana.* São Paulo: Ática, 1993.
YUDIN, Boris G. *Research on Humans at the Khabarovsky War Crimes Trial,* Abingdon, Inglaterra: Routledge, 2010.

Copyright © 2024 by José Damião de Lima Trindade

Editora
Renata Farhat Borges

Diagramação
Lívia Corrales

Revisão
Mineo Takatama

Dados Internacionais de Catalogação na Publicação (CIP)
de acordo com ISBD

T833h Trindade, José Damião de Lima
 História social dos direitos humanos / José Damião de Lima Trindade. – 4. ed. – São Paulo : Peirópolis, 2024.
 296 p. ; 16cmx23cm.

 Inclui bibliografia.
 ISBN 978-65-5931-316-7

 1. Direitos humanos. 2. História social
 I. Título.

2024-682
CDD 341.4
CDU 341.4

Elaborado por Vagner Rodolfo da Silva - CRB-8/9410

Índice para catálogo sistemático:
1. Direitos humanos 341.4
2. Direitos humanos 341.4

4ª edição, 2024
EDITADO CONFORME ACORDO ORTOGRÁFICO DA LÍNGUA PORTUGUESA (AOLP) DE 1990.

Também disponível no formato digital ePub (ISBN: 978-65-5931-315-0)

Editora Peirópolis
Rua Girassol, 310F – Vila Madalena
05433-000 – São Paulo – SP – Brasil
Tel. (55 11) 3816-0699
vendas@editorapeiropolis.com.br
www.editorapeiropolis.com.br

Este livro foi composto em Adobe Caslon Pro e impresso no
inverno de 2024 nas oficinas da Lis Gráfica.